Para o meu pai
A. E. Sieger
Que me ensinou a amar, a rir e a jogar golfe,
por esta ordem.

Actual Editora
Conjuntura Actual Editora, Lda

Missão
Editar livros no domínio da Gestão e Economia e tornar-se uma editora
de referência nestas áreas. Ser reconhecida pela sua qualidade técnica,
actualidade e relevância de conteúdos, imagem e *design* inovador.

Visão
Apostar na facilidade e compreensão de conceitos e ideias
que contribuam para informar e formar estudantes, professores, gestores
e todos os interessados, para que através do seu contributo participem
na melhoria da sociedade e gestão das empresas em Portugal
e nos países de língua oficial portuguesa.

Estímulos
Encontrar novas edições interessantes e **actuais** para as necessidades
e expectativas dos leitores das áreas de economia e de gestão.
Investir na qualidade das traduções técnicas. Adequar o preço
às necessidades do mercado. Oferecer um *design* de excelência
e contemporâneo. Apresentar uma leitura fácil através de uma
paginação estudada. Facilitar o acesso ao livro, por intermédio
de vendas especiais, *website*, *marketing*, etc.
Transformar um livro técnico num produto atractivo.
Produzir um livro acessível e que, pelas suas características,
seja **actual** e inovador no mercado.

Como Atingir a Realização Pessoal

Vencedores natos

Robin Sieger

Actual Editora
Conjuntura Actual Editora, Lda
Caixa Postal 180
Rua Correia Teles, 28 A
1350 100 Lisboa
Portugal

TEL: (+351) 21 3879067
FAX: (+351) 21 3871491

Website: www.actualeditora.com

Título original: Natural Born Winners, How to acheive happiness and personal fulfilment
Copyright © 2004 Robin Sieger
Edição original publicada em 2004 por Arrow Books

Edição Actual Editora – 1.ª edição Agosto 2005; 2.ª edição Maio 2007
Todos os direitos para a publicação desta obra em Portugal reservados
por Conjuntura Actual Editora, Lda
Tradução: Carla Pedro
Revisão: Michelle Hapetian e Sofia Ramos
Design da capa e paginação: Sérgio Lopes
Gráfica: Guide – Artes Gráficas, Lda
Depósito legal: 259769/07

ISBN: 972 – 99720-0-1

Nenhuma parte deste livro pode ser utilizada ou reproduzida, no todo ou em parte, por qualquer processo mecânico, fotográfico, electrónico ou de gravação, ou qualquer outra forma copiada, para uso público ou privado (além do uso legal como breve citação em artigos e críticas) sem autorização prévia por escrito da Conjuntura Actual Editora.

Este livro não pode ser emprestado, revendido, alugado ou estar disponível em qualquer forma comercial que não seja o seu actual formato sem o consentimento da sua editora.

Vendas especiais:
O presente livro está disponível com descontos especiais para compras de maior volume para grupos empresariais, associações, universidades, escolas de formação e outras entidades interessadas. Edições especiais, incluindo capa personalizada para grupos empresariais, podem ser encomendadas à editora. Para mais informações contactar Conjuntura Actual Editora, Lda.

Índice

	Introdução	6
1	Sucesso	9
2	Nós somos os heróis	37
3	O grande segredo	63
4	Objectivos definidos	85
5	Planear, planear, planear	103
6	Confiança	125
7	Propósito	151
8	Não ter medo do fracasso	167
9	Compromisso	185
10	Comemoração	199
11	O vencedor dentro de nós	211
12	Novos começos	233
13	Epílogo	253
14	Anexo: o seu cérebro	261

INTRODUÇÃO

Por vezes a vida pode ser muito injusta. Fartamo-nos de trabalhar e damos o nosso melhor, mas nada parece mudar. Paralelamente, há outras pessoas que parecem conseguir sempre o que querem com uma incrível facilidade. Porquê?

O meu pai, um médico de clínica geral independente de Glasgow, faleceu aos 52 anos de uma combinação de excesso de trabalho e de *stress*. Depois de uma vida dedicada à família e aos pacientes, isso pareceu-me muito injusto. Para além disso, tinha apenas 29 anos e estava a começar a minha escalada para o êxito, quando me foi diagnosticado um cancro. Isto é o que se chama "não ter sorte".

Até àquele momento da minha vida, tinha vagas esperanças de vencer na vida. Julgava que o futuro me sorriria e que poderia desfrutar de uma vida estável com alguma liberdade financeira. Curiosamente, e embora soubesse que as minhas aspirações para o futuro exigiam que tomasse as devidas medidas, não acreditava verdadeiramente poder fazer alguma coisa. Por outras palavras, em última análise, sentia que o meu destino estava nas mãos de outrem. Assim sendo, em vez de ir à procura do sucesso que pretendia alcançar, aguardava que este viesse ao meu encontro. A diferença era fundamental. Consequentemente, a minha vida naquela altura não me preenchia totalmente. Sofria em silêncio ao ver o tempo passar e tinha o hábito ora de culpar os outros, ora de encontrar desculpas para mim. Tendia demasiado a manter expectativas sobre o meu futuro, à espera que algo surgisse.

Já em criança o fazia. Como tantos outros miúdos, punha-me a fantasiar sobre qual seria o meu futuro. Apesar de me imaginar a realizar os meus sonhos, secretamente, não acreditava alguma vez consegui-lo. Aquela crença profundamente enraizada da inevitabilidade do fracasso e da desilusão era difícil de alterar. Assim, fui para uma escola académica a acreditar que iria fracassar e foi o que aconteceu. Mais tarde, fui para a universidade acreditando que iria fracassar e voltou a acontecer. Estas eram profecias verdadeiramente auto-suficientes, de tal modo, que quando tentava ocasionalmente acreditar no meu êxito, também o conseguia alcançar.

Foi apenas depois de me ter sido diagnosticado o cancro que finalmente estabeleci um paralelo e me apercebi de tudo. Num momento de introspecção, aprendi a minha lição. Aquela simples percepção mudou completamente a minha vida e, em última análise, conduziu a este livro. Não era nada de complicado ou de grandioso; não descobri o segredo do universo, nem um método rápido para obter felicidade instantânea. Contudo, percebi porque é que os vencedores vencem.

Nos anos que se seguiram, li e estudei tudo o que podia e conversei com outros, cujas experiências me poderiam ensinar alguma coisa. Depois, de organizar os princípios recorrentes num modelo claro e simples, passei imediatamente à acção. Compreendi que o conhecimento, por si só, não é poder; precisa de ser correctamente aplicado para ser verdadeiramente poderoso.

Comecei, então, a usar o meu conhecimento e a viver a minha vida de uma maneira mais concentrada e positiva. A transformação foi tão impressionante quanto imediata e tangível. A ansiedade e o *stress* que tinha experimentado no passado, haviam sido substituídos por uma forte confiança e serenidade. Senti-me genuinamente bem com a vida ou, conforme disse a um amigo: "Finalmente os sapatos servem-me". O meu futuro já não era um labirinto de incertezas a serem evitadas, mas sim uma jornada de experiências a serem enfrentadas e desfrutadas. Estava feliz.

À medida que ia colhendo os benefícios pessoais e materiais da minha nova filosofia, ia-me entusiasmando com a ideia de passá-la a outros, ajudando-os a alcançar o êxito. Assim, para melhor explicar o meu sistema, resolvi organizar um curso de dois dias a que dei o nome de **Vencedores Natos**. Inicialmente, dava os cursos gratuitamente e a nível local. Contudo, desde que passei a dar um curso de desenvolvimento do potencial dirigido a pessoas e empresas para a obtenção de êxito, o negócio cresceu. A minha equipa aplica a filosofia de **Vencedores Natos** em cursos de orientação de liderança, de gestão da mudança, de tratamento de clientes e de trabalho em equipa. Na verdade, esta filosofia aplica-se a todas as áreas profissionais e pessoais, cujos resultados dependem mais directamente da nossa mentalidade do que do nosso desempenho.

Actualmente, dou conferências a nível internacional e reconheço que as componentes do sucesso são universais, eternas e constantes – e têm pouco a ver com as armadilhas aparentes. O êxito já não é uma questão de sorte, assim como vencer na vida não é apenas ser o primeiro classificado e assim como a felicidade não depende apenas do dinheiro. Todos reconhecemos e compreendemos paradoxos como estes: podemos ser ricos e, mesmo assim, ser pobres; e podemos ter um elevado estatuto e, mesmo assim, ser infelizes.

As pessoas e os negócios bem sucedidos são vencedores no seu íntimo. O sucesso é um sentimento interno com manifestações externas. As pesquisas que fiz não me ensinaram nada de novo, mas fiz muitas descobertas a nível pessoal. Conforme referi algumas vezes na brincadeira, a vida não vem com manual de instruções – e, no entanto, nascemos com as capacidades inatas para ultrapassar os nossos desafios. O mais parecido que temos com um manual encontra-se dentro de nós. Nós apenas tendemos a esquecer-nos de que lá está.

Escrevi este livro para partilhar com os outros verdades eternas e constantes, apresentando-lhes um programa prático e de fácil aplicação que irá desenvolver o seu potencial, tornando-os vencedores.

Não escalei o Monte Evereste, nem ganhei uma medalha de ouro nos Jogos Olímpicos, mas a minha jornada para o conhecimento foi muito exigente. Vivi as frustrações da complacência e a ansiedade de um futuro incerto. Sejam quais forem as frustrações que tenham sentido, podem ter a certeza que sei o que isso é.

Este livro é para todos, independentemente de quem forem e sejam quais forem as suas circunstâncias. Não o considero um livro de auto-ajuda, mas sobretudo um livro que as ajudará a ajudarem-se a elas próprias. Há que retirar as lições que fazem mais sentido e cuja aplicação seja mais viável. Tornem-se os vencedores que nasceram para ser. Ao aplicarem sensatamente estes conhecimentos, poderão mudar a vossa vida e criar o futuro que pretendem alcançar. Isto nem sempre é fácil: terão de manter o vosso rumo com perseverança, empenho e determinação. Lembrem-se de que são capazes.

Gostaria muito de ter aprendido e compreendido em jovem tudo aquilo que agora sei. É muito fácil convencermo-nos de que não vamos conseguir alcançar os nossos objectivos, nem realizar os nossos sonhos. Desejo profundamente poder ajudar todos a acreditarem nisto: vão conseguir. O que sei é que quando acreditamos que podemos, conseguimos.

Reino Unido, 2004

1

Sucesso

O sucesso não é um lugar, nem um destino. Não é grande, nem é pequeno; não é caro, nem é barato. É um sentimento que surge quando alcançamos aquilo que nos propusemos atingir.

**Todos somos *self-made men*,
mas só os que vencem na vida
é que se dispõem a admiti-lo.**

Anónimo

O significado do sucesso não é universal. Estudos feitos sobre pessoas que alcançaram objectivos profissionais quase idênticos demonstraram grandes variações ao nível da satisfação. Algumas consideravam-se tremendamente bem sucedidas e outras medianas, ou mesmo, falhadas.

Maasen, G. and Landsheer, J. 2000, "Peer perceived Social Competence and Academic Achievement of Low-Level Educated Young Adolescents" in *Social Behaviour and Personality*, vol. 28, pp. 29-40

SUCESSO

Estava em Los Angeles, sentado com um grupo de comediantes e todos nós, nessa altura, lutávamos para conquistar o êxito no mundo da comédia. Tinha ido para Los Angeles trabalhar durante um ano no mais competitivo mercado de comédia do mundo para aprender tudo o que podia. Estávamos em 1985 e a comédia era o novo *rock and roll*: o sucesso significava riqueza, fama e a possibilidade de passar à frente na fila do restaurante mais badalado, para além do obrigatório automóvel veloz, das mulheres bonitas e de uma mansão em Beverly Hills. Eram estas as recompensas com que sonhávamos – o Santo Graal que todos procurávamos.

Estava lá há cerca de seis meses e começava lentamente a criar fama no circuito dos clubes. Ainda ninguém me pagava, mas, pelo menos, trabalhava aos fins-de-semana e havia sempre a possibilidade de ser descoberto – uma esperança a que todos nos agarrávamos. Dado que quase nunca ninguém era descoberto, depois de cada espectáculo, alguns de nós – aspirantes a estrelas – reuníamo-nos num bar ou num restaurante aberto até tarde, a dissecar os méritos relativos dos comediantes rivais. Numa destas ocasiões, estava com um grupo de outros comediantes num café a conversar sobre o nosso tópico preferido, quando comecei a reparar que, quase inconscientemente, acabávamos sempre por dividir os outros comediantes em duas categorias. Falávamos dos que estavam ainda pior do que nós, que considerávamos ter algum talento, mas que dificilmente conseguiriam vingar e dos que tinham mais êxito do que nós, a que geralmente chamávamos "sortudos".

Para nós, a sorte era o factor determinante do sucesso. Esta sorte podia, ou não, tocar-nos, em qualquer altura e sob qualquer forma. Todos esperávamos ter o que era preciso para chegar ao topo e todos desejávamos que a sorte nos escolhesse. Contudo, a nossa maneira de encarar o sucesso estava errada. Na verdade, os que conseguiam, de facto, vencer, não se limitavam a desejar o êxito, mas a acreditar nele.

Depois daquela madrugada, passei por uma série de experiências extraordinárias que mudaram para sempre a forma como encaro a minha pessoa e o meu potencial. Posteriormente, em reuniões de negócios e com clientes, ouvi muitos apresentarem as suas próprias versões do género de conversas que tinha em Los Angeles, em 1985.

Vencedores natos

> **O sucesso não é uma questão de sorte. A sorte depende do acaso, enquanto que o sucesso somos nós que traçamos.**

Se somos nós quem traçamos o nosso sucesso, não devia, então, existir uma fórmula para o atingir?

A resposta a esta questão tem de começar pela nossa noção de sucesso. Se nos perguntarem o que queremos realmente da vida, o que respondemos?

Ter dinheiro, fama e liberdade, ou quem sabe, apenas ser amado, ao nível pessoal.

Poderá o dinheiro fazer-nos vencer na vida? Seguramente que não, ou quem ganhasse a lotaria, roubasse um banco ou herdasse uma fortuna seria automaticamente considerado um caso de grande sucesso. Então e a fama? A história demonstra que a fama não garante sucesso ou felicidade, nem liberdade pessoal. Quanto ao amor, muitas pessoas, apesar de serem amadas, consideram-se fracassadas.

> **O sucesso é uma questão de sorte. Se querem provas, perguntem a um falhado.**
>
> Earl Wilson (1907-1987)

Acredito que a resposta está algures, ligada à realização dos nossos objectivos, tanto pessoais como profissionais. Riqueza, fama e muitos outros "acessórios" não passam de subprodutos da realização desses objectivos.

> **Vencer na vida é realizar os nossos objectivos.**

Perguntemos a alguém de sucesso o que pretende da vida e a resposta que nos dará não será vaga, nem longa. Dar-nos-á uma definição do que o sucesso significa para ela, um objectivo claramente definido que alcançou ou que ainda está a alcançar. Esse objectivo, porém, não deverá ser uma soma quantificável de dinheiro no banco ou um estado geral de felicidade.

1 | Sucesso

Deverá, pelo contrário, representar um objectivo muito específico, cuja concretização conduzirá à tão desejada satisfação.

Esta capacidade de definir claramente um objectivo é um elemento fundamental daquilo que faz alguns vencerem na vida. Os vencedores têm as mesmas oportunidades e desilusões que nós. Contudo, não deixam que as contrariedades reforcem uma fraca imagem de si mesmos. Em vez disso, encaram-nas como oportunidades disfarçadas, que poderão impulsionar a sua determinação para vencer. A longo prazo, o que distingue os vencedores é a sua forma de pensar e de estar. Aliás, essas são as duas únicas coisas na vida sobre as quais toda a gente tem controlo absoluto.

> **O sucesso não é uma questão de sorte – somos nós que o traçamos. Os vencedores não têm mais oportunidades – criam mais oportunidades**

Seja qual for o sonho que tenha para o futuro, este estará dentro dos limites do realizável, sempre que se restrinja aos limites do possível. Todavia, a concretização do nosso objectivo não resultará da leitura de um livro (nem mesmo deste), na esperança de que este nos possa revelar um código escondido ou a estrutura de um esquema que nos faça enriquecer rapidamente. Se desejamos realmente que a nossa vida se encaminhe para o sucesso e para a felicidade, temos de assumir um verdadeiro compromisso, criar uma insaciável confiança em nós próprios e perseguir apaixonadamente aquilo que desejamos, sem jamais – jamais – nos desviarmos do nosso objectivo.

O homem que venceu na vida é aquele que viveu bem, que riu muitas vezes e que amou muito.

Robert Louis Stevenson (1850-1894)

A sorte não tem nada a ver com isto; é a nossa maneira de pensar e a nossa atitude que contam.

Vencedores natos

Vencer na vida depende de nós; não depende de mais ninguém. Quando comecei o meu próprio negócio, conseguir atrair um potencial cliente era um acontecimento que se situava algures entre o "praticamente impossível" e "o melhor é esquecer". Não tinha experiência e a maior parte das empresas considerava que o desenvolvimento da orientação pessoal era uma perda de tempo ou já tinham alguém para lhes tratar disso. Assim, quando finalmente me surgiu um potencial cliente a pedir para lhe apresentar uma proposta formal de um programa para constituição de uma equipa, quase cantei uns "Aleluias." O único problema era que, embora soubesse que a minha metodologia podia ser facilmente incorporada na constituição de uma equipa, tinha pouca experiência na área e não tinha a certeza de como se organizava um curso eficaz de constituição de equipas. Foi então que um amigo me pôs em contacto com um antigo instrutor militar seu conhecido. O dito instrutor tinha servido na unidade militar de elite do Reino Unido, no 22.º Regimento Especial da Força Aérea. Na minha opinião, era altamente qualificado para dar lições de constituição de equipas; o que aprendi com ele e com os seus colegas foi uma autêntica revelação. No fundo, as crenças do Regimento são: termos uma poderosa confiança em nós próprios, empenharmo-nos totalmente nas coisas e determos um forte sentido de responsabilidade pessoal.

Os instrutores que conheci em Hereford contaram-me que os recrutas que reprovavam no exigente curso físico de selecção do regimento, fracassavam também a nível pessoal, ou porque não se tinham preparado, ou simplesmente porque tinham decidido desistir. O conceito "só fracassamos quando desistimos" era recorrente entre os homens que conheci.

❙ Só fracassamos quando desistimos.

Os que passam a selecção, diziam eles, não sofriam menos do que os restantes: os pulmões também lhes ardiam, os pés também se lhes feriam e os músculos também lhes doíam. A diferença é que os que passam, encontram no fundo de si mesmos a força para dar mais um passo. São pessoas que não culpam as outras, que não olham para um instrutor generoso à espera que este feche os olhos, nem procuram desculpas para as suas falhas. Preparam-se, empenham-se e assumem a responsabilidade pelo seu próprio sucesso.

1 | Sucesso

Há quem faça as coisas acontecer, outros vêem as coisas acontecer e alguns perguntam o que aconteceu.

Anónimo

Também fiquei a saber que, no terceiro dia do processo de selecção, e muito antes de este se tornar sério, os instrutores já conseguiam identificar quem iria passar. Essa noção pode também ser vista num contexto mais amplo. Todos nós já conhecemos pessoas com algo especial – carisma, auto-confiança ou uma outra qualidade indefinível – que as distingue e as faz ascender na vida. Trata-se de pessoas cuja personalidade atrai os outros e que fazem com que tudo pareça valer a pena. Têm o espírito dos **Vencedores Natos** e podemos identificá-las tão facilmente quanto os instrutores do regimento o fazem relativamente aos recrutas que irão passar na selecção.

O que todos têm em comum é uma noção muito clara do rumo a tomar, um plano definido e uma crença inabalável de que irão vingar. Estas são forças que todos já sentimos, mas que na maioria das vezes não sabemos reunir ou usar. Dado que é a experiência de vida que molda a nossa auto-imagem e a nossa atitude para com o mundo, frequentemente acabamos por desejar o melhor, enquanto esperamos o pior. Por outro lado há um factor positivo a ter em conta: todos começámos a vida como **Vencedores Natos** e, se quisermos, podemos reencontrar essa faceta que existe dentro de nós.

OBRA DO ACASO OU DA NOSSA VONTADE?

Tal como o sucesso depende de nós e não da sorte, o acaso também não contribui para vencermos. O que interessa é a forma como encaramos o acaso e a rapidez para o utilizar em nosso proveito.

Só quando nos concentramos na realização de um objectivo é que poderemos encarar os acasos como oportunidades.

15

Vencedores natos

Passemos a analisar um caso simples, com o qual todos nos podemos identificar. Se decidíssemos gozar umas curtas férias num destino tropical, o que faríamos em primeiro lugar?

Começaríamos por escolher o local e a data, o que é um objectivo claramente definido. É evidente que poderíamos deixar tudo entregue ao acaso. Nesse caso, entrávamos no carro quando assim o desejássemos, sem fazer qualquer ideia do rumo a seguir. Contudo, correríamos o risco de passar um dia inteiro a decidir se deveríamos virar à direita ou à esquerda no primeiro cruzamento.

Sorte é aquilo que acontece quando a preparação encontra a oportunidade.

Séneca, o Velho (séc. 55 AC – 39 DC)

Planeámos, então, a data e o local das nossas férias; resta-nos definir o meio. Traçamos uma rota, compramos mapas, imaginamos planos de contingência e orçamentamos custos. Podemos confiar na sorte em favor de uma maior flexibilidade e marcar o alojamento à chegada, mas provavelmente iremos pesquisar todos os lugares que estão dentro do nosso orçamento. De facto, pouco ou nada deixamos ao acaso antes de partir. É precisamente um planeamento cuidadoso que nos permitirá ser flexíveis. Eis um exemplo: estamos nós ao volante, a fazer um longo percurso previamente planeado e sentimos fome. Pelo caminho, vemos uma tabuleta a sinalizar um restaurante localizado numa viela da aldeia. Como estamos numa estrada a caminho de um destino planeado, podemos aproveitar esta oportunidade que o restaurante local oferece.

Apenas um objectivo bem definido nos permite aproveitar as vantagens que as oportunidades aparentemente ocasionais nos oferecem, porque é a única forma de as reconhecermos. Por outras palavras: se vivermos na expectativa de deparar com uma oportunidade de ouro sem saber exactamente o que pretendemos alcançar a longo prazo, o mais certo é não sermos capazes de a reconhecer quando esta se cruza connosco.

1 | Sucesso

As oportunidades passam, não param.

Anónimo

Aos dezoito anos andei à boleia pela Europa. Durante esta minha aventura de seis semanas, fui muitas vezes alvo de grande bondade. Em Itália, um condutor que vinha a comportar-se de uma forma muito estranha, parou subitamente o carro e mandou-me sair. Eram cerca de dez horas da noite, estava escuro e sentia-me muito sozinho, na berma da principal auto-estrada para Milão. Ao constatar que ninguém iria parar, resolvi atravessar um campo lavrado, direito a uma luz distante. Dei rapidamente por mim a sair de um matagal, em direcção a uma pequena aldeia, onde as pessoas estavam sentadas em mesas corridas, a comer e a beber. Ao colocarem comida e bebida à minha frente, senti-me imediatamente bem-vindo. Ninguém sabia uma palavra de inglês e eu não falava italiano, mas lembro-me de me ter divertido muito. No final da noite arranjaram-me uma cama num dormitório dos trabalhadores da construção civil e, na manhã seguinte, deixaram-me um pequeno-almoço simples na mesa-de-cabeceira. Quando abandonei a aldeia, muitos aldeães com quem tinha estado na noite anterior vieram despedir-se. Numa outra ocasião, estava doente e apanhei boleia de um médico, que me passou uma receita. Ao longo da minha viagem tive muitos encontros casuais dos quais beneficiei muito. Quando os encontros ocasionais se tornavam ameaçadores ou – como chegou a acontecer – perigosos, conseguia evitar os problemas, identificando imediatamente a situação e tomando a atitude adequada. Não tardei a perceber que as minhas experiências não eram, por si só, nem "boas" (sorte), nem "más" (azar). O importante era a minha capacidade de contextualizá-las. Quando as oportunidades surgiam, avaliava-as e usava-as em meu proveito. Em contrapartida, evitava a todo o custo qualquer ameaça. Os dois tipos de resposta resultavam da minha própria perspectiva.

Não é a ocasião em si que conta, mas o que fazemos dela.

AUTO-IMAGEM

Na sua obra, *Psycho-Cybernetics* (1960), que se tornaria um clássico, Maxwell Maltz descreve as suas experiências como cirurgião plástico na Califórnia, tratando pessoas que queriam melhorar a sua aparência. Maltz conta a história de uma mulher bonita que queria remover uma pequena cicatriz. Considerava-a esteticamente desagradável e, por isso, sentia-se pouco atraente. Sabendo que dificilmente conseguiria chamá-la à razão, o cirurgião concordou em fazer-lhe uma cirurgia correctiva. Entretanto percebeu que o namorado da dita mulher – um homem baixo e pouco atraente – tinha um sinal inestético na face. Ao comentar que poderia corrigi-lo, o homem ficou perplexo e respondeu: "Não vejo qualquer problema na minha aparência."

▌ O "eu" que nós vemos é o que seremos.

A sólida crença que era uma pessoa atraente influenciava a sua forma de agir, como conduzia os seus negócios e – mais importante ainda – como se via a si mesmo. Essa crença fazia-o sentir-se bem consigo próprio. Já a namorada era o oposto. Apesar de ser bonita, não confiava verdadeiramente na sua aparência e de tal modo ampliara a importância da cicatriz que se convencera de que era pouco atraente.

Vejamos o exemplo de uma criança que aprende a andar. Em média, irá cair cerca de 240 vezes antes de conseguir ter sucesso. Todavia, a criança nunca desiste. É quase como se a natureza lhe estivesse a dizer: "Levanta-te, não desistas. Vais conseguir. Levanta-te e tenta novamente."

O que acontece é que a criança que cai levanta-se e, utilizando a informação apreendida e guardada para sempre no seu cérebro, corrige automaticamente a sua imagem mental do processo de andar. A criança dispõe de formidáveis capacidades inatas para reter, processar e aplicar com êxito a informação que recebe. Por muitas quedas que a criança dê, a imagem de si mesma é, sem sombra de dúvida, a de ser capaz de andar. Não fica desanimada, nem se considera um fracasso perante as contrariedades. A criança aprende inconscientemente com os seus erros.

1 | Sucesso

A qualidade da nossa auto-imagem – positiva ou negativa – é fulcral para o nosso potencial sucesso.

Quando chegamos a adultos, a maioria de nós já aceitou essa crença inata em relação ao nosso potencial. O mais curioso é que as pessoas *de sucesso* na vida tendem sempre a ter uma forte imagem de si próprias. Este tipo de pessoas também acredita veementemente poder alcançar os seus objectivos. Para elas, tanto as quedas, como os erros fazem parte do percurso para atingir os seus objectivos, não constituindo, de modo algum, um reflexo de quem são. Esta capacidade de aceitar o fracasso não é uma expressão do seu ser, mas faz parte do processo – é um ingrediente essencial.

Um estudo realizado nos Estados Unidos mostrou que 96 por cento das crianças de quatro anos tinham uma auto-estima elevada e uma forte imagem de si próprias. Estas crianças julgavam ter o mundo a seus pés. Sentiam que podiam tornar-se astronautas, bailarinas, piratas, vaqueiros, pilotos, ou o que fosse. As suas habituais brincadeiras de faz-de-conta demonstravam a clareza com que eram capazes de visualizar esses sonhos. A parte chocante do estudo era que, ao atingirem os 18 anos, apenas menos de cinco por cento mantinha uma boa auto-imagem. Até ali chegarem já tinham ouvido: "Não sabe cantar. É desajeitado. Ó estúpido! Quem pensas tu que és? Não conseguirás nada."

À medida que crescemos, a nossa auto-imagem vai sendo moldada por influências externas, nomeadamente um professor a dizer-nos que somos incapazes de aprender, um progenitor a insistir que somos desajeitados, um ou outro amigo que, com a melhor das intenções, sugere repetidamente que não sabemos cozinhar. Tais comentários são recolhidos e armazenados no nosso subconsciente. Essa informação irá, em seguida, constituir uma imagem de quem acreditamos passar a ser e apagar a nossa auto-imagem original, substituindo-a por um falso sentido de identidade.

O problema é que se tivermos uma fraca imagem de nós próprios, estaremos sempre à procura de provas que o confirmem. Se acreditarmos que não sabemos cozinhar e nos virmos numa situação em que temos de o fazer, partimos logo do princípio que algo vai correr mal. No momento

Vencedores natos

em que tal acontecer, a nossa primeira reacção é: "Sempre soube que não sou capaz de cozinhar" – em sintonia com a nossa actual auto-imagem.

Se pensamos que podemos, ou pensamos que não podemos, normalmente, temos razão.

Henry Ford (1863-1947)

Em contrapartida, o que será possível fazer com uma forte auto-imagem? Lembro-me de ter perguntado ao antigo instrutor do Regimento Especial da Força Aérea em Hereford o que considerava ser o maior feito que o regimento tinha alguma vez realizado. O instrutor apresentou-me várias alternativas: o resgate bem sucedido da Embaixada Iraniana e as proezas feitas nas guerras das Maldivas e do Golfo. Discordei de todas. Do meu ponto de vista, o maior feito do regimento foi auto-denominar--se Regimento Especial da Força Aérea. Como consequência, o regimento considera-se especial e, mais importante ainda, os inimigos também o encaram como especial. Esta noção de ser especial é intensificada pelo rigoroso processo de selecção e pelas contínuas referências dos instrutores do regimento ao seu passado notável, reforçando a ideia de que os seus membros fazem parte de uma elite. Torna-se fácil perceber a auto-confiança que cada membro adquire quando se passa uma imagem tão forte ao centro das operações.

O mesmo se passa com as crianças: até aos quatro anos estão sempre a ouvir dizer que são especiais – e não é que acreditam!

DESTINO

A nossa vida não está predestinada, nem escrita nas estrelas.

Quando falamos em destino, fazemo-lo frequentemente em termos quase místicos, deixando implícito que a chegada do nosso sucesso está predestinada e nas mãos de forças invisíveis. Muitas personalidades de

1 | Sucesso

sucesso do século XX também sentiram isso, embora o seu destino não estivesse propriamente preestabelecido.

A confiança em nós próprios, a identificação de um objectivo, bem como o nosso empenho e a nossa perseverança face à sua realização, são muitas vezes encarados como parte do nosso "destino". Quando, aos 22 anos, o meu herói do golfe, Seve Ballesteros, venceu o Open britânico em 1979, ouvi-o dizer que vencer era o seu "destino". À semelhança de tantos outros desportistas que se tornaram célebres, ele teve sempre a absoluta crença de que, independentemente do que acontecesse, um dia, iria conseguir.

O que quer que consigamos fazer, ou que sonhemos conseguir fazer, devemos começar já a fazê-lo. A coragem é obra de génio, poder e magia.

Johann Wolfgang von Goethe (1749-1832)

O que muitos chamam "destino" é, na minha opinião, o resultado de um objectivo bem definido, que se tornou a força motriz na busca do sucesso. Embora não o possa provar, duvido que haja um único campeão do Mundo ou Olímpico que desde a infância não se tenha imaginado a subir ao topo do pódio. Estou disposto a admitir que alguns com um grande talento natural possam, ao vencer uma determinada prova, por vezes, atribui-lo à sorte, ou ao facto de terem estado especialmente em forma naquele dia. Contudo, se conseguirmos puxar por eles, descobrimos sempre que alimentaram grandes sonhos e, dessa forma, "plantaram inconscientemente" as sementes do seu próprio sucesso. Podem chamar-lhe "sorte" ou "destino", mas penso que George Bernard Shaw sabia do que se tratava. "As pessoas estão sempre atribuir o que são à força das circunstâncias", escreveu. "Não acredito na força das circunstâncias. Quem prospera neste mundo é quem se organiza e procura as circunstâncias que mais lhes convêm, produzindo-as elas mesmas, caso não as consigam encontrar."

Vencedores natos

> **São as nossas acções que, aqui e agora, determinam as nossa futuras experiências.**

Estas pessoas estão determinadas a fazer as coisas acontecer. Não acredito que o futuro esteja preestabelecido e seja inevitável. Os nossos destinos são, em grande parte, determinados pelos objectivos que fixamos. Ao sonharmos com altos voos, estaremos nós à espera que estes nos caiam do céu? Ou preferimos deixar de sonhar para evitar desilusões?

Errar não representa qualquer problema, a menos que nos continuemos a lembrar disso.

Confúcio (séc. 551-479 AC)

Quando algo corre mal, muitos manifestam a sua desilusão dizendo, "já sabia que isto ia acontecer". Recorrendo a esta mesma crença, dirão também que são azarados, desastrados ou mal sucedidos – "Porque é que me acontece sempre a mim?" Para eles, as suas experiências de vida já demonstraram variadas vezes que são azarados – que sempre o foram e que o continuarão a ser.

Na verdade, foram as próprias pessoas que se tornaram convictas do seu infortúnio pessoal e tudo o que lhes acontece lhes serve para reforçar essa crença. A experiência é guardada nos seus subconscientes, confirmando a fraca imagem que têm de si próprias. Quando, por outro lado, têm sorte, esta não parece combinar com a figura "fracassada" que acreditam ser, e, por isso, rejeitam-na simplesmente, para evitar qualquer conflito de imagem ou para que esse acontecimento não possa, de forma alguma, alterar as suas crenças profundamente enraizadas.

Muitos transportam consigo os rótulos negativos que lhes foram atribuídos. Conheci um piloto bem sucedido que continuava a acreditar, bem lá no fundo, ser descoordenado e desastrado; há pessoas atraentes que se consideravam feias e pessoas inteligentes que se julgavam burras. As crianças têm poucos rótulos e, para além disso, também lhes ensinaram e incutiram uma poderosa autoconfiança. Quantos meninos terão ouvido a mãe

1 | Sucesso

dizer que eram muito corajosos porque não choraram quando se magoaram? E quantas meninas a caminho da primeira festa terão ouvido dizer que eram a princesinha mais linda? A auto-imagem de uma criança é construída a partir das reacções que desperta nas pessoas à sua volta, que são, invariavelmente, positivas e encorajadoras.

No entanto, essa imagem que muitos temos, vai-se desvanecendo à medida que crescemos e as reacções que despertamos nos outros tornam--se, frequentemente, negativas e destrutivas. Já não somos o rapaz mais corajoso, nem a rapariga mais bonita; não somos tão espertos como pensávamos, nem os desportivas internacionalmente conhecidos que imaginávamos ser. Aquela auto-imagem da nossa infância desvanece-se e é substituída por crenças negativas, às quais recorremos inconscientemente para nos definirmos.

> **Ao alterarmos a nossa auto-imagem, alteramo-nos pessoalmente.**

Se nos julgarmos desastrados, fracassados, feios e sem dotes musicais – ou o que quer que seja que guardamos no centro da nossa auto-imagem – o nosso subconsciente irá sabotar ou filtrar deliberadamente qualquer informação que possa contradizer ou entrar em conflito com essa nossa auto-imagem. É precisamente a qualidade da nossa auto-imagem que poderá determinar a forma como lidaremos com os obstáculos que surgem na nossa caminhada para o sucesso.

CONTRARIEDADES

Nunca deixaremos, de uma forma ou de outra, de enfrentar contrariedades– faz parte da vida. Se, no entanto, acreditarmos fortemente no nosso sucesso e estivermos empenhados na sua concretização, passando, muitas vezes, por adversidades, mas criando uma filosofia pessoal de "nunca desistir", então, iremos encarar as contrariedades como meros obstáculos a transpor, ou como desafios à nossa ingenuidade. Por outro lado, se não tivermos esta força, as contrariedades serão ferramentas para destruir a nossa auto-confiança, tornando-se, nas nossas mentes, problemas intransponíveis que danificam a confiança na nossa capacidade de

Vencedores natos

completar a tarefa que iniciámos. Assim sendo, passaremos a servir-nos das contrariedades para justificar o nosso futuro insucesso: a culpa não é nossa, se não estamos a progredir.

Se tivermos uma atitude negativa, iremos considerar a mais pequena contrariedade como um grande obstáculo e empolar as suas proporções. Geralmente, o resultado traduz-se num abrandamento dos nossos esforços, num grande desperdício de tempo e dinheiro e num maior afastamento em relação ao nosso objectivo.

A maior parte perde a oportunidade porque esta lhe aparece vestida de fato de macaco e parece ser trabalho.

Thomas Edison (1847-1931)

As pessoas de sucesso, pelo contrário, colocam as contrariedades em perspectiva, reconhecendo que tudo o que lhes é alheio – como por exemplo, as taxas de juro dos bancos, o clima, ou a confiança dos associados – podem, por vezes, correr mal. A diferença está em aceitá-las, resolvê-las e continuar a cumprir a tarefa que têm em mãos.

Muitos encaram as contrariedades como desculpa para aquilo que não conseguiram alcançar e negam o seus insucessos, afirmando: "Estava demasiado cansado", "nunca responderam ao meu telefonema", ou "tive tanto azar". Nunca nos faltarão contrariedades que, por uma razão ou por outra, podemos utilizar para justificar a nossa desistência. Contudo, o que aconteceu foi o facto de termos desistido. O que nos faltou – recorrendo a uma analogia com o boxe – foi a capacidade de contar até dez, para refrescar as ideias, voltarmos a concentrar-nos e continuarmos a tarefa que nos propusemos atingir.

Sejam quais forem as circunstâncias.

COMPROMISSO

Ultrapassar as contrariedades e seguir rumo ao nosso objectivo requer mais do que apenas uma forte auto-confiança e um objectivo claramente

1 | Sucesso

definido; é preciso compromisso. O compromisso assemelha-se à determinação, mas, ao passo que a determinação pode ser uma emoção momentânea, o compromisso é uma vontade firme que resiste às diferentes circunstâncias. O compromisso é um dos pilares do sucesso e um ingrediente intangível que, muitas vezes, é perigosamente confundido com entusiasmo.

Qual é a diferença? Compromisso e entusiasmo são qualidades maravilhosas, que muitas vezes constituem a base do sucesso. O entusiasmo, porém, é algo que podemos fingir transparecer, assumindo uma postura optimista e enérgica.

Podemos conseguir enganar os outros durante um curto período de tempo e podemos até ser capazes de nos iludir a nós próprios por uns tempos, mas, no final, ou estamos comprometidos ou não – é impossível fingir. Há um exemplo que ilustra bem esta questão. Todos nós, numa determinada altura, e com a mais nobre das intenções, decidimos mudar aquele aspecto sempre presente da nossa vida que sentimos poder melhorar: o nosso peso e/ou a nossa condição física. Compramos um livro, inscrevemo-nos num ginásio e fazemos tudo o que acharmos necessário para esse fim. Todos sabemos, julgo eu, o que geralmente se segue.

As boas intenções não passarão de bons sonhos se não as levarmos até ao fim.

Ralph Waldo Emerson (1803-1882)

Desta vez não haverá qualquer problema. Tudo irá correr bem. Não será como todas as outras vezes. Sentimo-nos determinados, gastámos dinheiro numa extravagante máquina pomposamente chamada conta-calorias e comprámos quantidades industriais de fruta e de legumes frescos. Chegámos mesmo a inscrever-nos num ginásio e a investir num par de calças de fato-de-treino ergonomicamente reconhecido e de uma marca famosa. Julgamo-nos muitíssimo comprometidos quando, na realidade, o mais provável é estarmos apenas muito entusiasmados e esperançosos.

25

Vencedores natos

> **Não há meio termo – não podemos comprometermo-nos ligeiramente, tal como uma mulher não pode estar ligeiramente grávida.**

Levantamo-nos cedo e é com prazer que preparamos uma tigela de farelo de trigo e farinha de aveia, acompanhando-a com meia toranja e regando tudo com uma chávena de chá de rosas. Mais tarde, no ginásio, fazemos os exercícios indicados e quando regressamos a casa sentimo--nos muito satisfeitos . Contudo, à medida que os dias vão passando, os tão esperados resultados tardam a materializar-se e começamos a sentir o entusiasmo a diminuir. Começa por ser subtil, mas o nosso compromisso vai gradualmente diminuindo com o passar das semanas, até que, por fim, deixamos de nos preocupar e juntamos a dieta ou o programa de melhoria da condição física à nossa lista de tentativas falhadas. Cada vez que isto acontece, temos plena consciência de que aumentámos a probabilidade de fracassar novamente e estamos a fazer disso um hábito.

Em última análise, falhamos nestas ocasiões porque, independentemente do quanto possamos protestar contra esta noção, *já estávamos à espera de falhar*. O que tomámos por verdadeiro compromisso não passava, afinal, de um desejo. Alguém disse uma vez que a gratidão é a mais curta de todas as emoções. Pode até ser verdade, mas creio que o compromisso não está muito longe disso. O entusiasmo, que em acontecimentos desportivos pode gerar tanta energia e empolgamento, não substitui o compromisso.

Imaginemos que partimos um braço num acidente. Chegamos ao hospital e somos recebidos por dois médicos: um está muito entusiasmado e o outro parece muito compenetrado. Qual deles queria que o ajudassem?

Quando se compromete com um objectivo, tem de estar cem por cento convicto de que o vai realizar. O interruptor do compromisso tem duas posições: ligado e desligado. Não há posição intermédia. É precisamente este compromisso "apaixonado" que leva as pessoas a alcançar os seus objectivos, impedindo-as de desistir. É com este compromisso que mantêm a fé e a persistência para percorrer os caminhos mais difíceis, pois sabem que chegarão a bom porto.

Analisemos a profundidade do nosso compromisso relativamente a algo ou a alguém em quem acreditamos piamente – a nossa família, ou a

1 | Sucesso

pessoa que amamos – e imaginemos o que nos dispomos a fazer para os ajudar em momentos de adversidade. É esse forte sentimento que necessitamos de fomentar para conseguirmos empenhar verdadeiramente no nosso sucesso.

A nossa vida depende de nós. A vida fornece-nos a tela: nós pintamo-la.

Anónimo

CORAGEM

Para além de um verdadeiro compromisso, o sucesso requer também coragem. Muitas vezes associamos a coragem à valentia e embora não duvide que existe uma aproximação entre os dois conceitos, a valentia talvez esteja mais ligada a respostas pessoais extraordinárias, que podem até ser impulsivas, e a situações excepcionais, que ponham em risco a nossa própria vida. A nossa valentia pode nunca chegar a ser testada. A nossa coragem, por outro lado, sendo do mesmo modo uma qualidade que todos possuímos, pode ser, diariamente usada: é isso que nos leva a realizar progressos notáveis.

A coragem é a capacidade para fazer algo que, por alguma razão, instintivamente receamos fazer. Pode ser algo que sentimos todos os dias – medo de sermos ridicularizados, medo de falharmos, ou medo da mudança – ou uma série de outras coisas que nos fazem naturalmente recuar. Recuamos para nos sentirmos seguros. Muito embora o que então alcançamos possa não corresponder ao que desejávamos, pelo menos, é algo com que nos sentimos confortáveis e familiarizados.

Quando, porém, ficamos pelo que nos é familiar, a mudança torna-se cada vez mais difícil: tornamo-nos mais avessos ao risco e criamos os nossos próprios obstáculos, contentando-nos em deixar tudo como está. O sucesso só pode ser alcançado quando as pessoas confiam em si próprias e perseguem apaixonadamente o sucesso, pois só assim conseguem ultrapassar os seus receios e aprender com as suas experiências.

Vencedores natos

Apenas quem arrisca um grande fracasso consegue um grande sucesso.

Robert F. Kennedy (1925-1968)

É como se estivéssemos no trapézio voador e não largássemos a barra: não damos o primeiro passo essencial para a proeza acrobática que pretendemos executar, porque enquanto estivermos agarrados sentimo-nos seguros. Assim, cansamo-nos e falhamos, ficando a balançar, sem chegar a lado nenhum. Com o tempo, acabamos por desistir, caímos e aterramos na rede de segurança. Em contrapartida, os artistas que se tornam estrelas são aqueles que, embora receiem largar a barra, acreditam poder fazê-lo, pois o pior que lhes pode acontecer é aterrar na rede de segurança e aprender com o erro.

Da mesma maneira, se queremos chegar a determinado lugar, muitas vezes, precisamos de encontrar coragem para largar aquilo que nos segura, enfrentando os nossos medos e aprendendo com os nossos erros. O combustível que alimenta a nossa coragem – para começar um negócio, para explorar uma terra que não consta do mapa ou, simplesmente, para adquirir uma nova competência – é justamente a crença arreigada de que o sucesso é, não só alcançável, como também garantido.

Não é o medo de falhar que bloqueia aqueles que estão vocacionados para o sucesso. Pelo contrário, o que os bloqueia é o medo de viverem as suas vidas menos intensamente e de virem a lamentar não terem tentado fazer alguma coisa. De facto, o medo do insucesso pode ser o impulso para avançar. No fim das nossas vidas aquilo que lamentamos não é aquilo em que falhámos, mas aquilo que desejámos e nunca tentámos alcançar.

Suponhamos que estamos a iniciar o nosso próprio negócio. Instalamos uma linha de fax no nosso quarto, mandamos imprimir papel de carta e envelopes, distribuímos panfletos a nível local e enviamos cem cartas a potenciais clientes. Ao constatarmos que nada acontece, decidimos que o próximo passo a tomar é marcar reuniões pessoais. Isto implica a tão temida chamada telefónica. O problema é que, por muito que tentemos,

1 | Sucesso

não conseguimos fazê-la, pois ainda estamos nós a marcar o número e já só pensamos em desistir.

Mesmo que consigamos ultrapassar este bloqueio, quando nos responderem do outro lado já estaremos tão nervosos que acabaremos por meter os pés pelas mãos, pedir desculpa por telefonar e acabar por não marcar uma reunião. O que nos leva a fazer isso é o medo da rejeição. O medo de sermos tratados com condescendência faz-nos recuar nas nossas tentativas. A nossa suposição do insucesso sobrepõe-se à nossa suposição do sucesso.

Por mais estranho que pareça, a coragem de que necessitamos para ultrapassar esta situação não difere muito da coragem demonstrada por aqueles que consideramos os nossos heróis. Trata-se de um género de coragem que nos obriga a ser perseverantes e a definir objectivos realizáveis, a rejeitar quaisquer dúvidas quanto ao nosso futuro sucesso, a concentrarmo-nos no que queremos alcançar e a empenharmo-nos nisso sem jamais desistir, bem como a tomar todas as medidas necessárias e a atirarmo-nos de cabeça.

Quando chega o momento de dar o primeiro passo, devemos tomar as devidas providências e ir até às últimas consequências. Se temos de concretizar as tão receadas chamadas telefónicas, devemos comprometer-nos a começar por fazer cinco por dia, passando para vinte e, depois, para quarenta, até termos destruído completamente o nosso bloqueio. A partir daí, passaremos a encarar a chamada telefónica como parte indispensável do processo. O maior receio que temos de ultrapassar na vida é o receio do próprio insucesso. O insucesso pode acontecer a qualquer um, sendo uma lição valiosa e não a prova do nosso inevitável fracasso.

Jack Nicklaus, o grande golfista dos tempos modernos, disse a um jovem profissional em início de carreira que nunca esqueceria que o número dos seus fracassos era superior ao dos seus sucessos.

> **Sempre que falhamos, devemos aprender com a experiência, em vez de nos identificarmos com ela.**

Devemos aprender a encarar o insucesso como parte da curva de aprendizagem. Fracassar significa apenas que não estamos a fazer

Vencedores natos

correctamente seja o que for que nos propomos a fazer. Um inquérito feito aos melhores vendedores norte-americanos – aqueles que apresentavam melhores resultados – demonstrou que todos eles só haviam conseguido marcar reuniões e vender produtos à sexta ou sétima tentativa. O seu sucesso não dependia da sorte, mas do seu compromisso. Estes vendedores consideravam o insucesso parte do processo e tinham coragem para ultrapassar o medo da rejeição.

Como podemos reunir essa coragem? A resposta é simples. Devemos concentrar-nos no nosso objectivo, de forma a conseguir distinguir e compreender as medidas a tomar para a sua concretização, considerando-as passos essenciais no caminho para o sucesso.

CRENÇA

Já referi a importância da auto-imagem neste capítulo. A imagem que temos de nós próprios corresponde à pessoa que os outros conhecem. Todos conseguimos perceber quando alguém está a ser "falso" – não há imagem estudada ou fachada que consiga disfarçar uma fraca auto-imagem por muito tempo.

As nossas crenças pessoais representam os nossos princípios, determinando a forma como nos encaramos, a nossa identidade e aquilo que julgamos poder alcançar. São elas que definem não só a forma como abordamos os problemas, mas também como reagimos perante determinadas situações e que moldam todos os aspectos do nosso comportamento.

Estas crenças pessoais são como o ADN que transporta o nosso código genético: independentemente da célula de onde tiramos a amostra, a informação é sempre a mesma. É justamente essa informação que fornece o esboço da nossa composição física.

Se fizermos aquilo que tememos, mataremos o nosso medo.

Ralph Waldo Emerson (1803-1882)

1 | Sucesso

Da mesma forma, o seu conjunto de crenças pessoais é consistente e informará cada aspecto do seu comportamento. Se acreditarmos verdadeiramente no nosso sucesso, quase tudo se tornará possível. Um forte sistema de crenças pode permitir-nos alcançar objectivos que nos parecem impossíveis, ultrapassar medos, situações ridículas, dificuldades e mesmo sofrimentos: um forte sistema de crenças pode permitir-nos dissociarmo-nos a nível pessoal das dificuldades ou das contrariedades.

Todavia, um forte sistema de crenças não nos levará a conquistar objectivos de vida vagos, tais como "gostava de começar o meu próprio negócio, mas não sei bem qual", ou "gostava de ter a sorte de receber um aumento salarial", ou "gostava de ver o que acontece".

Se o seu comboio estiver na linha errada, cada estação a que chegar é a estação errada.

Bernard Malamud (1914-1986)

As nossas crenças pessoais influenciam profundamente a nossa capacidade de atingir o sucesso. Quando são fortes e positivas fazem-nos crer que o objectivo que decidimos conquistar já existe no futuro e que somos capazes de o alcançar. Devemos acreditar a cem por cento que o sucesso é alcançável e que os insucessos ao longo do caminho constituem apenas experiências de aprendizagem, criando uma confiança interna que não precisa de imagens estudadas ou de fachadas. A pessoa que os outros conhecem tem uma ideia muito clara do caminho a seguir e todos poderão identificar nela aquele "sinal" especial que a faz sobressair. As nossas crenças pessoais não são apenas a base das nossas acções – difundem a nossa forma de pensar.

Eles conseguem porque acreditam que conseguem.

Virgílio (séc. 70-19 AC)

Vencedores natos

A nossa forma de pensar influencia directamente o nosso comportamento; o nosso comportamento, por sua vez, influencia o nosso desempenho; e, por fim, o nosso desempenho influencia aquilo que conseguimos atingir.

MEDO

Seja qual for a intensidade do nosso compromisso, da nossa coragem e crença, é sempre uma ajuda para compreendermos o nosso medo. O medo por si não é negativo: pode identificar um futuro desafio e incentivar-nos a agir. A resposta ao medo é um instinto básico que nos mantém atentos aos perigos sérios. Contudo, nas nossas batalhas diárias, deparamo-nos com situações menos perigosas, às quais reagimos com diferentes intensidades de medo – com sentimentos que vão do mal-estar geral à ansiedade, ao pânico e até ao *stress*. Os nossos corpos manifestam fisicamente a resposta emocional ao receio: o medo faz disparar o coração, faz suar as palmas das mãos e inquieta o estômago. São estas respostas emocionais ao medo que nos fazem recuar, pois procuramos naturalmente evitá-las.

Dois homens olham através das grades da prisão; um vê lama, o outro vê estrelas.

Frederick Langbridge (1849-1923)

Creio que a maior parte dos nossos receios se baseia em acontecimentos que apenas ocorrem na nossa imaginação. As coisas que tendemos a temer não correspondem àquelas que aconteceram ou que estão a acontecer, mas àquelas que julgamos poderem ou irem acontecer. Esta questão será posteriormente analisada em pormenor. Pensemos agora por um momento no tempo e na energia que gastamos a criar cenários negativos e medonhos e, imaginemos, em seguida, a diferença que faria gastar esse tempo e essa energia a pensar em resultados de sucesso.

1 | Sucesso

A felicidade da nossa vida depende da qualidade dos nossos pensamentos.

Marco António (86-161 DC)

Conta-se uma história acerca de um prisioneiro numa cadeia chinesa dos anos 1930 que, uma semana depois do julgamento, foi sentenciado à morte. Os guardas vigiaram-no de perto, para evitar que os privasse da sua execução pública. Contudo, sempre que iam à sua cela ficavam espantados por encontrá-lo bem disposto, a escrever cartas, a cantar e sempre disposto a contar-lhes umas anedotas. Julgavam-no louco, até porque o seu comportamento não mudava com o passar dos dias. No dia da sua execução, levaram-lhe a sua última refeição. Um dos guardas não se conseguiu conter mais e perguntou ao prisioneiro como podia estar tão alegre, sabendo que ia morrer dentro de pouco tempo. O prisioneiro respondeu-lhe: "Agora estou vivo. O futuro ainda tem de acontecer, por isso vou desfrutar a vida de que gozo neste momento."

I Devemos viver no momento presente.

Coloque a seguinte questão: "De que temos medo?" e "porquê?" Não me refiro a fobias, que muitas vezes advêm de traumas da infância, se bem que também estas – quando enfrentadas – possam ser ultrapassadas. Refiro-me àqueles "acontecimentos" futuros que acreditamos serem inevitáveis. Quanto mais acreditarmos na sua inevitabilidade, mais concretos se tornarão enquanto *verdadeiros* acontecimentos futuros. Acresce que, muitas vezes, quando acreditamos com muita vontade acabam mesmo por acontecer.

O medo faz-nos reféns do nosso passado. É extraordinária a frequência com que gostamos de recordar os nossos "bons velhos tempos", quando tudo era mais seguro, com os nossos colegas e amigos. Temos toda a razão: o passado é sempre mais seguro, porque é inalterável. Para além disso, quando pensamos no passado, tendemos a seleccionar as experiências mais felizes. Já do futuro e do que este nos pode reservar não parecemos rir e brincar tanto, nem parecemos especular sobre a razão

Vencedores natos

que nos leva a adiar mudanças positivas na nossa vida pessoal e profissional. Isto talvez se deva ao facto de seguirmos o lema "fica para a semana" e de, entretanto, continuarmos exactamente na mesma porque, comparado com o que imaginamos estar à nossa espera, o passado é um sítio mais seguro.

> **Devemos reconhecer a natureza ilusória do medo e deixarmo-nos ir. Devemos imaginar distintamente um resultado de sucesso e utilizá-lo para substituir a nossa expectativa negativa – e envidemos todos os nossos esforços para tornar realidade esse novo futuro.**

> **Devemos lembrar-nos que, independentemente dos contornos nítidos daquilo que receamos acontecer no futuro, isso ainda não aconteceu verdadeiramente.**

MOTIVAÇÃO

Existe uma velha anedota sobre um homem que regressa uma noite a casa depois de um turno nocturno. Este decidiu cortar caminho através do cemitério. Chovia muito e o vento soprava com força. De repente, o homem caiu numa sepultura recentemente aberta. A queda foi valente e deixou-o encharcado e coberto de lama. O homem estava furioso com tanto azar. Contudo, como estava em boa forma física e muito determinado a sair dali, tentou saltar. Quando percebeu que isso seria impossível, tentou dar balanço. Novamente sem conseguir, lembrou-se de saltar dali para fora. Contudo, o solo era argiloso e ele não tinha onde se agarrar, por isso decidiu, finalmente, enroscar-se a um canto, tentando manter-se quente até de manhã, altura em que poderia gritar por ajuda. Depois de se acomodar, adormeceu.

Cerca de vinte minutos depois, um outro funcionário do mesmo turno, também a cortar caminho pelo cemitério, tropeçou e caiu na mesma vala. Este, para além de já ter bebido uns copos, era baixo e estava em más condições físicas. Mesmo assim, começou por tentar saltar dali para fora, tentando, em seguida, trepar. Em vão, passou 15 minutos a tentar todos os seus esforços para tentar escapar àquela difícil situação, mas sem

1 | Sucesso

conseguir. Estava exausto no escuro e à chuva quando, subitamente, ouviu uma voz vinda do canto da vala: "Nunca irá conseguir sair daqui", disse uma voz sinistra.

A verdade é que conseguiu, pois assim que ouviu a voz, saltou logo dali para fora.

A nossa motivação é um motor interno controlado por nós, mas são muitas vezes, as experiências externas que actuam como uma mola que finalmente nos leva a agir.

> **A paixão e o compromisso são como o oxigénio e a gasolina no motor de combustão – exigem a faísca da motivação para criar energia.**

As motivações são poderosos catalisadores que nos instigam a passar à acção; sejam elas básicas, como a fome, ou dramáticas, como a voz na vala. Além da fome, as nossas motivações básicas são a sobrevivência e o abrigo. A nossa fome motiva-nos a encontrar comida, a nossa necessidade de calor motiva-nos a encontrar abrigo, etc. Os grandes motivadores compreendem a importância deste estímulo interno. No mundo do desporto existiram treinadores lendários que souberam utilizar a poderosa força de uma equipa motivada. Treinadores como estes sabiam que a paixão e o compromisso são experiências internas para cada jogador – experiências que, ao contrário do interesse ou da atenção, não podem ser artificiais.

Contudo, não é possível motivarmo-nos dizendo: "tenho de me motivar". Tal como não é possível ficar em forma se nos limitarmos a inscrever-nos num ginásio e esperar que algo aconteça. Em vez disso, temos de encontrar os factores impulsionadores da nossa vida, para os podermos utilizar e fazê-los funcionar em nosso proveito, como as máquinas no ginásio.

Numa conferência que dei, um jovem veio ter comigo e perguntou-me de que forma o podia *eu* motivar. Respondi-lhe que a não ser que o ameaçasse com uma pistola, não tinha a mais leve ideia. O objectivo da minha intervenção – expliquei – tinha sido partilhar com a audiência as minhas experiências e ideias e ao transmitir-lhes essa informação, conseguir levar todos a empenhar-se e a agir, acreditando na sua capacidade

Vencedores natos

de fazer verdadeiras mudanças. O meu desejo era conseguir que as minhas palavras produzissem as faíscas para os levar a agir. O compromisso e a paixão têm de vir de dentro de nós e isso – disse-lhe eu – *era da sua responsabilidade.*

LEMBRE-SE

- Tem de definir exactamente o que o sucesso significa para si – de outra forma será impossível alcançá-lo.
- Deve visualizá-lo com clareza – imaginá-lo intensamente.
- O próximo passo é rever essa imagem – tantas vezes quantas puder.

2

Nós somos os heróis

Os heróis são pessoas
que admiramos e que
demonstram qualidades
que respeitamos.

**Devemos alimentar a nossa mente
com grandes pensamentos;
acreditar no heróico faz heróis.**

Benjamin Disraeli (1804-1881)

Sentir que a nossa vida tem significado, tem oito vezes mais probabilidades de produzir satisfação do que um grande ordenado.

King, L. and C. Napa, 1998. "What makes a Life Good", *Journal of Personality and Social Psychology,* vol. 75, pp. 156-65

NÓS SOMOS OS HERÓIS

Na nossa infância, ouvimos muitas vezes dizer que os flocos de neve são únicos, não existindo dois exactamente iguais. Mais tarde, voltamos a ouvir dizer o mesmo em relação às nossas impressões digitais, às nossas vozes e ao nosso DNA. Assim sendo, podemos ter a certeza de que cada um de nós é um ser único. Contudo, apesar de reconhecermos que somos todos únicos, insistimos em nos comparar com os outros.

> **Nunca na história do mundo existiu outra pessoa como nós. Não devemos desperdiçar essa oportunidade.**

As comparações servem como medidas para avaliar o nosso sucesso. Ao longo da nossa vida, sempre que lemos num jornal sobre alguém que conquistou grandes feitos, tentamos certificarmo-nos de que essa pessoa é, de facto, mais velha do que nós, para assim, pelo menos, ficarmos com a garantia temporária de que ainda podemos vir a conquistar o mesmo sucesso.

Compararmo-nos com outros é um exercício fútil, porque nunca saberemos quais são as *suas* motivações, o que é que *os* impulsiona e que tipo especial de competências *têm*. Os outros nunca deixarão de ter competências que gostaríamos de ter. Nós, por outro lado, também *temos* competências que os outros gostariam de ter. Muitas vezes, presumimos erradamente que para termos valor, as nossas competências devem ser musicais, artísticas ou intelectuais, quando, na realidade, todos temos dons maravilhosos e inerentes à nossa maneira de ser, que desvalorizamos continuamente, tais como compaixão, paciência, humor, compreensão, amabilidade ou facilidade de comunicação. Este tipo de competências representam poderosas ferramentas que podemos usar para nos ajudar a vencer.

Compararmo-nos sistematicamente com os outros afecta desfavoravelmente a nossa auto-imagem, a nossa auto-confiança e a nossa capacidade de realização pessoal. A pessoa mais importante, cujos dons devíamos analisar para descobrir se estão a ser devidamente explorados somos nós.

Vencedores natos

A nossa auto-imagem e os nossos hábitos tendem a associar-se; mude um e automaticamente muda o outro.

Maxwell Maltz (1899-1975)

Cada um de nós é único, mas o que nos torna únicos enquanto espécie é a nossa capacidade de nos mudarmos, exercitando o nosso raciocínio lógico.

Os cientistas acreditam agora que 50 por cento da nossa personalidade e capacidade é herdada através dos nossos genes – o que significa que 50 por cento não é. Cabe-nos a nós criar e desenvolver os restantes 50 por cento. O que gostaríamos de mudar, se pudéssemos? Quer queiramos, quer não, todos temos de aceitar que há coisas com as quais nascemos e que não poderão ser alteradas através de um pensamento positivo – a nossa altura, a cor dos nossos olhos, o tom da nossa pele, etc. Podemos, no entanto, mudar a forma como encaramos esses atributos – e essa é uma qualidade poderosa. Cruzo-me muitas vezes com pessoas que dizem: "Ora, não sou especial". A realidade é que são – mas se não acreditarem nisso, de certeza que mais ninguém o vai fazer.

▌ Toda a gente é especial.

Pensemos numa criança pequena. As crianças estão constantemente a ser elogiadas, são incondicionalmente amadas e é-lhes dito que são especiais – tudo mensagens positivas que reforçam a mente em desenvolvimento. Todavia, à medida que vamos crescendo, este género de informação vai, por sua vez, diminuindo. O que é particularmente significativo é que vamos aprendendo a conformar-nos e a adaptarmo-nos aos outros. Não queremos ser o centro das atenções nas nossas brincadeiras, nem queremos ser diferentes das outras crianças – deixamos de ser especiais. Todos nós nos sujeitámos a este processo de ajustamento. A nossa infância é um período determinante para desenvolver a nossa auto-imagem e é

2 | Nós somos os heróis

dentro da fronteira dessa imagem que, mais tarde, nos procuramos situar, porque nos transmite mais segurança. Com isto, acabamos por nos esquecer de que, de facto, podemos mudar sempre que assim o desejarmos.

Tente agora fazer o seguinte exercício: pense numa pessoa que consiga descrever numa palavra. Pode escolher "divertido", "humilde", "estouvado", "amável" ou "egoísta". Em seguida, pense numa palavra positiva para descrever um aspecto seu, do qual se orgulha. Este é o primeiro passo para nos identificarmos – não só com quem somos, mas com quem queremos ser. O mais pequeno pormenor do auto-conhecimento pode fazer uma grande diferença.

INDIVIDUALIDADE

A nossa individualidade é a nossa noção de quem somos. Se temos uma imagem nítida de quem somos, não permitiremos que nos atribuam rótulos. Não nos devemos definir pelo nosso emprego, pela casa em que vivemos, pelo automóvel que conduzimos ou pelas roupas que vestimos. Nós não correspondemos à *soma* total dessas coisas. As pessoas de sucesso acreditam nelas próprias. O nosso potencial para vencer na vida não depende da nossa posição social ou de etiquetas, mas da confiança que depositamos em nós próprios para chegarmos onde queremos.

A morte não é a nossa maior perda. A nossa maior perda é o que morre dentro de nós enquanto vivemos.

Norman Cousins (1915-1990)

Jazendo no seu leito de morte, um bispo comentou com a mulher: "Quando era jovem queria mudar o mundo e, por isso, andei a dizer a toda a gente como devia viver e o que devia fazer. Mas isso não parecia ter qualquer impacto, porque, na verdade, ninguém me dava ouvidos.

Vencedores natos

Assim, decidi mudar a minha família. Todavia, para minha consternação, a minha família também não me prestava atenção, nem fazia as mudanças que eu queria que fizessem."

Fez uma pausa e suspirou. "Só agora", continuou, "nos últimos anos da minha vida, é que reconheci que a única pessoa sobre a qual poderia exercer uma verdadeira influência era sobre mim mesmo. Se queria mudar o mundo, deveria ter começado por mim."

Se queremos mudar o mundo, primeiro temos de mudar-nos a nós próprios.

Sejam quais forem as nossas ambições na vida, só nós podemos percorrer o caminho para o nosso sucesso e para a nossa realização pessoal. Claro que podemos fazer o percurso na companhia de outros – de companheiros de equipa, de familiares ou de colegas –, mas o nosso caminho só nós podemos trilhar – ninguém pode dar os passos por nós.

Do mesmo modo, se quer vencer na vida, independentemente da sua origem, terá de se esforçar para o conseguir. É tirando partido dos seus dons naturais que conseguirá atingir os seus objectivos. Ninguém pode perder peso por si, nem ficar em forma por si – tem de aceitar a sua responsabilidade pessoal. Ser único não significa estar isolado – implica sabermos quem somos e escolhermos o que queremos ser. É assim que, sem nunca ter suspeitado, conquista o potencial para vencer.

Quando comecei a investigar sobre o desenvolvimento pessoal, acreditava que as grandes garantias de sucesso eram hipóteses rebuscadas, pois pareciam oferecer demasiado, de forma exageradamente fácil – riqueza ou satisfação instantânea. Na realidade, nenhuma das metodologias oferecia estas coisas, cingindo-se a revelar o seguinte: apenas você pode determinar o que quer alcançar e, para isso, basta acreditar que é possível e agir. Só você pode determinar o que é o *seu* sucesso. Assumir o compromisso de vencer na vida não garante que de facto o consigamos fazer. Contudo, não o assumir garante o fracasso.

2 | Nós somos os heróis

As pessoas estão sempre a atribuir aquilo que são à força das circunstâncias. Não acredito na força das circunstâncias. Quem prospera neste mundo são aqueles que se organizam e que procuram as circunstâncias que mais lhes convêm, produzindo-as eles mesmos, caso não as consigam encontrar.

George Bernard Shaw (1856-1950)

RECONHECER A OPORTUNIDADE

O caminho para o sucesso começa quando aproveitamos uma oportunidade e nos esforçamos para a transformar numa realização pessoal. Contudo, o primeiro passo é reconhecer a oportunidade em si e, para isso, basta-nos prestar atenção.

Esta é a história de um velho padre que vivia num vale. Durante 40 anos, o dito padre cuidou de todas as pessoas da sua paróquia. Celebrava os baptizados e os funerais, casava os jovens casais, consolava os doentes e os que viviam sós. Enquanto pôde, o padre era o exemplo perfeito de uma pessoa bondosa e devota. Até que, um dia, começou a chover, mas em proporções bíblicas, de tal forma que, após vinte dias de chuva ininterrupta, o nível da água estava tão alto que o velho padre foi obrigado a subir para o telhado da capela. Ali estava ele, sentado e a tiritar de frio, quando um homem passou num barco a remos e disse: "Entre depressa, Sr. Padre que eu levo-o para um local alto."

O padre olhou para ele e respondeu: "Durante 40 anos fiz tudo o que Deus esperava de mim e, julgo eu, que até um pouco mais. Celebrei baptismos e funerais, consolei os doentes e os solitários e só tirava uma semana de férias por ano. Sabe o que faço durante essa semana de férias? Vou para um orfanato ajudar o cozinheiro. Tenho uma grande fé em Deus, porque este é o Deus que eu sirvo, por isso pode ir com o barco que eu fico. O meu Deus irá salvar-me."

O homem do barco foi-se embora. Passaram-se dois dias e a chuva atingiu um nível tal que o velho padre teve de subir para o topo do campanário,

Vencedores natos

onde ficou a ver as águas redemoinhar à sua volta. Foi então que apareceu um helicóptero. O piloto chamou-o: "Venha depressa, Sr. Padre. Vou baixar o gancho. Ponha o arnês à sua volta e eu levo-o para um sítio seguro."

O velho padre respondeu: "Não, não", e voltou a proferir o discurso sobre a sua vida de trabalho e a sua fé em Deus. Depois desta resposta, o helicóptero partiu e, algumas horas mais tarde, o padre foi arrastado e afogou-se.

Sendo um homem bom, foi directamente para o céu. Revoltado com o seu destino, chegou lá muito mal-humorado. Andava furioso no reino dos céus quando deparou subitamente com Deus. Foi um Deus atónito que o encarou e lhe disse: "Padre Macdonald! Que surpresa!"

Ao que o padre olhou fixamente para Ele e disse: "Ai foi uma surpresa? Durante 40 anos fiz tudo o que me pediste e mais ainda, e no momento em que mais precisei, abandonaste-me."

Perante isto Deus ficou perplexo: "Afogaste-te? Não posso crer! Tenho a certeza de que te enviei um barco e um helicóptero."

Patino para onde julgo estar o disco.

Wayne Gretzsky (1961)

A verdade é que os barcos e os helicópteros de oportunidades estão sempre a aparecer – cabe-nos a nós reconhecê-los. Isto passa por prestar atenção e manter expectativas, algo que só podemos realmente fazer depois de estabelecermos um objectivo. Só então é que estas ocorrências aparentemente fortuitas, as quais normalmente nos passariam ao lado, se apresentarão evidentes como as oportunidades que são. Quase todos os acontecimentos criam oportunidades. É claro que há excepções, por exemplo, tragédias pessoais, tais como falecimentos. Devemos, no entanto, aceitá-las como factos da vida – como acontecimentos que não podemos controlar – e permitirmo-nos sentir pesar. O que não podemos fazer é utilizá-las como desculpa para não fazer nada.

Um imigrante no Reino Unido – ou em qualquer país do mundo desenvolvido – tem, em termos estatísticos, quatro vezes mais probabilidades

2 | Nós somos os heróis

de se tornar milionário do que alguém que nasceu lá. Quererá isto dizer que os imigrantes são quatro vezes mais sortudos? Dado que já constatámos não existirem casos de pura sorte, a resposta só pode ser não.

> **Sejam quais forem as circunstâncias, o nosso ponto de partida não indica até onde somos capazes de ir.**

São quatro vezes mais trabalhadores? A resposta continua a ser não – o dia tem as mesmas horas para todos. Serão eles quatro vezes mais espertos? Também não. Muitos milionários que subiram a pulso abandonaram a escola sem conseguir obter qualificações oficiais. Contudo, o que os une é que têm quatro vezes mais probabilidades de reconhecer uma oportunidade, porque andam à procura dela.

Nunca é a altura errada de fazer a coisa certa.

Anónimo

Esta é a questão primordial: é o nosso estado de espírito que nos torna receptíveis às oportunidades que aparecem. Se estivermos num estado de espírito negativo ou tivermos uma fraca auto-imagem e se não acreditarmos no nosso sucesso, então, o mais provável é não conseguirmos reconhecer as oportunidades. Não há nada pior do que desperdiçar oportunidades.

> **O sucesso não tem a ver com as origens, mas com a fé que depositamos em nós próprios, bem como com a capacidade que temos de reconhecer uma oportunidade e a coragem para agir.**

Na verdade, acredito que a verdadeira tragédia da vida não é falhar na concretização dos nossos objectivos, mas sim não ter objectivos pelos quais lutar. Já ouvi algumas pessoas dizerem: "Não me surgem oportunidades. Não tenho muita sorte." O que acontece é que, tal como o velho

Vencedores natos

padre na história, ao fechar as suas mentes às oportunidades que as rodeiam, deixam de ver os barcos e os helicópteros por aquilo que são.

Assim, não devemos esperar mais tempo para agarrar essas oportunidades, nem devemos deixar nada para amanhã, ou acabaremos por chegar aos 85 anos a desejar ter feito todas as coisas que estamos agora a deixar passar.

Guardemos a preocupação e a ansiedade para os maiores contratempos da vida. Façamos agora um esforço consciente para encontrar algo positivo em todas as situações.

Anónimo

O NOSSO PASSADO NÃO DETERMINA O NOSSO FUTURO

Certamente que já ouviu dizer: "As coisas são como são", "é o meu destino" ou "nada de bom me acontece". Já disse que se fizermos o que sempre fizemos, teremos o que sempre tivemos. O nosso subconsciente determina a nossa forma de pensar, as nossas reacções e os nossos actos. Acreditar que sempre fomos um fracasso só funciona se ficarmos agarrados a essa crença. Contudo, cabe-nos a *nós* quebrar essa convicção. Já referi que aquilo que acreditamos ser verdade acerca de nós próprios é apreendido pelo nosso subconsciente. O nosso subconsciente, porém, não consegue distinguir entre realidade e ficção e procura sistematicamente reforçar a nossa auto-imagem, estimulando acções que a confirmem, ou inibindo aquelas que a possam contradizer. Basta-nos pensar nos efeitos da hipnose para constatar que isto é verdade.

A mudança é a única constante nas nossas vidas; resistir à mudança é, em última análise, semear o fracasso pessoal.

Temos de aceitar que quando surgem as mudanças, temos de mudar. Muitos, porém, ao serem promovidos, ficam ansiosos perante as novas

2 | Nós somos os heróis

responsabilidades e exigências. Quando os convidam a mudar, resistem, pois ao olhar para a sua experiência passada, julgam-se incapazes de corresponder ao que lhes pedem. Tal e qual o magnífico pássaro que passa toda a sua vida preso numa gaiola, a comer e a beber o que lhe dá o dono. Um dia, o dono morre e aparece um vizinho que lhe abre a porta da gaiola e diz: "OK, aqui tens a tua liberdade".

O pássaro, no entanto, fica à porta da gaiola, olha em redor e pensa para consigo: "Vou ficar aqui, porque este é o mundo que conheço e, apesar de todas as limitações, aqui estou a salvo". O que o pássaro não compreende é que fora da gaiola há um mundo a explorar – um maravilhoso mundo de oportunidades.

> **O passado já aconteceu; não podemos mudá-lo, mas devemos "soltá-lo".**

Quantos já fomos a uma entrevista de emprego convencidos de que somos péssimos em entrevistas, no caminho até lá recordamos todas as vezes que nos rejeitaram? Este reavivar de antigos fracassos cria uma resposta emocional inconsciente que se manifesta sob a forma de *stress*, provocando dores de cabeça, irritabilidade e 1001 outras afecções. Quanto mais enervados ficarmos, mais probabilidades temos de gerar uma profecia auto-suficiente: fazemos má figura na entrevista e quando as más notícias chegarem, podemos dizer com absoluta convicção: "Já sabia que era impossível conseguir aquele emprego!".

Os bons são bons porque alcançaram a sabedoria através do fracasso. Com o sucesso aprendemos muito pouco, sabiam?

William Saroyan (1908-1981)

Deixem-me partilhar outra história. Representei a minha universidade como jogador de golfe. Hoje em dia, ainda sou conhecido porque joguei 21 partidas e perdi 21. Antes do meu último jogo como estu-

Vencedores natos

dante, lembro-me de pensar: "Gostava de alcançar uma vitória antes de me ir embora, para reconquistar alguma dignidade aos olhos da minha equipa."

O capitão de equipa disse-me que o meu adversário tinha um *handicap* de 12 – o meu *handicap* na altura era de sete, por isso, julguei que teria boas hipóteses (*handicap* é a média do número de tacadas dadas acima do par do campo. Quanto menor o *handicap*, melhor o jogador). Coloquei a bola no *tee* (ponto de partida da bola) assim que a última partida começou. O meu adversário deu uma magnífica tacada e eu, surpreendentemente, respondi com outra excelente tacada. Estávamos em pé de igualdade no primeiro e no segundo. No terceiro buraco, ele estava um buraco acima e manteve-se assim até ao nono. No décimo buraco, estávamos ambos apenas dois acima do par, fazendo uma extraordinária exibição de golfe. Quando chegámos ao 14.º buraco, nivelei o jogo. No 15.º estava um buraco acima e ele empatou no 16.º.

Enquanto caminhávamos para o 17.º buraco, perguntei ao meu adversário: "Onde é que joga golfe?" Ele mencionou um campo de golfe que fazia parte do campeonato. Fiquei espantado e quando lhe perguntei como o conseguia, respondeu que costumava jogar pela primeira equipa da Universidade de Cambridge. Para jogar pela primeira equipa da Universidade de Cambridge é preciso ter um *handicap* muito baixo: certamente muito melhor do que 12. Estupefacto, perguntei-lhe qual era o seu *handicap*. "Dois", respondeu.

O meu capitão era míope e tinha lido 12 em vez de dois (na verdade, tinha bebido demasiado vinho ao almoço). Assim que descobri o verdadeiro *handicap* do meu adversário, a minha confiança abandonou-me a uma velocidade que não imaginava possível e foi substituída por recordações de todas as minhas derrotas.

É escusado dizer que não decepcionei o meu subconsciente. Perdi o 17.º e o 18.º buracos – mantendo intacto o meu recorde de 100 por cento de derrotas. Enquanto acreditei que podia ganhar, tinha um comportamento de vencedor – na maneira como caminhava, pensava e jogava. Epá, olhem que era bom! Todavia, quando comecei a convencer-me de que não tinha qualquer hipótese, tudo mudou.

2 | Nós somos os heróis

> **Ser um campeão significa pensar como um campeão. Os vencedores vencem porque visualizam as recompensas do sucesso; os derrotados perdem porque visualizam as penalidades do fracasso.**

Um professor de Gestão responsável pelas despesas do departamento contou-me que, um dia, reparou que a secretária tinha comprado 12 pares de tesouras. Quando lhe perguntou porquê, ela respondeu: "Porque o meu antecessor fazia sempre isso." Acontece que, antes de existirem computadores, quando se escreviam os discursos e as notas, cortava-se e colava-se muito. Ninguém tinha percebido que quando os tempos mudam, também devemos mudar. Se tem um mau hábito ou um hábito pouco produtivo, deve perguntar: "Porque é que eu faço isto?" Se não gostar da resposta, deve empenhar-se firmemente em mudar esse hábito. Há sempre outra forma de fazer as coisas. Genericamente, há que reconhecer que são os nossos padrões de comportamento que moldam o nosso futuro. Se quisermos manter esses padrões, então, devemos deixá-los tal como estão, mas se não estivermos satisfeitos com eles, então, a oportunidade e a capacidade de iniciar o processo de mudança podem surgir agora mesmo. A complacência, a indiferença e o procrastinação são os nossos piores inimigos.

SONHAR EM GRANDE

Tudo começa com um sonho, por isso, há que sonhar em grande. Contudo, não devemos esperar lá chegar com um só salto (isso fica para o Super-Homem). Todos conhecemos o provérbio de Confúcio: "Até a viagem mais longa começa com um pequeno passo". Por isso empenhe-se na viagem que está prestes a iniciar e dê o primeiro passo. Porque se não o fizer, a viagem nunca terá inicio e o sonho não passará disso mesmo.

Um sonho que não é permanentemente seguido de acção é um desejo por concretizar. Um sonho que gera acção pode mudar o mundo. Por outro lado, uma vez que podemos criar quantos cenários futuros quisermos, não nos devemos cingir a pequenos sonhos e ambições limitadas. Se ambicionarmos em grande e alcançarmos pouco, mesmo assim, conseguimos mais do que tínhamos julgado possível.

Vencedores natos

A fonte do contentamento tem de surgir na nossa mente. Aquele que tem tão pouco conhecimento da natureza humana e que procura a felicidade, mudando tudo menos o seu carácter, irá desperdiçar a sua vida em esforços infrutíferos e multiplicar o sofrimento que pretende remover.

Samuel Johson (1709-1784)

Inspiro-me no exemplo de Terry Fox, um jovem canadiano a quem foi diagnosticado cancro dos ossos e a quem teve de ser amputada uma perna para impedir a proliferação da doença. Movido pelo sofrimento de outros pacientes de cancro, Terry decidiu atravessar o Canadá a correr, de modo a angariar dinheiro para a investigação. Com o apoio da Canadian Cancer Society, Terry começou a treinar para a "Maratona da Esperança". A 12 de Abril de 1980, num gesto de despedida, mergulhou a perna artificial no oceano Atlântico e partiu de St. John, na Terra Nova, com o objectivo de percorrer 26 milhas por dia. Captando a imaginação de uma nação, a sua corrida foi seguida de perto pelos meios de comunicação social.

O sonho de Terry era conseguir angariar 100 mil dólares. "Acho que uma das coisas mais importantes que aprendi é que nunca nada é completamente mau. Nem o cancro. O cancro tornou-me uma pessoa melhor, deu-me coragem e transmitiu-me uma necessidade de fixar objectivos que nunca tinha sentido. Todavia, ninguém tem de fazer como eu – esperar até perder uma perna ou sofrer de uma doença horrível – para descobrir que tipo de pessoa realmente é. Pode-se começar já. Todos podemos".

Nos arredores de Thunder Bay, Ontário, 143 dias e 3.339 milhas depois, Terry parou de correr. O cancro tinha-se propagado até aos pulmões. Contudo, a 1 de Fevereiro de 1981, quando o Fundo da Maratona da Esperança de Terry Fox já chegava aos 24,17 milhões de dólares, o sonho de Terry de angariar um dólar por cada pessoa no Canadá tinha sido alcançado. A 28 de Junho e um mês antes de completar 23 anos, Terry Fox morreu. Desde então, nalgumas partes do mundo, todos os anos, em Se-

2 | Nós somos os heróis

tembro, celebra-se o seu legado com a corrida Terry Fox*. A Fundação já angariou mais de 180 milhões de dólares, uma das montanhas Rockies foi baptizada como o seu nome e construiu-se um enorme memorial nos arredores de Thunder Bay. Terry Fox inspirou milhões de pessoas.

Três dias após a sua morte, um jornalista escreveu: "A corrida de Terry Fox acabou. Na verdade, ele nunca terminou o percurso; tal como nenhum de nós alguma vez o fará. O que conta é a corrida. O que conta é estabelecer objectivos. O que conta é não desistir, nunca. O que conta é correr bem e com honestidade, com tanta bondade humana quanto possível – não esquecendo também de sentir prazer na corrida, rir dos absurdos da vida e chorar das suas crueldades."

Terry Fox sonhou em grande, tal como todos os vencedores sonham em grande. Está claro que o tipo de sonho a que me refiro é consciente e está nas nossas mãos. Todos nós já sonhámos, criando conscientemente uma situação fantasiosa nas nossas mentes. Devemos fantasiar mais ainda, porque é esse poder que sustenta as técnicas de visualização, que são um aspecto importante da realização dos nossos objectivos e que posteriormente iremos analisar.

Também é muito importante não partilhar os nossos sonhos com pessoas a que chamo ladrões de sonhos – pessoas que tentam destruir as nossas ambições, comentando: "Não consegues fazer isso. Estás condenada ao fracasso!"

Devemos sempre partilhar os nossos sonhos apenas com quem acredita totalmente em nós e nas nossas ambições, que serão catalisadores, encorajando-nos naqueles inevitáveis momentos em que nos sentimos desanimados e pessimistas.

Os sonhos funcionam tanto para as pessoas, como para as empresas. Com Jack Welch como presidente do conselho de administração e presidente executivo, a General Electric norte-americana tornou-se uma das maiores empresas a nível mundial.

---

* **NT.** A Corrida Terry Fox realizou-se pela primeira vez em Portugal em 1994, na Batalha. Desde 1997 que passou a ser anual, realizando-se geralmente no mês de Maio, em Lisboa. Os fundos angariados revertem a favor da Liga Portuguesa Contra o Cancro.

Vencedores natos

Welch sempre acreditou em estabelecer objectivos ambiciosos – sonhar em grande e ter objectivos ambiciosos, para ele, significava esticar: "Esticar, na sua forma mais simples, significa que 'nada é impossível' e a definição de objectivos que possam ser esticados inspira as pessoas e desperta-lhes a imaginação. Poder esticar um objectivo, significa usar os sonhos para estabelecer objectivos sem qualquer noção real de como lá chegar, mas assim que tivermos a certeza de que os podemos concretizar, começar a esticar mais."

O subconsciente acompanha a imagem que temos de nós próprios – o que inclui os nossos objectivos. Se estivermos convencidos que podemos concretizar os nossos objectivos, iremos criar as condições necessárias para que isso aconteça. De igual modo, se estivermos convencidos de que algo de mau vai acontecer, iremos criar circunstâncias que nos levam a perder a coragem e a confiança perante os desafios inesperados. Tais ocorrências serão, para nós, os fracassos que tínhamos antecipado – e servirão para nos identificarmos com eles. As pessoas que geralmente falham têm um forte espírito de fracasso, tendo codificado no seu subconsciente a crença de que jamais serão bem sucedidas, e seguem inconscientemente um padrão de comportamento que se adapta a essa crença. Em contrapartida, os que vencem na vida têm um forte espírito de sucesso. Sem se darem conta imprimem geralmente no seu subconsciente a imagem do futuro sucesso.

❙ Há que sonhar em grande, sobressair e ousar falhar.

Assim sendo, sempre que estivermos a definir objectivos para o futuro – e a fantasiar sobre as vitórias que nos esperam – devemos ser optimistas e sonhar em grande.

TORNARMO-NOS O NOSSO PRÓPRIO TREINADOR

Porque é que as maiores estrelas do desporto mundial têm treinadores? Se são os melhores do mundo nas suas modalidades, o que poderá alguém ensinar-lhes? O segredo é perceberem que um treinador tem muitas funções: pode encorajá-los sempre que se sentirem desanimados, ajudá-los a definir estratégias para reconquistar a vantagem competitiva do

2 | Nós somos os heróis

passado e que sabem poder recriar no futuro e incentivá-los a encontrar o estado de espírito certo – um estado de espírito vencedor. Por outro lado, é igualmente importante que o treinador saiba elogiá-los, reforçando-lhes as imagens positivas da vitória, pois estas é que lhes permitirão manterem--se no topo das carreiras que escolheram.

Há pontos altos na vida de todos e a maior parte deles surgiram na sequência do encorajamento de alguém.

George M Adams (1837-1920)

Os nossos pais reconhecem que o seu encorajamento é vital quando iniciamos o caminho para nos tornarmos **Vencedores Natos**. É essencial manter no nosso subconsciente todas as imagens positivas, as expressões e as afirmações que relacionamos com o sucesso. Com efeito, os nossos pais acabam por ser os nossos treinadores, esforçando-se por serem nossos entusiastas. O entusiasmo é contagiante; podemos recebê-lo e passá-lo a outros. Se acreditarmos genuinamente no nosso objectivo, o entusiasmo virá automaticamente, porque a fé e o empenho assim o exigem. Sempre que enfrentarmos dificuldades, devemos relembrar não os nossos falhan-ços, mas os nossos sucessos passados e manter essas memórias frescas na nossa memória. Há que reafirmar o nosso objectivo de futuro. Devemos criar o hábito de ser optimistas, congratulando-nos sempre que fizermos alguma coisa bem e reafirmando-o com um: "Muito bem! Boa!"

Reafirmar significa utilizar expressões que reforçam a nossa já positiva auto-imagem, que actuam como impulsionadores do nosso subconscien-te, ajudando a fortalecer a imagem da pessoa que queremos ser. O far-macêutico e psicoterapeuta francês Émile Coué, que viveu no início do século XX, costumava dizer aos seus pacientes para dizerem em voz alta: "Estou a melhorar todos os dias, em todos os aspectos". Quando comparava estes pacientes com outros pacientes no pós-operatório que não faziam tal afirmação, descobria que os primeiros recuperavam mais rapidamente do que os segundos.

53

Vencedores natos

Temos de descobrir as afirmações que melhor funcionarão connosco. Sejam quais forem as escolhidas, não devem ser muito complicadas. As nossas afirmações devem ser sempre proferidas na primeira pessoa do singular e relacionar-se com um estado futuro que queremos atingir. Eis um exemplo: "Estou a melhorar", "estou a avançar activamente na direcção do meu objectivo", "cada dia me sinto mais calmo/a". Devemos repetir estas frases em voz alta, várias vezes ao longo do dia. Não nos devemos preocupar com constrangimentos – valerá a pena, porque vai mesmo funcionar. É frequente vermos atletas a prepararem-se intensamente antes de executarem a derradeira prova. Acalmam-se com um pequeno ritual e afirmam: "Serei capaz de fazê-lo", "chegou o momento." É só olhar para os seus lábios – e ver os resultados.

O artista não é nada sem o dom, mas o dom não é nada sem trabalho.

Émile Zola (1840-1902)

Imaginemos que estamos a orientar o nosso melhor amigo, de quem gostamos muito e que depende inteiramente de nós para conquistar uma determinada ambição. O que faríamos? Há que reflectir sobre isso e, em seguida, aplicar essa abordagem em relação a nós próprios. Se planeamos concretizar certas mudanças na nossa vida, não devemos ter medo de procurar ajuda. Devemos procurar quem admiramos e quem já fez aquilo que *estamos* agora a tentar fazer. O próximo passo é perguntar-lhes como conseguiram, que armadilhas tiveram de enfrentar, que tipo de dissabores sofreram e de que maneira os ultrapassaram. O aconselhamento é sempre valioso, em qualquer tipo de situação.

Depois de ganhar alguns torneios da PGA (Professional Golf Association), Nick Faldo, na altura um extremamente dotado jovem golfista profissional, pediu ao professor de golfe David Leadbetter para o ajudar a desenvolver uma tacada completamente nova, para enfrentar as pressões da competição mundial do golfe e dar-lhe títulos mais importantes. Esta foi uma decisão muito corajosa, pois todos o tomaram por um louco que es-

2 | Nós somos os heróis

tava a cometer um suicídio profissional. Faldo, porém, acreditava que esta era a única forma de conseguir alcançar o seu objectivo e decidiu reformular a sua tacada. Foi assim que conquistou três Opens britânicos e três títulos de Masters norte-americanos.

Se vivermos a desejar vagamente o melhor, mas preparando-nos para o pior, então, é o pior que vamos obter. Se, por outro lado, estivermos *determinados* a alcançar o melhor, então cabe-nos a nós proporcionar-nos todas as oportunidades para o fazer. Devemos traçar o plano que desejamos seguir e tornarmo-nos o nosso próprio treinador, encorajando-nos a nós próprios constantemente e pedindo ajuda a outros sempre que enfrentarmos dificuldades. Não passa disso. Ficaremos espantados com a quantidade de pessoas que nos ajudarão de boa vontade ao longo da nossa caminhada.

ULTRAPASSAR O HÁBITO DE FRACASSAR

Quando era jovem e estudante, acreditava sempre que ia fracassar; que não iria passar nos exames mais importantes. Isto era provocado por uma série de factores que só agora reconheço. Em primeiro lugar, facilmente permitia que os meus erros me desencorajassem, identificando-me com o fracasso. Jamais reconhecia que o meu problema residia em falta de conhecimento ou de compreensão. Na verdade, não me considerava um estudioso, nem esperto no sentido tradicional (por outras palavras, considerava-me simplesmente burro). Também tinha a certeza de que nunca chegaria à universidade. Aos 16 anos, seis semanas antes do exame de Química, o nosso professor de ciências percorreu a pauta, chamando um nome de cada vez e prevendo quem iria ter uma nota A (**Muito Bom**) ou uma nota B (**Bom**). Quando chegou ao meu nome, disse apenas: "Vais chumbar. Estás aqui a perder tempo. Não vais passar a nada."

Lembro-me de ter ficado furioso com isto; com a sua insensibilidade e o seu irritante ar de satisfação – e se a sua intenção foi galvanizar-me para fazer algo, funcionou. Depois disso, fui à livraria e comprei o livro "Ensine-se Química a si próprio" e os livros dos cursos 1, 2 e 3 – na altura estava no ano 4. Passei duas semanas – sete dias por semana, dez horas por dia e às vezes mais – a aprender toda a matéria, desde a estrutura

Vencedores natos

básica do átomo, ao programa do quarto ano. Quando fiz o exame, não só passei, como obtive nota B, o que significa que consegui entre 60 a 69 por cento. Mais importante ainda, foi ter passado a acreditar verdadeiramente poder chegar à universidade. A notícia provocou alguns olhares de espanto por parte dos professores, mas dois anos depois fui para a universidade.

Até àquele momento da minha vida, tinha falhado em todas as coisas nas quais acreditava que iria falhar. Há meses ou mesmo há anos, que pensava que o fracasso era claramente inevitável. Ao confessar muitas vezes a outros que não acreditava poder materializar qualquer dos meus desejos, acabava por conseguir que assim fosse. Por mais estranho que pareça, nessa altura, ainda não me apercebia da ligação.

O que tinha confundido com um vago sentido de destino pessoal tornou-se, de facto, uma profecia auto-suficiente. O meu subconsciente já estava programado para esperar o fracasso, acabando mesmo por procurá-lo. O maravilhoso funcionamento do nosso cérebro permitia-lhe preencher as minhas expectativas negativas. Sempre que um fracasso anteriormente previsto se tornava realidade, o meu subconsciente reforçava a minha convicção de que o meu destino na vida era falhar e que não podia fazer nada contra. Só quando me confrontei com o choque de me ser diagnosticado um cancro, é que decidi dar uma volta na minha vida e nunca mais pensar assim. Apercebia-me agora que era completamente responsável pela forma como pensava. O meu hábito de acreditar que o fracasso era inevitável tinha sido a verdadeira causa do meu fracasso. Tinha estado escondido na segurança de uma prisão feita por mim; sair da minha área de conforto era demasiado difícil e assustador. Em relação às mudanças que desejara fazer, nunca desejara ser responsável por elas – gostaria apenas que acontecessem. Queria acordar e encontrar tudo no seu devido lugar.

> **Acreditar que o fracasso é inevitável é muitas vezes a causa dele.**

O nosso fracasso pessoal não implica perder, mas repetir um padrão de comportamento que nos é confortável. Se nos perguntassem como

2 | Nós somos os heróis

nos sentimos quando falhamos, o que responderíamos? Arranjaríamos uma desculpa ou mostraríamos uma resignação silenciosa? Como justificamos os nossos fracassos? Muitos brincam com isso, como se não se preocupassem. Contudo, creio que a preocupação é muito importante, porque funciona como a nossa mola impulsionadora. A preocupação é o catalisador que nos permite iniciar verdadeiras mudanças. Os nossos fracassos anteriores são águas passadas, não nos representam, nem persistirão como os nossos rótulos identificativos. Lembremo-nos que se trata apenas de acontecimentos passados – esta é uma lição a aprender.

Cada problema que resolvia tornava-se uma regra que posteriormente servia para resolver outros problemas.

René Descartes (1596-1650)

Qualquer mudança que façamos nas nossas vidas tem de seguir uma ordem natural de progresssão. É muito parecido com aprender a correr. Primeiro temos de aprender a gatinhar, a manter-nos de pé e, depois, a andar; não há atalhos. Se estivermos decididos a vencer na vida, temos de aprender a quebrar o hábito de fracassar que passámos a vida inteira a aprender.

Como o podemos fazer?

Comecemos por identificar o ponto em que o nosso mecanismo pessoal de fracasso entrou em funcionamento. Este mecanismo é geralmente desencadeado por um comentário negativo ou pela noção de inevitabilidade da derrota. A partir daí, as memórias dos fracassos anteriores começam a enfraquecer a nossa determinação.

Deixemo-nos de expressões negativas – "não posso", "não faço", ou "não sou capaz." Sejamos optimistas quando referimos os nossos objectivos futuros, bem como quando falamos sobre nós e *também* sobre os outros. Para além disso, devemos lembrar-nos de que os hábitos, tal como podem ser adquiridos, também podem ser "desadquiridos".

ENCONTRAR O HERÓI QUE EXISTE DENTRO DE NÓS

O que é um herói? Considero que um herói é alguém que faz algo que geralmente receia – alguém que faz uma coisa que requer coragem. Os heróis são pessoas que admiramos pelas suas acções e cujas qualidades representam um ideal. Muitos rapazes vêem no pai um herói. O pai é uma figura corajosa, destemida e forte, e tem todas as qualidades que os jovens gostariam de desenvolver. O mais interessante, é que as crianças *acreditam* mesmo que podem ser heróis e não o demonstram apenas pelo tipo de brincadeiras que fazem. Lembre-se de que 96 por cento das crianças até aos quatro anos têm uma elevada auto-estima, acreditando poder fazer seja o que for.

Quando chegam aos 18 anos, menos de cinco por cento mantêm uma elevada auto-estima. O que terá acontecido a estas crianças que as fez perder a sua noção de valor pessoal e potencial? De acordo com os estudos realizados, em média, os pais passam 90 por cento do tempo a falar com os filhos, a repreendê-los ou a instrui-los de forma negativa. Tendo em conta que uma criança de 12 anos terá recebido, em média, mais de 100 mil sons negativos durante a sua vida, é fácil perceber como, inadvertidamente, a sua auto-imagem pode sofrer. Embora nenhum progenitor procure intencionalmente enfraquecer a confiança ou auto-estima do seu filho, as exigências de que os pais são alvo impedem-nos frequentemente de se sentar calmamente para explicar as suas atitudes às crianças. Contudo, recorrer a uma cultura de elogio em detrimento de uma cultura de culpabilização – ou a adopção de uma abordagem positiva em detrimento de uma negativa – tem um claro impacto no desenvolvimento da auto-imagem da criança. Ao reforço negativo por parte dos pais, há que acrescentar ainda as mensagens negativas que a criança recebe na escola e do grupo de amigos: "Não consegues fazer isto", "não sabes cantar", "és estúpido/a". Qualquer criança, quer seja particularmente impressionável ou medianamente resistente, que receba um número considerável de críticas, acabará por acreditar nelas. Por outro lado, a sua auto-imagem acabará por se basear nelas.

O facto mais espantoso, porém, é que, apesar de tudo isto, a memória positiva do nosso potencial e da nossa auto-confiança, *mantém-se dentro*

2 | Nós somos os heróis

de nós. Acredito que dentro de cada um está a pessoa que nascemos para ser – um herói adormecido com o qual perdemos contacto. Esse herói acredita piamente na sua capacidade para ter sucesso. Sucesso esse que não significa ganhar prémios de valentia ou receber medalhas por actos de coragem no campo de batalha – significa sermos capazes de nos levantar cada vez que caímos e estarmos convictos de que, independentemente do número de vezes que vamos cair, temos força suficiente para nos voltarmos a levantar. Eis o que me foi sucintamente dito quando me preparava para uma prova de resistência: "Só fracassamos quando desistimos."

> **Um vencedor é apenas uma pessoa que se levantou uma vez mais do que as vezes que caiu.**

É muito importante restabelecer contacto com as auto-imagem positiva da nossa infância, porque quando o fazemos estamos a reforçá-la a um nível subconsciente. Assim, cada vez que alcançarmos aquilo que normalmente evitaríamos, estamos a formar uma poderosa memória positiva, a construir uma forte auto-confiança e a expandir os limites do nosso horizonte.

Vivamos como lamentamos não ter vivido quando estivermos a morrer.

Christian Furchtegott Gellert (1715-1769)

Quando estava deitado na cama do hospital depois da operação e à espera dos resultados dos vários testes que me tinham sido feitos, comecei a imaginar o meu funeral e, mais particularmente, as honras que os meus amigos me haviam de prestar. Tenho de admitir que a minha imaginação produziu alguns elogios fúnebres bastante bons, incluindo os meus inúmeros e extraordinários feitos (bem, na altura pensava que eram – a loucura da juventude!). Mais tarde, isto levou-me a concluir que deveríamos sempre planear a nossa vida de trás para a frente. Basta pensar naquilo que gosta-

Vencedores natos

ríamos que dissessem sobre nós no final da nossa vida, bem como em todas as coisa que gostaríamos de ter alcançado. Independentemente do quão excepcionais essas possam ser, há que lutar por elas. Dediquemo-nos a escrever um obituário digno de orgulho e façamo-lo acontecer já.

O que os heróis têm de especial é serem pessoas normais como nós, mas fazerem coisas que a nós nos parecem extraordinárias. Sempre que, nas nossas vidas, conseguimos ultrapassar todos os receios que nos impedem de avançar, estamos a quebrar as nossas noções limitadoras e, com isso, a realizar actos pessoais de coragem. Todos esses actos de coragem vão aumentando, progressivamente, a nossa auto-imagem.

Tenho um afilhado chamado Finn. Ele tinha quatro anos quando eu e o Tom, o pai dele, o levámos a um piquenique. Ao chegarmos a um pequeno ribeiro cuja travessia tinha de ser feita por um trilho de rochas, dada a idade e auto-confiança reduzidas de Finn, Tom pegou nele e levou-o ao colo. No regresso, Tom voltou a transportá-lo ao colo. Quando esperava por eles no outro lado do rio, disse-lhe na brincadeira: "Finn, Finn, vem buscar-me, tenho medo da água". Finn virou-se para o pai, esperando que este fizesse alguma coisa. Tom, no entanto, resolvera alinhar na brincadeira e fingiu que estava com pressa para chegar ao carro. "Temos de deixar o Robin para trás", disse ele, afastando-se. Finn seguiu o pai com o olhar até este chegar ao carro e, em seguida, voltou-se para mim. "Não me abandones, Finn", continuei. De repente, Finn fez uma expressão de concentração – cerrou as suas mãozitas e começou a preparar-se para atravessar o rio. Assim que o vi colocar o pé na primeira pedra, corri para o outro lado, de modo a impedi-lo de avançar. Este episódio fez-me compreender que se, para ajudar alguém em aflição, uma criança de quatro anos podia encontrar dentro de si os recursos necessários para ultrapassar o que seria um medo considerável, imagine quanto poder têm os adultos que enfrentam os seus medos e os conseguem ultrapassar!

As acções dos homens são os melhores intérpretes dos seus pensamentos.

John Locke (1632-1704)

2 | Nós somos os heróis

Dar o primeiro passo é que parece muito difícil, mas devemos dá-lo, por mais pequeno que seja, porque é esse passo que irá dar início à nossa viagem para alcançar o objectivo que estabelecemos. É um passo pequeno, mas só nós o podemos dar.

LEMBRE-SE

- Você é único e tem a sua própria grandeza.
- Se não agir, nada irá acontecer.
- Não tenha medo.

3

O grande segredo

O sucesso não tem qualquer receita secreta: está mesmo à nossa frente.

O único limite às nossas realizações de amanhã serão as nossas dúvidas de hoje.

Franklin D. Roosevelt (1882-1945)

Quem vence na vida passa pelo menos 15 minutos por dia a pensar no que há a fazer e no que pode fazer para melhorar a sua vida.

Sigmund, E., 1999, "Consciously Directing the Creative Process in Business", *Transactional Analysis Journal*, vol. 29, pp. 222-227

O GRANDE SEGREDO

Quando era pequeno, li bastante sobre alquimistas que estudavam muito para transformar chumbo em ouro. Estes terão sido, provavelmente, os primeiros a explorar a preguiça humana para chegar à riqueza – conceito que imagino fazer o título de algum livro. Este é o tipo de livro que vemos anunciado nas costas das revistas e na Internet, com títulos apelativos do género: *Como Fazer Dinheiro Enquanto Dorme*, ou *Noventa Dias para o Seu Primeiro Milhão*. Contudo, só enriquece através desses anúncios quem os colocou.

Sem dúvida que muitos adoravam descobrir o número mágico, ou a receita para o sucesso, bem como o Santo Graal que, depois de anos de pesquisa, acabaria por ser encontrado no topo de uma montanha, concedendo a quem o encontrasse grande felicidade, alegria e riqueza.

Imaginemos a nossa felicidade se perdêssemos tudo o que temos agora e, depois, o recuperássemos.

Anónimo.

Depois de muitos anos a meditar no alto de uma montanha na Escócia (na realidade, debruçado sobre uma mesa em Londres), descobri finalmente o grande segredo que não posso continuar a esconder do mundo. Pela primeira vez, estou disposto a revelá-lo e espero que estejam preparados, porque pode ser um grande choque: *não existe nenhum segredo*. Contudo, a notícia não é assim tão desanimadora – não é preciso bater na testa em desespero. Nem tudo está perdido, pelo contrário, tudo foi encontrado.

Creio que existem alguns princípios comuns a todos os que venceram e continuam a vencer na vida. Os ingredientes básicos do sucesso não são complexos, nem obscuros. Sempre existiram, não foram inventados, mas simplesmente descobertos. Acredito que quem tem sucesso opera com base em sete princípios básicos, muitas vezes sem consciência

Vencedores natos

disso. Algumas pessoas dão mais ênfase a um aspecto do que a outro – na verdade, duas pessoas nunca recorrem exactamente à mesma combinação. É tal e qual as omeletas de dois cozinheiros diferentes: embora possam variar no gosto e na textura, contêm as duas os mesmos ingredientes.

OS SETE PRINCÍPIOS DO SUCESSO SÃO:

1. Um objectivo claro.
2. Um plano definido.
3. Confiança.
4. Não ter medo do fracasso .
5. Propósito.
6. Compromisso.
7. Comemoração.

1. Um objectivo claro

As duas equipas que disputam um jogo de futebol sabem que o objectivo dos seus esforços é colocar a bola dentro da baliza do adversário – por outras palavras, marcar golos. Da mesma forma, na nossa vida, o sucesso é mais facilmente compreendido por aqueles que determinaram antecipadamente, com clareza e de uma forma consistente, a natureza dos seus objectivos. Sabem exactamente o que querem.

Nunca dirão algo vago como: "vou começar um negócio e fazer muito dinheiro", ou "hoje espero jogar melhor". Estas expressões são impossíveis de visualizar mentalmente e, como o nosso cérebro pensa em termos de imagens, temos de visualizar claramente o que procuramos atingir. (Ver anexo: "O seu cérebro" – pág. 261)

Primeiro, diga a si próprio o que vai ser, depois, faça o que tem a fazer.

Epicteto (séc. 50-138 AC)

---

3 | O grande segredo

Ao nível do subconsciente, se é muito difícil – ou impossível – que a nossa mente visualize claramente um objectivo vago, ainda mais difícil será concentrar-se nele e trabalhar para o alcançar.

Os nossos objectivos podem ser extremamente ambiciosos, mas se forem realistas podem ser concretizados.

O objectivo que Bill Gates definiu com rigor foi levar um computador pessoal a cada lar; o de Roger Bannister, quebrar o recorde de quatro minutos/milha; o de Edmund Hillary, alcançar o cume do Monte Evereste; e o de Madre Teresa, apenas ajudar os pobres e moribundos, abandonados pela sociedade. Não sei se ela alguma vez terá sonhado que as Irmãs da Caridade iriam continuar e tornar-se uma organização mundial, mas, mesmo que tivesse, o seu objectivo estava claramente definido.

Já definiu o seu objectivo?

Ser cego é mau, mas muito pior é ter olhos e não ver.

Helen Keller (1880-1968)

Todos os objectivos começam com um pensamento, ou com uma ideia. Contudo, numa mente vencedora, este objectivo, ou esta imagem torna-se real e quase tangível – como se realmente existisse no futuro. Quando pedimos a alguém para descrever a casa perfeita, geralmente consegue apresentar-nos uma imagem extraordinariamente pormenorizada. Quando pedimos para fazer o mesmo relativamente a um carro, recebemos uma resposta semelhante. Contudo, quando perguntamos sobre o objectivo de vida ou o futuro ideal, normalmente, ninguém consegue responder-nos com tanta precisão, porque a maioria de nós não definiu claramente o que pretende alcançar.

Penso que ter um objectivo de vida é mais importante do que ter um carro ou uma casa.

Aqueles indivíduos únicos que, ao realizarem os seus objectivos no século XX, transformaram as nossas vidas, não só visualizaram nitidamente o que queriam atingir, como também acreditaram na sua concretização.

Vencedores natos

Quando lhes pedimos para definirem o sucesso, referem-se geralmente à realização pessoal e não aos ganhos monetários. A recompensa financeira será, para eles, a consequência do sucesso e não o principal objectivo.

Quer seja simplesmente perder uns quantos quilos, fazer mais duas vendas por dia ou construir um negócio que vai transformar o mundo, devemos definir claramente o que queremos atingir.

2. Um plano definido

I Se falharmos o plano, então, planeamos falhar.

Quando definirmos claramente o nosso objectivo, o próximo passo é planear exactamente como o iremos alcançar. Mais do que isso, temos de ter fé no plano e na nossa capacidade para o executar, incluindo objectivos particularmente ambiciosos, que no início podem parecer quase fantasiosos. Precisamos de delinear um plano no qual possamos crer, mesmo que ainda não tenhamos elementos que o sustentem. Este não precisa de ser sofisticado ou de conter grandes pormenores, e nem sequer de ser demasiado engenhoso – não tem de ser o esboço para construir uma nave espacial. Precisa, no entanto, de ser compreensível e de nos fornecer um ponto de partida.

O mais natural é que os nossos planos se alterem semanalmente, ou mesmo diariamente, dependendo da evolução das circunstâncias. Os melhores planos são infinitamente flexíveis – se não funcionam, devemos mudá-los e adaptá-los, tantas vezes quantas forem necessárias. A verdade é que se um plano for demasiado inflexível e começar a falhar, então, o objectivo torna-se um ponto ainda mais distante no horizonte. A confiança que depositamos na nossa capacidade para alcançar esse objectivo diminui e a nossa moral esmorece.

Temos de criar metas no decorrer do percurso para atingir objectivos ambiciosos a longo prazo: é essencial prever indicadores a curto prazo para verificar se estamos no caminho certo. Pense num marinheiro a navegar pelo oceano ou num piloto de longo curso: têm Pontos de Escala e Pontos de Relatório a cada 20, 50 ou 100 quilómetros em alguns casos, só para confirmarem que estão no rumo certo. Devemos fazer o mesmo

3 | O grande segredo

com o nosso plano e começar já a pensar no nome que havemos de dar aos nossos indicadores.

É surpreendente ver a frequência com que as circunstâncias se adaptam aos esquemas que são previamente preparados.

Sir William Osler (1849-1919)

Imagine que pretende ir de carro de Glasgow para Londres. A primeira coisa a fazer seria recorrer à sinalização para se certificar de que a viagem estava a progredir na direcção certa. Para ir na direcção certa já sabe que tem de passar por Carlisle, Manchester e, depois, Birmingham. O mesmo princípio se aplica aos nossos objectivos de vida. Se definirmos um objectivo a longo prazo, temos de nos certificar de que estamos no caminho certo, traçando vários pequenos objectivos realizáveis a curto prazo. Sempre que atingirmos um, devemos fazer uma cruz no "respectivo quadrado" e passar ao seguinte.

É a acumulação destes objectivos a curto prazo que vai "construindo" o nosso objectivo final.

Mostrem-me um empregado de armazém com um objectivo e mostro-vos um homem que irá fazer história. Mostrem-me um homem sem objectivos e mostro-vos um empregado de armazém.

J.C. Pennery (1875-1971)

Antes de ir às compras, alguns fazem uma lista. Apesar de decidirem antes o que querem comprar, sabem que quando chegarem à loja podem encontrar e comprar um produto em promoção que não incluíram na lista. Contudo, se não fizermos uma lista, o mais certo é chegar a casa e des-

Vencedores natos

cobrir que nos esquecemos de alguma coisa importante. Do mesmo modo, se quisermos oferecer um jantar, começamos por planear a lista de convidados e o menu. Podemos recorrer a um livro de receitas e podemos até decidir antecipadamente onde vamos sentar os nossos convidados. Nada ficará ao acaso, pois cada um destes elementos irá contribuir para o sucesso da noite. Sendo a nossa vida tão mais importante do que um jantar, por que razão a deixamos ao acaso e depois ficamos surpreendidos porque as coisas não correm como queremos?

❙ Planeie a sua vida e não a deixe ao acaso.

Se não planearmos de uma forma eficaz os nossos objectivos pessoais e profissionais, sujeitamo-nos aos caprichos da sorte e o mais provável é ir numa direcção que não queremos.

Ao perseguirmos os nossos objectivos podemos, ser tentados a deixar outra pessoa planear o nosso caminho – mas só se quisermos fazer a *sua* viagem.

Em última análise, temos de planear a *nossa* própria viagem, tendo em conta que quando tivermos a certeza do rumo a tomar, o melhor é manter os traços gerais do nosso plano em segredo. Devemos partilhá--lo apenas com quem nos apoia, encoraja e, mais importante ainda, acredita em nós.

Antes de começar a perseguir os seus objectivos, deve perguntar-se: "Onde está o plano?" Se não tiver um, tem de arranjá-lo.

3. Confiança

A palavra "confiança" deriva do latim *cum* (com) e *fides* (fé), e significa a fé que depositamos em algo ou em alguém – neste caso em nós próprios – e que se desenvolve a partir da segurança que nos transmitem as nossas experiências positivas. Não tem nada a ver com arrogância, pois a arrogância resulta de um ego demasiado inchado, que acredita em si próprio sem qualquer fundamento, uma característica de pessoas inseguras ou pouco auto-confiantes, em geral, com personalidades menos atractivas.

3 | O grande segredo

Imagine-se a dar entrada nas urgências do hospital local. Partiu o nariz, tem muitas dores e necessita de tratamento. À porta estão dois médicos, mais ou menos da mesma faixa etária. Um deles transmite a sensação de confiança e compaixão, o outro, de arrogância e indiferença. Quem gostaría que tratasse de si? Quanto aos outros não sei, mas eu prefiro sempre alguém confiante. Tanto as pessoas, como as organizações verdadeiramente auto-confiantes são quase sempre humildes: não têm a necessidade de se vangloriar do seu sucesso porque, já o tendo alcançado, possuem a profunda convicção de que o podem voltar a alcançar.

Ao estabelecermos um objectivo ambicioso, a confiança permite-nos ultrapassar as avaliações negativas dos outros e superar infindáveis contrariedades, tais como o medo de sermos ridicularizados, a ansiedade, o trabalho árduo, o sofrimento e todos os outros obstáculos que podem cruzar o nosso caminho. A fé de quem confia no seu sucesso é essencial para a realização de qualquer esforço. Basta olhar para os inúmeros exploradores e cientistas famosos, cuja fé na realização de um objectivo ambicioso ultrapassou todas as dificuldades. A confiança inspira os outros e é a componente essencial de qualquer líder.

A grande questão que se coloca aqui é: como conquistamos a confiança? Infelizmente não podemos ir à farmácia comprar um frasco de confiança. No entanto, a sistemática obtenção de pequenos sucessos pessoais, ajuda-nos a desenvolvê-la. É um processo lento, mas tão certo que mais parece um truque de magia.

Desta forma, a nossa confiança nasce, não de pensamentos positivos, mas da própria experiência, seja ela positiva ou negativa. As boas experiências dão-nos a confiança, enquanto que as más são lições que devemos aprender. Ter orgulho naquilo que somos e no que estamos a alcançar é a base sobre a qual a confiança será desenvolvida.

O grande prazer na vida é fazer o que os outros dizem que não conseguimos fazer.

Walter Bagehot (1826-1877)

Vencedores natos

4. Não ter medo do fracasso

O futuro não existe, ou seja, existe apenas na nossa imaginação – este é um conceito de que certamente alguns escritores de ficção científica irão discordar. Contudo, apesar de o futuro ainda não existir de uma forma tangível, acabamos, muitas vezes, por recear a sua incerteza. As mesmas fantasias que constituem os nossos objectivos irão, em momentos de dúvida, representar imagens igualmente intensas do fracasso, das quais fugimos com receio que nos façam sofrer. Tendemos sempre a considerar que o fracasso marca o fim das nossas esperanças e desejos – mas não tem de ser assim. Se, em vez disso, escolhermos encarar o fracasso de uma forma positiva, este passará a marcar um novo começo. Pensemos na criança que está a aprender a comer e a falar. Quando se tenta alimentar sozinha, não se preocupa com o facto de a maior parte dos alimentos acabarem em quase todo o lado, excepto na sua boca, nem tampouco se preocupa com os erros gramaticais que comete quando tenta perguntar ao pai onde está o ursinho. Nesta fase, a criança não é influenciada pela pressão exercida por quem a rodeia, sentindo-se motivada por um mecanismo natural de sucesso que a ajuda a alcançar o que pretende, a aprender e a sobreviver. Não conhecendo o conceito do fracasso, a criança não o teme.

Há que tirar o máximo partido de cada fracasso. Há que cair para a frente.

Anónimo.

O medo do fracasso pode impedir-nos até de tentar, mas falhar não é nenhuma vergonha. Como disse anteriormente, julgo que vergonha é não tentar. Na verdade, quem vence na vida não se identifica com os seus fracassos, mas considera-os lições valiosas a aprender.

Ao fracassarmos percebemos que ninguém reparou ou se importou tanto com isso como nós.

3 | O grande segredo

Thomas Edison, um inventor prolífico, cuja lâmpada eléctrica foi, sem dúvida, a mais famosa de entre as muitas patentes que registou, fez mais de 700 tentativas antes de encontrar o material certo para o filamento perfeito. Quando lhe perguntaram como se sentiu ao falhar tantas vezes, respondeu: "Não falhei, o que fiz foi descobrir 700 soluções que não funcionaram". Edison encarou tudo à luz da razão (desculpem o jogo de palavras!).

Nem as nossas vidas, nem as nossas carreiras são corridas para ver quem chega primeiro – são viagens que produzem igual proporção de contrariedades e de concretizações. O que conta é a nossa capacidade para enfrentar os nossos receios, para ultrapassá-los e para compreender que estes, na realidade, não passam de produtos da nossa imaginação. Não estou com isto a sugerir que deve começar a praticar mergulho sub-áquático ou a desarmar engenhos explosivos nos tempos livres. Refiro-me antes a escolher aquilo que sempre nos recusámos a fazer na vida por receio. Pode ser algo concreto, como aprender a nadar, ou mais abstracto, como ultrapassar o medo da rejeição – ou até o medo do sucesso.

Genialidade divina? Qual divina, qual quê – a genialidade reside na perseverança.

Thomas Edison (1847-1931)

Devemos definir exactamente o alvo dos nossos receios e reconhecer que o medo que sentimos existe apenas na nossa cabeça. Quanto mais acreditarmos que o nosso medo é real, mais este configurará a predominante imagem mental que temos do futuro e maior será a probabilidade de esta se tornar uma profecia auto-suficiente. Devemos analisar os nossos receios por aquilo que são – falsas expectativas que parecem reais – e desmantelá-los.

Por cima da minha secretária no meu escritório está a seguinte citação:"No fim das nossas vidas não lamentamos aquilo em que fracassámos, mas aquilo que desejámos e que nunca tentámos alcançar."

Afinal pelo que espera?

Vencedores natos

5. Propósito

Na minha opinião, ter um propósito significa basear os nossos objectivos num valor mais profundo e implica encontrar aquilo que nos faz sentido. Quando estabelecemos um objectivo para o qual não temos um verdadeiro propósito e o qual não nos trará qualquer benefício, o mais provável é não sentirmos muita vontade em realizá-lo. Ao contrário, se o objectivo que definirmos se basear num verdadeiro propósito e se este for apaixonadamente perseguido, então estamos a criar-lhe importância. Quando falo em importância, refiro-me ao que acontece quando aquilo que nos faz sentido se combina com o mundo que nos rodeia de forma positiva e para produzir um efeito positivo.

Todos nós precisamos de ter um propósito, pois é isso que atribui sentido às nossas acções. Se não encontrarmos sentido naquilo que fazemos, perdemos o interesse, começamos a aborrecer-nos e acabamos por desistir. Todos precisamos de um propósito concreto sobre o qual possamos basear os nossos objectivos e o qual devemos perseguir com paixão, porque se juntarmos paixão e propósito, obtemos auto-motivação. Já identificou o seu propósito? Em que se sustenta o objectivo que quer alcançar? Nunca devemos deixar de nos colocar a seguinte pergunta: "O que é que poderei ganhar se alcançar o meu objectivo?" Seja qual for a resposta, devemos perguntar-nos novamente: "O que é que ganharei com isso?" Repita esta pergunta após cada resposta. Quando já não puder encontrar mais respostas, é porque já encontrou o seu propósito. Julgo que o resultado será uma surpresa muito agradável.

> **Os nossos objectivos permitem-nos perceber o nosso propósito.**

Uma vez, concordei com o desafio pessoal de angariar dinheiro para uma instituição de caridade e, para isso, tentei jogar nos oito campos de golfe mais difíceis do mundo, em menos de um ano. Por mais difíceis entenda-se o mais elevado, o mais baixo, o mais quente, o mais frio, o mais a Norte, o mais a Sul, o maior e mais complicado de jogar. O meu objectivo era completar o desafio porque com isso iria beneficiar uma

3 | O grande segredo

instituição de caridade de que gosto e que apoio. Duvido que me tivesse dado a tanto trabalho por outro motivo, porque isso implicava passar 40 dias a viajar (e para alguém que viaja tanto como eu isso não é nenhum incentivo). O meu propósito surgiu quando soube que nunca ninguém tinha conseguido executar uma tal façanha e ao perceber que podia fazer qualquer coisa pelos outros.

O campo mais alto do mundo é o La Paz Golf Club, em La Paz, Bolívia. Assim que lá cheguei, passei os primeiros cinco dias a habituar-me a uma altitude de 12 mil pés, muito embora o campo esteja situado a 10.650 pés. Ambientar-me à altitude fazia parte do planeamento. Quando o Neil, o meu companheiro naquela aventura, e um alpinista experiente que chegou ao cume do Monte Evereste em 1998, me disse que precisávamos de nos habituar, nem sequer discuti.

Passámos a maior parte do tempo a caminhar e a pensar no que iríamos comer nessa noite. A altitude surpreendeu-me pela facilidade com que ficávamos sem fôlego. Por essa razão, fazer um circuito completo de golfe com os tacos às costas iria ser muito cansativo. As ruas de La Paz estavam repletas de vendedores ambulantes que tinham tudo o que cabe e não cabe na nossa imaginação. Um dia, reparei numa mulher que vendia cartões festivos numa mesa muito simples. Quer passasse por ali de manhã, ou à noite, encontrava-a sempre lá. No terceiro dia, reparei numa caixa de cartão que estava ao seu lado. Ao olhar lá para dentro, vi uma criança bem embrulhada e a dormir. Tirei rapidamente uma fotografia, que tenho no meu computador e que mostrei muitas vezes em conferências para explicar exactamente o que quero dizer com propósito e paixão.

Qual seria o propósito daquela mulher? Julgo que seria cuidar do seu filho e alimentá-lo. Quanto à sua paixão – ora, o amor de uma mãe pelo seu filho não precisa de explicação. De acordo com a minha experiência, quem vence na vida têm sempre um forte propósito apoiado por uma intensa paixão.

> **Propósito e paixão são as pedras basilares da motivação pessoal.**

Vencedores natos

O nosso propósito pessoal tem um efeito secundário que deriva daquilo que fazemos por nós próprios. Este pode traduzir-se em acções nossas cujo impacto supera qualquer expectativa, em contribuições que valorizam um empreendimento, ou em gestos de bondade, de compaixão ou de solidariedade que praticamos ou dos quais somos alvo. Em resumo, as nossas acções podem fazer a diferença.

Esta sensação de que o nosso propósito tem um valor mais alargado e influencia os outros é, para mim, a base sobre a qual desenvolvemos mentalmente os nossos objectivos. Para um músico este pode ser partilhar a sua música, para um construtor pode ser fornecer casas onde as pessoas podem viver, para a quem procura perder peso pode ser viver mais tempo e agradar a sua família. Até um jovem repositor de prateleiras do supermercado, e apesar de o fazer inconscientemente, facilitará a vida a alguém. Independentemente do que fazemos e dos objectivos que temos em vista, sentir que o benefício que criamos não se limita a nós próprios, mas atinge também a vida dos outros, poderá ajudar-nos a encontrar o nosso propósito.

6. Compromisso

O compromisso é fazermos o que nos propusemos a fazer, muito depois de o nosso entusiasmo inicial para o fazer se ter desvanecido. Embora o compromisso nos permita manter o nosso plano e o nosso objectivo, é a primeira coisa que desaparece quando começamos a desistir.

Porque não nos conseguimos comprometer com nada? O que é que nos leva a desistir de um sonho? Desconfio que todos nós já percebemos que quem mais facilmente conseguimos desiludir somos nós próprios e que não faz mal desistir, porque somos mestres na arte de arranjar desculpas. Consideramos que é mais fácil auto-desiludirmo-nos porque, em última análise, não nos preocupamos o suficiente.

É curioso como nos auto-desiludimos e deixamos de perseguir os nossos mais nobres propósitos, mas não encaramos com a mesma ligeireza a ideia de desiludir os outros, nem que sejam desconhecidos. Porque será? Será porque nos sentimos responsáveis, ou porque não queremos que os outros pensem mal de nós, ou será porque não gostamos que os outros nos desiludam e, por isso, tentamos não lhes ferir os sentimentos?

3 | O grande segredo

Um dia combinei ir ter com um amigo ao Open britânico de golfe e decidimos encontrar-nos na área de treino ao meio dia, em frente à bancada. No dia em questão, a previsão meteorológica não era das melhores e acabou por chover. Após ter passado muitas horas a trabalhar arduamente na produção de um programa televisivo, quando acordei nesse sábado de manhã, a última coisa que queria fazer era ir ao torneio, apanhar chuva e ficar ensopado, quando podia vê-lo na televisão, no conforto do meu lar. O único problema era não ter qualquer forma de contactar o meu amigo. Não me restava outra alternativa senão ir. Nunca me passou pela cabeça que poderia, simplesmente, não aparecer. Se não tivesse combinado com outra pessoa não faria mal nenhum, mas seria impensável deixar alguém à espera e a apanhar chuva.

A qualidade da vida de alguém é directamente proporcional ao seu empenho em dar o seu melhor, independentemente do motivo pelo que batalham.

Vince Lombardi (1913-1970)

Dirigi-me ao ponto de encontro combinado e esperei e desesperei. Na verdade, esperei uma hora e meia e, apesar de estar a chover apenas chuva miudinha, foi uma enorme desilusão. Sentir-nos gelados, ensopados e desanimados nunca é bom, mas muito pior é sentir-nos desiludidos.

Algumas semanas depois, encontrei-me em Londres com o dito amigo para beber um copo e ele explicou-me que tinha estado numa conferência da qual não tinha conseguido sair. Até foi bastante convincente, mas para seu azar, a namorada chegou e, enquanto ele se afastou de nós para ir ao balcão, contou-me o que se tinha, de facto, passado. Eles tinham ido ao torneio, mas quando chegou a altura de vir ter comigo, o meu amigo decidira que estava demasiado longe da área de treino onde se deveria encontrar comigo e, dado o estado do tempo, convenceu-se de que o mais provável era eu nem sequer lá estar. Não deixamos de ser amigos mas desde então já contei esta história muitas vezes (na verdade, vai fican-

Vencedores natos

do melhor com o tempo), pois serve claramente para ilustrar a importância do compromisso e as possíveis consequências da sua ausência.

Temos de nos comprometer a atingir os nossos objectivos e planos. Não nos devemos desiludir, pois isso só serve para nos afastar um pouco mais quem queremos ser.

7. Comemoração

Á medida que avançamos na vida, é muito importante comemorar cada objectivo que conseguimos alcançar. Se, por um lado, comemoramos todos os sucessos que os nossos filhos vão alcançando enquanto crescem, permitindo-lhes, desta forma, desenvolver uma sólida auto-imagem, por outro, nós os adultos, raramente esperamos receber elogios e comemoramos apenas os aniversários e outras festividades semelhantes.

Contudo, vemos milhares de adeptos desportivos a saltar e a gritar de álegria sempre que as suas equipas marcam pontos ou ganham um jogo. O desporto proporciona-nos intensas viagens emocionais e a nossa memória fixa para sempre certos eventos desportivos.

Em Novembro de 2003, em Sydney, na Austrália, a Inglaterra ganhou a Taça do Mundo de Râguebi. Este foi um resultado fantástico para os ingleses que tinham passado quatro anos a perseguir um único objectivo – ganhar o Campeonato do Mundo de Râguebi de 2003. O último campeonato do mundo que tinha afectado tão intensamente a nação, ocorrera 37 anos antes, em 1966, quando a Inglaterra ganhou o Campeonato do Mundo de futebol. Era bem visível o apoio caloroso que a equipa inglesa de râguebi recebia por parte de todos os ingleses e eles eram os favoritos – o que implicava determinado tipo de pressões. O plano de jogo da equipa inglesa nem sempre correu de feição e o caminho para a final não foi a procissão triunfante que todos haviam previsto. Contudo, a equipa chegou lá.

Os ingleses chegaram à final e fizeram um dos jogos mais sensacionais que alguma vez testemunhei, em qualquer outra modalidade, culminando nos fatais segundos de compensação, em que a tensão tornava quase insuportável olhar. Foi nessa altura que Jonny Wilkinson, o médio de abertura, deu a vitória à sua equipa com um pontapé de ressalto, no final mais hilariante que alguma vez seria possível imaginar.

3 | O grande segredo

Depois de terem regressado a Inglaterra e de terem sido recebidos como heróis no aeroporto, anunciou-se um desfile num autocarro aberto, através do centro de Londres. Nesse dia, mais de 800 mil apoiantes encheram as ruas para os ver passar – para aplaudir a equipa, ver o troféu e saudar os jogadores. Para poder fazer parte das comemorações, muita gente tirou férias e foi buscar os filhos à escola. Todos uniram as suas vozes numa ovação ensurdecedora e partilharam aquele momento puramente comemorativo.

> **Comemore o sucesso, aprenda com o fracasso e viva o momento presente.**

Porque devemos comemorar alguma coisa? Porque comemorar faz-nos sentir bem e isso é sempre positivo. Cada comemoração cria uma intensa memória emocional que ao recordar um desses acontecimentos, regressa. Quantos mais destes acontecimentos resultarem dos nossos próprios sucessos e quanto mais os comemoramos, mais facilmente desenvolveremos um forte sentimento de realização pessoal e mais facilmente nos associaremos a futuros sucessos.

Deve celebrar o seu sucesso, por mais pequeno que este seja. É uma excelente e importante forma de reforçar a sua auto-imagem de sucesso e, ao mesmo tempo, sabe-lhe muito bem.

PERSISTÊNCIA

Costumava pensar que a persistência podia ser o oitavo princípio condutor. Contudo, agora acredito que é o factor mais importante que atravessa os sete princípios do sucesso.

Antes de começar a sua viagem e de determinar exactamente como lá quer chegar e onde quer ir, deve perguntar o seguinte: "Até que ponto desejo isto? Até que ponto quero realmente conseguir isto?" Tem de o desejar tanto, a ponto de o poder visualizar, cheirar e tocar.

A história está cheia de exemplos de pessoas que mostraram grande persistência. Essas são geralmente recordadas como heróis.

Vencedores natos

> **Há que seguir em frente. Nada substitui a persistência. O talento não o fará, porque o mundo está repleto de pessoas com talento, mas sem sucesso. O génio não o fará, pois é certo e sabido que os génios raramente são recompensados. A instrução, por si só, não o fará, uma vez que o mundo está cheio de falhados com estudos. Apenas a persistência e a determinação são omnipotentes.**
>
> Calvin Coolidge (1872-1933)

Há alguns anos, fui para Los Angeles tentar fazer comédia e passei meses a saltitar de clube em clube à procura de um poiso e a tentar convencer as estações de televisão a aceitarem os meus textos. Foi assim que descobri a difícil realidade da vida. Pelo caminho conheci Peter, um comediante cujo sonho era ser argumentista, e tornámo-nos amigos. Pouco depois de regressar a Inglaterra, diagnosticaram-me a doença de Hodgkin e antes de poder voltar a trabalhar na televisão britânica, tive de passar alguns meses no hospital. Ao longo dos anos, fui mantendo o contacto com o Peter através de cartas e de telefonemas e via-o sempre que ia a Los Angeles. O Peter era uma pessoa adorável – muito alegre e confiante, mas, com o passar dos anos, foi contraindo dívidas elevadas. Via-o envelhecer e, certa noite, seriamente preocupado com o seu futuro e com as grandes desilusões que sabia serem inevitáveis, disse-lhe: "Ó Peter, e que tal arranjasses um emprego em *part-time* e escrevesses à noite?"

Peter olhou para mim como se sentisse que eu, o seu melhor amigo, não confiava nele – e o mais provável é que tivesse razão, pois passara mais de uma década a vê-lo esforçar-se sem sequer se aproximar do sucesso.

Passaram mais uns anos e a situação de Peter não mudou. Foi então que, um dia, me telefonou: "Robin, acabei de fazer o meu primeiro filme! Vendi um guião, as filmagens terminam no ano que vem".

"Isso é óptimo", disse, pensando que se tratava de um pequeno filme de produção independente.

"Adivinha quanto é que vou receber?", apressou-se a acrescentar.

3 | O grande segredo

Precisei de cinco minutos antes de, finalmente, acertar no número. Tinha vendido o primeiro guião para cinema por 800 mil dólares e o filme era uma das principais estreias cinematográficas. O Peter ensinou-me uma lição que nunca esqueci sobre a capacidade que cada um tem para persistir e seguir em frente, após repetidos fracassos. Foi com ele que percebi a importância de acreditarmos em nós próprios e de nunca desistirmos. O Peter mostrou-me que era sempre possível recomeçar, após cada queda. Tenho a alegria e o orgulho de dizer que o meu amigo Peter é hoje o que sempre sonhou ser – um argumentista muito bem pago.

Assim, devemos persistir na nossa viagem. Devemos aceitar ser perseverantes, ao longo de todo o percurso que nos leva aos nossos sucessos pessoais, seja ele curto ou comprido. Espero ser capaz de ajudá-lo a criar e a adquirir o hábito de vencer. Comece já por abandonar os obstáculos imaginários que se auto-impôs!

Todos nós temos, neste preciso momento, o poder de fazer coisas que nunca imaginámos possíveis. Só conseguiremos aceder a este poder assim que conseguirmos mudar a nossa mentalidade.

Maxwell Maltz (1899-1975)

CONQUISTAR UM EQUILÍBRIO ENTRE OS SETE PRINCÍPIOS

Podemos tentar perceber qual é o mais importante dos sete princípios essenciais – ter um objectivo claro, um plano definido, confiança, não ter medo de fracassar, ter um propósito, fazer um compromisso e comemorar. De certa forma, o mais importante é ter um objectivo, porque, sem ele, estamos perdidos. Creio, no entanto, que igualmente importante é afastar o receio de fracassar, porque só depois de desenvolvermos uma mentalidade destemida é que seremos capazes de iniciar a nossa viagem. A partir desse momento, deixaremos de permitir que o nosso receio nos bloqueie e que a realização dos nossos projectos e planos, às vezes brilhantes, fique

Vencedores natos

eternamente pendente. Por outro lado, sem compromisso nada podemos produzir e sem propósito, tudo nos parecerá cansativo. Consequentemente, vencer passará a ser altamente improvável. Por fim, vencer sem comemorar, não parecerá vencer.

Os sete princípios devem ser cuidadosamente equilibrados. Comecemos por criar um objectivo claro e afastar quaisquer receios. Ao traçarmos um plano este pode, muitas vezes, não ter uma rota definida, mas terá sempre alguma coisa a partir da qual podemos iniciar o processo. Convém sempre recordar que, façamos o que fizermos, e mesmo que comecemos por alguma coisa mais simples, o importante é começar. No que diz respeito ao plano, assim que o tivermos concebido este irá muito provavelmente traçar-se a si próprio e os pequenos passos que dermos no caminho do sucesso dar-nos-ão a confiança necessária.

Quando estabelecer o seu objectivo, deve responder a duas perguntas:

1. Onde pretendo ir?
2. Quando pretendo lá chegar?

Um dia, por mais incrível que pareça, talvez fosse boa ideia silenciar todos os telefones, desligar todos os motores e cessar todas as actividades durante uma hora, para permitir às pessoas ponderarem por uns minutos sobre o significado de tudo, a razão da sua existência e o que realmente querem.

James Truslow Adams (1878-1949)

A razão pela qual faço estas perguntas é que, se as utilizarmos para definir rigorosamente o nosso objectivo, poderão ajudar-nos a criar uma nítida imagem mental do mesmo. Para além disso, assim que encontrarmos o "onde" e o "quando", *descobriremos* que o "como" – de "Como é que lá vou chegar?" – tem uma maravilhosa tendência para surgir subi-

3 | O grande segredo

tamente à nossa frente. O "como" parece muitas vezes surgir por magia, ou por meio de aparentes coincidências e de acontecimentos ao acaso. Na realidade, uma vez que, nesta altura, já estamos completamente conscientes do rumo a tomar, não teremos quaisquer dificuldades em reconhecer as oportunidades quando estas se cruzarem connosco.

> **Quando soubermos para onde queremos ir e quando queremos lá chegar, iremos descobrir como o podemos fazer.**

Lembremo-nos daquelas ocasiões em que passamos horas a pensar num problema e, subitamente, sem mais nem menos, a solução surge-nos quando estamos a tomar um café ou quando estamos simplesmente a deambular pelo corredor e a contar os extintores de incêndio. E de repente temos aquela ideia e dizemos: "é isto!".

Nenhum homem se tornou grandioso sem ter cometido muitos e grandes enganos.

William Gladstone (1809-98)

A solução surgiu-nos de repente. Já todos lemos sobre os momentos de descoberta de muitos inventores famosos ou sobre a forma intempestiva com que vários grandes compositores escreviam as notas das suas mais recentes obras-primas. De onde virá tudo isso? De dentro. Se deixarmos o nosso subconsciente lidar com o problema, o mais provável é que nos conduza, por si só, à solução.

Quando recomendo aos meus clientes que não se preocupem demasiado com o "como", concentrando-se, em vez disso, nos seus objectivos, estes franzem-me o sobrolho ou demonstram uma clara hesitação. É evidente que os meios são importantes, mas devo insistir: a nossa prioridade deverá sempre, e sem excepção ser a clara definição de um objectivo. A partir daí, podemos trabalhar o nosso plano de trás para a frente.

Vencedores natos

Todos os nossos esforços devem ser feitos no "aqui e agora", para podermos viver um dia de cada vez. Temos de planear o futuro, mas ser suficientemente flexíveis para podermos alterar o nosso plano, confiantes de que iremos chegar ao destino que estabelecemos para o nosso futuro.

LEMBRE-SE

- Para o sucesso não há atalhos – apenas princípios universais que devem ser aplicados.
- As ferramentas necessárias para vencer estão dentro si.
- Nunca deve desistir de si – mesmo nunca.

4

Objectivos definidos

Se não tivermos nenhum
alvo em vista, como podemos
fazer pontaria?

Sem objectivos claramente definidos, tornamo-nos estranhamente dedicados a executar actos triviais diários.

Anónimo

Quem constrói os seus objectivos em termos concretos tem mais 50 por cento de hipóteses de se sentir confiante na concretização dos seus objectivos e mais 32 por cento de probabilidades de sentir que controla a sua vida.

Howatt, W.A., 1999, "Journaling to Self-Education: A Tool for Adult Learners", *Intenational Journal of Reality Therapy*, vol. 18, pp. 32-34

4 | Objectivos definidos

OBJECTIVOS DEFINIDOS

A tragédia na vida não é ser incapaz de concretizar os próprios objectivos, mas ser incapaz de ter objectivos para concretizar.

Benjamim Elijah Mays (1895-1984)

Quando se pergunta às crianças o que querem ser quando forem grandes, elas têm uma resposta. Desejam ser um super-herói, mas talvez se contentem em querer ser astronautas, vaqueiros ou, até, piratas. Para as crianças, as possibilidades que a vida tem para oferecer são ilimitadas.

Quando não sabe para onde vai, nunca vai muito longe.

Johann Wolfgang von Goethe (1749-1832)

Contudo, quando essas crianças crescem, se lhes perguntarmos o que vão fazer quando terminarem os estudos, raramente têm uma resposta. Poderão dar-nos frases como "alguma coisa hei-de encontrar", "não te preocupes com isso" ou, ainda, a muito popular expressão "eu vou dar-me bem". Mesmo muito depois dos nossos tempos de estudante, alguns de nós ainda continuamos a falar nestes termos.

Pensemos agora na ideia de estar "bem" – será isto o suficiente? Consideraremos que só merecemos isso ou mereceremos mais qualquer coisa? Se perguntássemos a um amigo que tivesse ido ao cinema "o que é que achaste do filme?" e ele respondesse "achei bem", teríamos vontade de ir ver esse filme? Acho que não. Isto porque aquele "achei bem" *não bate certo*. Em todos os aspectos da nossa vida (bem como em todos os aspectos do nosso negócio), merecemos algo melhor do que um "está bem". Devemos desejar alcançar algo bom, fantástico ou maravilhoso.

Vencedores natos

Contudo, para podermos ultrapassar os limites do "está bem", precisamos de definir rigorosamente o caminho que queremos seguir.

Não nos devemos esquecer de que a capacidade para definir objectivos, de forma coerente e em termos claros e sucintos, é uma característica de quem vence na vida. Perguntemos, então, a essas pessoas o que estão a tentar alcançar e demonstrarão rigor e convicção, descrevendo os seus objectivos de uma forma que não deixará a menor sombra de dúvida sobre o caminho que estão a seguir.

Quando trabalhava em televisão, tinha de apresentar frequentemente propostas de programas a editores de aquisições ou a produtores senior – esta situação apelida-se de *the pitch* (o lance). Apresentamos a nossa ideia pela primeira vez a um potencial comprador e esta é a nossa única hipótese para o fazer. Assim que começamos, temos de descrever o nosso projecto em pormenor, dando o nosso melhor para o recriar na mente do comprador; desde o convidado que chega ao programa até aos créditos, passando por tudo o que medeia esse processo. Independentemente do género de programa que estivermos a expor, teremos de o descrever em termos visuais – é por isso que tendemos a pensar em termos visuais, ou seja, por imagens. São as imagens que nos permitem descrever em grande pormenor a forma como o produto final irá surgir no ecrã.

O mesmo se passa com os objectivos *profissionais* e *pessoais*. Não devemos manifestar apreensão: os contornos de um objectivo vago e mal definido serão pouco distintos na nossa mente. (Por isso, não é de surpreender que também não impressionemos mais ninguém).

Um objectivo mal definido é um objectivo sem substância.

Não ter um objectivo claro é a principal causa da incerteza. A incerteza, por sua vez, cria, a nível pessoal, sentimentos que vão desde a complacência ao aborrecimento e, até, à profunda ansiedade. Se não soubermos que direcção tomar, o mais provável é não ir a lado algum; e ir a lado algum não é algo que deva ser um objectivo.

4 | Objectivos definidos

Há mais de 20 anos, estava numa rua de um bairro de Edimburgo chamado Morningside à espera que me trouxessem as chaves da casa que tinha arrendado.

Enquanto ali estava, duas senhoras idosas passaram por mim num passo lento e pude ouvir uma delas dizer à outra: "É sempre importante ter algo em vista". Ao que a sua amiga concordou, respondendo: "Sim, sim, isso é muito importante". Aquelas palavras ficaram para sempre na minha memória, pois quando não temos nada por que lutar, tornamo-nos instáveis e sentimo-nos inseguros perante um futuro aterradoramente vazio.

Devemos certificar-nos de que todos os objectivos são nossos e que ninguém os estabeleceu por nós. Em contrapartida, no mundo dos negócios, como é evidente, é essencial existir uma consciência de grupo e uma concordância colectiva.

Comece por perguntar: "O que é que estou a fazer da minha vida?". Com que frequência é que colocamos esta questão? Quero com isto perguntar com que frequência paramos e damos tempo suficiente para ponderar uma resposta honesta? Muito raramente, se é que alguma vez o fizemos. Uns defendem que estão muito ocupados a tentar manter-se à superfície e outros consideram que o ritmo de vida moderno os impede de ter em vista algo mais ambicioso do que a própria sobrevivência. Ignoremos, porém, essas vozes e perguntemo-nos agora mesmo: "O que pretendo fazer com a minha vida e onde quero chegar?".

Todos nós queremos ser perfeitos, respeitados e bem sucedidos. Queremos ser admirados pelos nossos feitos, mas parece que passamos demasiado tempo perdidos, *sem fazer o mais importante: pensar sobre o que pretendemos fazer*. Já é um ponto de partida se começarmos simplesmente por converter o tempo que desperdiçamos com os nossos receios em tempo para pensar.

O contraste entre a boa e a má utilização do nosso tempo e da nossa energia está patente numa pequena história. Estão duas pessoas numa piscina. Ambas despendem a mesma quantidade de energia e fazem salpicar imensa água à sua volta. Enquanto uma nada com um objectivo, braçada a braçada, a outra afoga-se.

Vencedores natos

> **Sem uma direcção, o esforço não pode ser uma medida de progresso.**

Estaremos nós a nadar ou a afogar-nos? A nossa energia deve ser usada de forma construtiva para estabelecer e atingir os nossos objectivos. Escusado será dizer que os nossos objectivos devem visar sempre o bem – o nosso próprio bem, o da nossa família, o da nossa empresa, o da nossa sociedade e o do mundo que nos rodeia. Quando decidirmos perseguir os nossos objectivos, o factor mais importante será – sem sombra de dúvida – certificarmo-nos de que estão claramente definidos.

ONDE É QUE PRETENDEMOS CHEGAR?

Imaginemo-nos a entrar de repente num táxi e a dizer ao condutor: "Depressa! Para algum lugar!" (Experimentemos fazer isto um dia, quando voltarmos para casa do nosso emprego para ver o que acontece). É evidente que o taxista ficaria absolutamente perplexo. Fico espantado ao ver como tantas pessoas, quando lhes perguntam para onde pretendem ir, respondem: "Quero ganhar montes de dinheiro", "quero liberdade", "quero ter êxito", "quero ser feliz". (Será que alguma destas frases nos é familiar?) O que acontece, neste caso, é que confundem valiosos desejos e aspirações com objectivos definidos. Apesar de saber que o sucesso não é um destino fixo, mas sim uma experiência ao longo do caminho, necessitamos sempre de um ponto focal, que tem de ser cuidadosamente escolhido.

Contaram-me a história de uma equipa de futebol de uma escola que, apesar de nunca ter sido particularmente bem sucedida, se concentrou intensamente e se motivou para chegar às finais a nível nacional. No decorrer da época, os membros da equipa jogaram como leões e, contra todas as expectativas, conseguiram chegar à final, onde sofreram uma tremenda derrota. Quando, posteriormente, lhes perguntaram porque é que tinham perdido, o treinador respondeu: "Porque não fizemos da conquista do título o nosso objectivo. Infelizmente, o nosso objectivo era apenas chegar à final. Para a próxima vez, será ganhar o campeonato."

4 | Objectivos definidos

A nível pessoal, ser bastante claro em relação ao que queremos alcançar tem um grande impacto na nossa capacidade para vencer na vida. Quando somos jovens temos muitas ambições, mas, à medida que vamos envelhecendo, tendemos a perdê-las de vista, essencialmente devido às difíceis situações com que nos vamos deparando. Os nossos sonhos da juventude vão-se progressivamente esbatendo até deixarmos de os considerar realistas. Em resultado, acabamos por não lhes dar continuidade. No entanto, existe uma forma de ultrapassar essa situação. Basta simplesmente decidir nunca deixar de se "ver" a alcançar essas ambições.

O que pensamos de nós é muito mais importante do que aquilo que os outros pensam.

Séneca (séc. 55 A.C.-39 D.C.)

Para isso, temos de planear e visualizar um cenário futuro onde já tenhamos alcançado o sucesso. Devemos estar determinados em não permitir cair na armadilha da situação actual, só porque gostamos do sentimento de segurança e da sensação que esta nos transmite. Não podemos ficar agarrados à ideia de que é demasiado difícil e arriscado ter outra atitude.

Devemos fazer já esse esforço e sair da nossa área de conforto. Até onde iremos, depende inteiramente de nós. Todavia, assim como acontece com um pássaro preso na gaiola, teremos de arranjar coragem, de acreditar que somos capazes quando a porta se abrir, de forma a poder embarcar numa viagem de que não iremos desistir sem chegar ao nosso destino.

Pensemos nos nossos heróis; naquelas corajosas almas que, muitas vezes sem mapas, partiram à descoberta de terras desconhecidas, sabendo que havia um mundo novo para descobrir. Temos de utilizar o mesmo nível de convicção e de empolgamento durante a viagem que temos pela frente. Fazer o *nosso caminho* poderá implicar desbravar territórios desconhecidos. Isso deve ser visto como uma aventura que deve aceitar.

ATÉ QUE PONTO DESEJA O SUCESSO?

Um jovem peregrino estava sentado à beira de um rio com o seu mestre a quem dizia que, durante muitos anos, tinha meditado e procurado a luz de Deus, sem nunca sequer ter chegado perto de se sentir iluminado. "O que devo fazer para encontrar Deus?", perguntou o peregrino ao seu mestre. O mestre olhou para o jovem e mergulhou-lhe a cabeça debaixo de água, mantendo-a submergida durante algum tempo. Depois de se debater freneticamente contra as mãos que lhe mantinham a cabeça debaixo de água, o jovem reuniu toda a sua força e libertou-se do mestre, conseguindo trazer a cabeça à tona da água e começando a arquejar.

"Por que me fez isso?", perguntou de forma atrapalhada.

O mestre respondeu: "Quando o teu desejo de te sentires iluminado for tão forte quanto o teu desejo de respirar, então, estarás preparado".

A história é contada num contexto espiritual, mas a sua relevância para a situação que estamos agora a viver é clara – devemos querer alcançar o nosso objectivo tão intensamente quanto um homem que se está a afogar procura respirar. Temos de estar absolutamente comprometidos, de alma e coração, no objectivo a que nos propusemos. Estamos a falar da nossa vida – até que ponto a levamos a sério? Se estamos a pensar fazer as coisas apenas como forma de passar o tempo ou para ver o que acontece, então, não vale a pena sequer darmo-nos a esse trabalho, porque não irá funcionar.

❘ Não basta querer. Temos de ser decididos.

Qual é a razão que o leva a querer atingir este objectivo? Quais são os benefícios que lhe trará? Temos de compreender quais são os benefícios, pois estes serão o impulso para vencer e não nos desviarão do nosso caminho em situações de crise.

Pense em toda a gente que vemos participar em maratonas pela cidade, como em Londres ou em Nova Iorque. Coloque-se na linha de chegada seis horas após o início da maratona se quiser ficar verdadeiramente

4 | Objectivos definidos

inspirado perante a genuína demonstração de espírito humano. Nessa altura poderemos testemunhar a chegada dos mais velhos, dos mais gordos e dos deficientes: de todos os que tiveram a determinação suficiente para completarem 42,195 kms – por mais tempo que levassem a fazê--lo. Esses indivíduos nunca conseguirão completar a maratona em duas horas e quinze minutos, como o detentor da medalha de ouro. Apesar de levarem quatro, cinco e, até, sete horas, todos têm uma coisa em comum: cruzarão a meta. Tanto os vencedores da corrida, como os septuagenários, juntamente com todos os outros participantes, estão determinados a completar a maratona, sem desistir. A recompensa que receberão será uma agradável sensação de conquista, que guardarão na sua memória como um tesouro para o resto das suas vidas.

Já referi que se decidirmos concretizar um objectivo puramente pessoal, não o devemos partilhar com quem possa tentar dissuadir-nos. As pessoas que nos enchem de opiniões negativas podem muito bem levar-nos a desvalorizar a nossa ambição ou, na pior das hipóteses, conseguir simplesmente destruir os nossos sonhos. As razões que as movem são muitas, mas, na maioria das vezes, têm receio de serem deixadas para trás. Invejam o nosso potencial sucesso, porque esse lhes faz sobressair a sua própria sensação de fracasso. Por este motivo não devemos partilhar os nossos objectivos com outrem, a não ser que nos dêem apoio, nos encorajem, partilhem o nosso sonho e procurem concretizá-lo connosco. Poderão até ser os nossos treinadores (*coaches*) pessoais que, quando nos dispersarmos demais, nos ajudarão a recompormo-nos e nos incentivarão a nunca desistir.

Não devemos estabelecer o nosso objectivo apenas mentalmente, mas também emocionalmente. Os objectivos que criamos apenas mentalmente, sem qualquer compromisso emocional, transformam-se, muitas vezes, em pouco mais do que desejos que, seja por distracção ou por força das circunstâncias, deixamos atrofiar. Se queremos, de facto vencer, o nosso desejo de vencer tem de ser suficientemente forte para envolver a nossa mente e sentimentos. Com isto, conferimos ao nosso objectivo um propósito com paixão – e não há nada que nos faça sentir melhor do que isso.

Vencedores natos

Em 1991 Goran Kropp, concebeu, a ideia de viajar por terra de Estocolmo até ao Nepal pelos seus próprios meios. Quando lá chegasse, o seu objectivo seria, escalar o Monte Evereste sem qualquer tipo de apoio ou oxigénio, regressando a casa pela mesma via. O seu objectivo era certamente ambicioso e talvez até irrealista. Em primeiro lugar, fez um estudo de viabilidade que envolveu fazer esse percurso de automóvel. Em seguida, tratou de angariar 200 mil libras em patrocínios, ou seja, o valor equivalente ao custo da viagem. O terceiro passo de Kropp foi fazer um treino físico com a equipa sueca de esqui alpino, para aumentar as suas capacidades cardiovasculares. Foi numa bicicleta feita à sua medida que, a 16 de Outubro de 1995, finalmente iniciou a aventura. Tratando-se de uma expedição sem qualquer tipo de apoio, Kropp teve de transportar às costas uma extraordinária carga de 129 quilos composta pelo seu equipamento.

Quatro meses e seis dias depois, Kropp chegou a Katmandu, decidindo transportar o equipamento necessário para a escalada até ao acampamento base. Era uma carga de 73 quilos, a ser transportada 50 metros de cada vez, com uma paragem de 10 minutos para descansar entre cada deslocação. Pela primeira vez, Kropp começou a duvidar seriamente da sua capacidade para atingir o objectivo a que se tinha proposto. Como contou mais tarde, o esforço necessário foi a experiência física mais esgotante que alguma vez teve na sua vida.

Foi à terceira tentativa que Kropp conseguiu, finalmente, atingir o cume. Depois de o fazer, o alpinista desceu a montanha, pegou na sua bicicleta e pedalou os 12 mil quilómetros de regresso à Suécia. Foi um ano e oito dias depois de ter partido, que Kropp chegou a casa. Seis anos mais tarde, em Setembro de 2002, Goran Kropp deu uma queda fatal quando estava a apenas 15 pés do cume de uma rocha numa escalada perto de Seattle. A sua morte, aos 35 anos, foi uma tragédia, mas a sua vida foi uma inspiração para todos nós, pois todos devemos viver plenamente os nossos sonhos. Foi precisamente isso que Kropp fez, inspirando, desta forma, muitos a tentarem chegar mais longe e a sonharem um pouco mais alto.

Os nossos objectivos devem inspirar-nos, caso contrário morrerão.

4 | Objectivos definidos

Ganhamos a vida com o que recebemos, mas construímos uma vida com o que damos.

Sir Winston Churchill (1874-1965)

Temos de querer atingir o nosso objectivo com muita força de vontade, sem permitir que o nosso propósito ou a nossa paixão alguma vez vacilem, pois são estes factores que nos dão força para enfrentar aqueles momentos em que o nosso alvo nos parece inatingível e em que nos sentimos quase a desistir. Tal como o jovem monge que lutava para conseguir respirar, também devemos encarar o nosso objectivo como um desejo "ardente", tão importante quanto a nossa própria vida.

DEFINIR COM RIGOR

Já nos debruçámos sobre a necessidade de criar uma imagem mental pormenorizada do nosso objectivo. No entanto, visualizá-lo mentalmente não é suficiente. Para evitar que essa imagem se esbata nos contornos, devemos também escrever o nosso objectivo. Colocar algo por escrito ajuda o subconsciente a formar uma imagem mais clara e concreta daquilo que pretendemos, porque o próprio processo da escrita encoraja uma definição mais forte e gera uma memória futura mais intensa.

Por maior que seja a nossa capacidade e concentração, se não tivermos um alvo em mira não seremos capaz de o demonstrar. A acção física de colocar por escrito e de rever diariamente os nossos objectivos claramente definidos, reforça a nossa visão subconsciente. Quanto mais poderoso imaginarmos o nosso objectivo, mais eficazmente o nosso subconsciente estará preparado para ir ao seu encontro.

Imagine-se a entrar num barco e a hastear as velas. Assim que sai da doca, pergunta ao *skipper*: "Aonde é que vamos?". O *skipper* responde-lhe que não faz ideia e que não dispõe de quaisquer mapas ou equipamento de navegação. Em resultado, não podem ir a lado nenhum.

Vencedores natos

Contudo, se mesmo assim, conseguirmos chegar algures, não iremos saber onde estamos, nem poderemos pensar que planeámos lá chegar.

O mesmo acontece com a nossa vida: quanto mais conseguirmos definir o nosso objectivo, melhor.

VEJAMOS AS COISAS PELOS OLHOS DA NOSSA MENTE

A visualização de uma desejada situação futura é um chamamento activo da nossa imaginação para criar a imagem do que queremos. Por outras palavras, é um devaneio com guião. Se alguma vez tiver sonhado acordado, então tem a capacidade para visualizar. Pode até já ter encontrado este conceito, quer no contexto dos cuidados de saúde, quando se ajuda os pacientes a "verem-se" a si mesmos restabelecidos, quer no contexto desportivo, quando os atletas costumam "ver-se" a eles próprios ganhar. Conheço "vendedores" que visualizam reuniões bem sucedidas antes de entrarem na sala de conferências – consideram que isso lhes dá uma sensação de familiaridade quando iniciam a sua acção de vendas.

Pôr por escrito o nosso objectivo é um exercício bastante eficaz, porque programa activamente o nosso cérebro para um objectivo, mudando a forma como apreendemos as coisas ao nível do subconsciente. Basta observar o efeito que um hipnotizador em palco pode produzir ao colocar as pessoas em transe, levando-as, a um nível subconsciente, a realizar determinadas acções. Se bem que a visualização não seja um método de auto-hipnose, pôr por escrito ajuda a interiorizar o objectivo no nosso subconsciente. Assim que o nosso subconsciente receber a informação, pode começar a funcionar no sentido de transformar o nosso objectivo uma realidade.

O cérebro reforça as nossas imagens, não apenas com sinais visuais, mas também com sons, odores e outros sinais sensoriais. O facto de colocarmos algo por escrito funciona como um reforço físico. É em toda a sua complexidade que o nosso maravilhoso cérebro estabelece a concretização da tarefa que lhe atribuímos. O nosso cérebro irá trabalhar incessantemente para atingir o seu próprio objectivo: tornar realidade a visão do nosso futuro que claramente idealizámos na nossa mente.

4 | Objectivos definidos

AS IDEIAS TÊM VALOR MONETÁRIO

Não acredito que existam más ideias – uma ideia é simplesmente uma ideia. Poderão existir ideias apropriadas ou desapropriadas, mas no final é a tarefa em mãos que irá determinar um ou outro caso. Todos os nossos sonhos e objectivos começam por um pensamento. Quanto mais criativos forem os nossos pensamentos, mais oportunidades estaremos a criar. Quando temos um objectivo bem definido nas nossas mentes, o qual revisitamos todos os dias, por escrito ou visualizando-o, o nosso subconsciente funciona ininterruptamente para reforçar essa imagem. O motivo pelo qual temos medo de pensar em grande é porque tememos cair no ridículo por acreditar que o nosso objectivo é demasiado ambicioso. Não devemos ter medo.

I **Devemos pensar em grande, mas começar em pequeno.**

Uma das características que nos distingue das outras espécies, é a nossa capacidade para controlar/orientar a nossa imaginação. É a nossa imaginação que nos permite superar as maiores dificuldades, criar arte e entretenimento de qualidade, descobrir a cura para inúmeras doenças e sonhar com coisas nunca antes vistas, tornando-as realidade. Se alguém com quem possa desabafar sem receios nos perguntar qual é o seu objectivo, deve assegurar-lhe uma resposta. Com efeito, deve ter tanto para lhe dizer que a sua única preocupação será aborrecer eventualmente o nosso interlocutor com a extensão da sua resposta.

Devemos formular e gravar de forma indelével na nossa mente uma imagem mental de nós mesmos que corresponda a uma pessoa de sucesso. Temos de agarrar essa imagem com unhas e dentes, e nunca permitir que ela se esbata – e a nossa mente tentará revelar a fotografia.

Norman Vincent Peale (1898-1993)

Vencedores natos

Quando somos crianças, lêem-nos histórias sobre feiticeiras, fadas e génios que nos concederão três desejos. À medida que vamos crescendo, ocasionalmente ainda pensamos no que havíamos de pedir se pudéssemos formular esses três desejos. Nunca me deparei com ninguém que não fosse capaz de me dizer quais seriam os seus desejos, independentemente de serem práticos ou extravagantes. Assim, deve regredir agora mesmo no tempo e definir três desejos de vida. Em seguida, pare de desejar e transforme nos seus objectivos de vida. Um desejo é simplesmente um sonho que queremos, mas no qual não acreditamos. Um objectivo é uma realidade palpável em que acreditamos.

Pouco tempo antes de morrer, Albert Einstein admitiu: "Tenho a perfeita consciência de que não possuo qualquer talento especial. Curiosamente, foi a minha obsessão e a minha resistência obstinada, que, conjugadas com a minha auto-crítica, fizeram nascer em mim as ideias". Independentemente do nível de ambição que tenha, pense em si como um Einstein, capaz de gerar ideias. Assim sendo, encoraje, alimente e desenvolva essas ideias, pois são tão valiosas como as de qualquer outro. Quanto a serem ou não práticas, isso é algo que descobrirá depressa.

SUCESSO GARANTIDO

Segundo as famosas perguntas feitas pelo evangelista americano Robert Schuller, "o que é que arriscaríamos fazer se soubéssemos de antemão que não iríamos fracassar? O que desejaríamos fazer durante o próximo ano se o sucesso estivesse absolutamente garantido? E sabendo que o sucesso estaria garantido, até que ponto nos sentiríamos confiantes à medida que nos aproximássemos do nosso alvo? Com que grau de confiança e com que tipo de atitude é que iríamos gerir contrariedades e dificuldades? Até que ponto estaríamos empenhados, determinados e empolgados?"

Julgo que o sucesso está, garantido se perseguirmos os nossos objectivos acreditando a 100% na sua realização. Por outro lado, acredito que se compreendermos que o sucesso, a nível pessoal, é a concretização gradual dos nossos objectivos individuais, então, os pequenos passos em direcção aos nossos objectivos também são sucessos.

4 | Objectivos definidos

O sucesso não é o destino em si, mas antes uma experiência da viagem. Desfrute da viagem.

Apenas nós podemos saber até que ponto o sucesso pessoal é um verdadeiro reflexo do nosso empenho para alcançá-lo.

> Acima de tudo, sê fiel a ti mesmo.
> E naturalmente, como a noite segue o dia,
> não poderás ser infiel a ninguém.

William Shakespeare (1564-1616);
Hamlet, Acto III, Cena II

ATREVA-SE A SONHAR

Tudo aquilo que foi criado começou, sem excepção, por ser um sonho na imaginação de alguém. Independentemente do quão fantástico possa ser, o que importa é que começou por existir claramente de quem o imaginou. Por isso, o que é que nos impede de pensar em grande?

Se observar as grandes organizações mundiais, verá que começaram apenas por ser o sonho de uma pessoa ou de um pequeno grupo de pessoas que se juntaram para concretizá-lo. Por mais pequeno que fosse o sonho quando começaram, tinham elevadas expectativas de futuro e grandes planos para a empresa. Tal como eu, quando há muitos anos entrei no mundo dos negócios fui aconselhado a fazer, sempre "pensaram em grande, mas começaram em pequeno".

Sou um só, mas ainda sou um. Não posso fazer tudo, mas mesmo assim posso fazer alguma coisa; e não é porque não posso fazer tudo que vou deixar de fazer o que posso.

Edward Everett Hale (1822-1901)

Vencedores natos

Acreditar nos sonhos é tudo – de outra forma e conforme já vimos, estaremos a determinar previamente o fracasso. E não falemos apenas desse sonho. Se não tivermos absoluta fé nele, iremos destruí-lo por completo. Será como construir uma casa sem fundações. Já teremos certamente ouvido dizer: "Bem, espero o melhor mas preparo-me para o pior" ou "as coisas comigo nunca dão certo, mas tento sempre". O que não se apercebem é que ao dizer isto estão a determinar previamente o seu fracasso, criando a convicção de que os seus objectivos estão destinados a fugir-lhes.

Os vencedores são aqueles que não arranjam desculpas, que não deixam as coisas para mais tarde, nem andam por aí a dizer: "Ai, não posso fazer isso porque...". Os vencedores foram largando toda a bagagem indesejada, tal como o pessimismo e a falta de confiança, concentrando-se de forma clara e optimista na criação do futuro.

Então o que é que *nos* detém? Sente-se e concentre-se naquilo que adorava que acontecesse na sua vida, independentemente do quão improvável isso possa parecer aos outros. Em seguida, confronte esse desejo com a realidade – será um objectivo alcançável? Pense no seu objectivo da seguinte forma: se desejar as estrelas e quase as alcançar, ainda pode tentar chegar à lua. O que significa que, pelo menos, terá conseguido passar de onde estava para onde quer estar. Tal como quando desejamos realmente fazer alguma coisa, havemos sempre de descobrir uma forma de a fazer, quando não queremos, também havemos sempre de arranjar uma desculpa.

George Foreman, antigo campeão mundial de boxe na categoria de pesos pesados, disse uma vez: "Se não sonharmos, o melhor será morrermos." Penso que quis dizer que são os nossos sonhos que nos dão esperança e – como dizia aquela senhora idosa em Edimburgo – "Ter algo em vista". Assim sendo, pense em grande, mas comece em pequeno. Comece já.

As pessoas confundem frequentemente os limites da sua própria visão com os limites do mundo.

4 | Objectivos definidos

COMEÇAR

Qual será a melhor altura para começar a sua viagem em direcção a esses objectivos claramente definidos? Agora! Se não for fisicamente, que seja mentalmente. Iniciar qualquer viagem ou empreendimento exige uma acção confiante e imediata – sem qualquer hesitação. Ao hesitar, corre o risco de adiar as coisas durante semanas, meses e, até, para sempre, acabando como aqueles velhotes que, quando lhes perguntam o que teriam feito de outra forma se pudessem voltar atrás, dão respostas comovedoramente simples, como: andar descalço na praia, dizer a uma pessoa que a amavam, mudar de emprego, iniciar o seu próprio negócio ou viajar mais. Todas estas coisas que assumimos como garantidas são oportunidades que nunca souberam aproveitar.

A *sua* oportunidade é agora. Se assim o desejar, cada novo dia que nasce pode marcar um novo início, por isso não procure motivos para não avançar. Não diga que há de iniciar a sua dieta, deixar de fumar ou pensar em pedir ao seu gestor bancário um empréstimo. Faça-o agora.

As resoluções de Ano Novo estão quase sempre condenadas ao fracasso. Basta verificar que, sempre que decidimos deixar algum mau hábito ou levar a cabo uma nova iniciativa no dia 1 de Janeiro, geralmente acabamos sempre por arranjar forma de manter essa decisão apenas até, mais ou menos, o dia 3 ou 4 desse mesmo mês. Inevitavelmente, o nosso cérebro vai buscar à nossa memória os fracassos anteriores. Em consequência, quando decidimos, conforme acontece a todos nós a dada altura, levantar-nos 40 minutos mais cedo para fazer uma corrida, podemos até manter-nos fiéis a essa resolução durante duas ou três semanas, mas, assim que quisermos desistir basta-nos recorrer à memória que temos dos nossos fracassos passados e dizer "é sempre assim".

Existirá algum aspecto da sua vida que gostaria de mudar? Comece imediatamente a tratar disso, mentalmente, e também fisicamente. Nunca pode descobrir novos oceanos se não tiver a coragem para "perder a terra de vista".

Tem de escrever todas as razões pelas quais deve começar imediatamente, listando as potenciais vantagens que isso implicará. Isto, por si só, irá reforçar a sua resolução. Para além disso, ao aumentar, progressivamente,

101

Vencedores natos

a sua auto-estima com a acumulação de pequenos êxitos ao longo do caminho, a sua viagem ganhará mais significado, o processo tornar-se-á mais empolgante e sentirá mais entusiasmo, mais confiança e mais alegria. Os efeitos são externos e internos. Acabará por descobrir que os outros se apercebem desta nova confiança, produto deste conhecimento interno que consiste em saber claramente que direcção tomar. Não se trata de arrogância, mas de uma *firme certeza* de que vai lá chegar.

Assim sendo, isso comece hoje. Comprometa-se a perder aqueles quilos que tem a mais, a lutar pela tal promoção no seu emprego, a reescrever o seu CV e a dar mais atenção à sua relação.

Quero viver a minha vida de forma a que as minhas noites não se encham de arrependimentos.

D. H. Lawrence (1885-1930)

Viva esse sonho. Comece por definir claramente um objectivo que esteja em consonância com os seus valores de base. Em seguida, bastará empenharmo-nos de alma e coração na sua concretização. Conforme diz o anúncio publicitário: *"Do it now!"* (Faça-o agora!). O que não queremos certamente é olhar para trás daqui a 20 ou 30 anos e desejar voltar a ter essa oportunidade.

Está à sua frente agora – agarre-a!

LEMBRE-SE

- Deve definir claramente o seu objectivo, para conseguir uma imagem mental bem nítida.
- Concentre-se no objectivo e não nos obstáculos.
- A dimensão ou grandiosidade do seu objectivo não contam. O que interessa é que este seja *realista* e que possa *acreditar* que pode concretizá-lo.

5

Planear, planear, planear

Se não planear, então
está planeado para falhar.

Primeiro vem o pensamento, depois, a organização desse pensamento em ideias e planos e, depois, a transformação desses planos em realidade.

Napoleon Hill (1883-1970)

Estudos de caso de executivos demonstram que 98 por cento considera ter atingido a sua posição através de um planeamento e de uma estratégia e que mais de metade dos mesmos admite ter seguido o exemplo de alguém de sucesso para definir o seu plano.

Gordon, Darlene, 1998. "The Relationship Among Academic Self Concept, Academic Achievement, and Persistence with Self-Attribution". Phd Dissertation, Purdue University

5 | Planear, planear, planear

PLANEAR, PLANEAR e PLANEAR

Um dia estava a regressar a casa depois de uma reunião de negócios em Amesterdão, quando passei com um colega holandês por um café onde se jogava xadrez. Todas as mesas do dito café tinham tabuleiros sobre os quais se debruçava muita gente, profundamente concentrada nos seus jogos. O meu amigo perguntou-me se queria jogar. Como nunca recuso um desafio, respondi: "Claro". Quando me perguntou se era bom jogador, respondi a brincar que não só era bom, como era excelente (embora acredite que o meu sarcasmo se perdeu pela tradução). Sentámo-nos e pedimos duas cervejas, preparámos o tabuleiro e começámos a "batalha". Enquanto fazia jogadas rápidas e ao acaso, Martin, pelo contrário, meditava longamente antes de cada movimento. Em cada uma das suas jogadas, via-o começar por estudar o tabuleiro, observando-me em seguida para, por fim, voltar a analisar o jogo e só então responder cautelosamente.

Passados seis ou sete minutos, Martin olhou para mim nos olhos e disse exasperado: "Não tens uma estratégia, pois não?" Um pouco embaraçado admiti que não. "Não admira que não consiga perceber o que estás a fazer", disse. "É caótico". Algumas jogadas depois, fez-me xeque-mate.

Sem um plano, temos o caos, puro e simples – não há outra forma de o descrever. Martin tinha sido campeão de xadrez aos 17 anos e não conseguia conceber que alguém pudesse jogar sem uma estratégia. Na sua óptica, tratando-se o xadrez de um jogo com tantas variações, a vitória nunca deveria ser deixada ao acaso. Enquanto jogávamos, Martin procurava descobrir a minha estratégia e daí a sua perplexidade.

Neste capítulo iremos abordar a questão da estratégia: a sua criação, aplicação e adaptação. Qualquer coisa que compremos, como por exemplo, uma máquina de lavar, um leitor de vídeo ou, e especialmente, um móvel para montar, traz sempre instruções. Estas podem, tal como tantas vezes referimos na brincadeira, ser incompreensíveis, mas o que é certo é que os fabricantes sabem que devem fornecer um plano ou um modelo-padrão de instruções, para nos guiar até ao resultado desejado.

Planear é tão natural para o sucesso como o é não o fazer para o processo de falhar.

Vencedores natos

Pense no microprocessador de um computador portátil. Não há dúvida de que é uma componente extraordinariamente complexa e sofisticada e escusado será dizer que nada, durante o seu desenvolvimento, foi abordado de uma forma que se assemelhasse ao meu estilo de jogar xadrez. Todo o seu *design* e toda a sua construção foram planeados em pormenor. A exacta especificação de cada aspecto foi desenhada, fabricada, testada e redesenhada tantas vezes quantas as necessárias, até funcionar. Em certos aspectos, o *design* e a construção de um microprocessador não difere muito da primeira vez que nos lançamos a construir uma estante. Começamos por determinar que tipo de estante queremos e, depois, planeamos uma estratégia para conseguir obtê-la. Claro que não é tão complexo como fabricar um microprocessador (embora às vezes pareça).

Não deve complicar o seu plano. Quanto mais complexo for, mais probabilidade terá de correr mal. Pense nele como uma corrente. Sendo a corrente tão forte quanto o seu elo mais fraco, o seu plano não deverá, por isso, conter pontos fracos. Para além disso, quanto mais indicadores, que lhe permitam medir o seu progresso na direcção do seu objectivo incluir, melhor – e mais forte – será o seu plano.

Para definir o seu plano, tem de responder a duas simples perguntas: onde quer ir e quando quer lá chegar? Responder a estas perguntas sobre o destino e o limite de tempo ajuda-o a planear o processo do "como".

Há um gigante adormecido em cada homem. Quando o gigante acorda, os milagres acontecem.

Frederick Faust (1892-1944)

Espero já ter convencido todos de que quando decidimos alcançar um objectivo, devemos escrever o nosso plano. Criar este modelo para o sucesso é uma poderosa forma de seguirmos as nossas próprias instruções. O plano escrito é um guia que devemos consultar diariamente, de forma a analisarmos o nosso progresso e, se necessário, a adaptarmos o nosso plano de acordo com os resultados pretendidos. Se tivermos apenas um

5 | Planear, planear, planear

plano vagamente definido na nossa cabeça, no qual pensamos ocasionalmente, sem, contudo, o articularmos bem ou passarmos para o papel, então, os pontos de referência tornam-se pouco claros e o progresso para irmos ao encontro do nosso objectivo fica limitado.

Todos os planos têm de ser flexíveis. À medida que um jogo de xadrez progride, os jogadores podem alterar a sua estratégia. À flexibilidade junta-se o compromisso pessoal: um plano é tão eficaz quanto o nosso empenho em levá-lo até ao fim. Este assunto será analisado em pormenor mais adiante.

Veja um exemplo. Suponha que identifica um objectivo muito claro – escrever livros de viagens – e que acredita ser realista e realizável. Está disposto a fazer tudo o que for necessário e a empenhar-se totalmente para dar o seu melhor.

Por onde deve começar? Comece por tentar responder a algumas perguntas: "Que competências tenho de adquirir?", "deverei saber escrever melhor?", "o que é preciso fazer para publicar o meu trabalho?", "haverá alguém que me possa ajudar?".

Quando responde a estas perguntas começa a conquistar o conhecimento necessário para traçar o seu plano. Primeiro, escreve o seu objectivo – escrever livros de viagens. Depois, divida o seu objectivo em vários pequenos objectivos, que serão acumulados ao longo do caminho. O primeiro objectivo pode consistir em melhorar a sua escrita, até reunir confiança suficiente para começar a apresentar os nossos artigos. Nesse sentido, talvez tenha de se inscrever num curso nocturno de escrita criativa ou de se tornar membro de um grupo de escrita. Se considerar que o seu estilo não é suficientemente descritivo, deve procurar um professor da nossa língua ou um escritor com livros publicados para lhes pedir ajuda. Na primeira fase do planeamento, irá descobrir muitas vezes que grande parte da informação e da ajuda está ao seu dispor e é gratuita. Os conselhos são gratuitos. Não se pode esquecer de identificar e de colocar igualmente por escrito estes objectivos intermédios, para poder consultá-los todos os dias e verificar o seu progresso. Caso alguma parte do seu plano não esteja a funcionar, tem de descobrir o motivo e fazer as devidas alterações. Encare o seu plano como um mapa de estrada que o guia até ao seu destino. Se descobrir que a estrada está, afinal de contas, vedada, pode sempre encontrar no dito mapa uma estrada alternativa.

Vencedores natos

Só existe um momento. O agora. Apenas o que estamos a viver neste segundo é real. Isto não significa que vivemos para o momento. Significa que vivemos no momento.

Leo Buscaglia (1924-1998)

Construir um plano é fácil. Colocá-lo em prática é que pode ser difícil, uma vez que, no início, irão surgir contrariedades, acontecimentos desencorajadores e transtornos – cartas de rejeição, por exemplo, ou um colega que em vez de nos apoiar, nos ridiculariza. O tipo e a gravidade dos obstáculos que vamos encontrar irão variar proporcionalmente ao grau de ambição do objectivo, razão pela qual o nosso compromisso absoluto e a nossa auto-confiança são tão importantes. Por outro lado, iremos ocasionalmente enfrentar obstáculos que pela sua dimensão nos parecerão impossíveis de ultrapassar. Contudo, nenhum obstáculo será intransponível se estivermos suficientemente determinados.

Existe sempre um caminho. Apesar de muitas vezes não ser o mais evidente, há sempre um caminho.

Se ficarmos realmente bloqueados, devemos olhar para os outros e ver como é que lidam com contrariedades semelhantes. Não seremos, certamente, os primeiros a ter encontrado um determinado problema. Tanto estrategas militares e estrategas empresariais, como jogadores de xadrez estudam as estratégias dos especialistas que os precederam, pois todos sabem que descobrir e aprender com o que os outros fizeram em situações semelhantes é um pré-requisito do sucesso.

Deve fazer o mesmo. Estude as estratégias usadas por aqueles que alcançaram aquilo que está a tentar conquistar. Aprenda com as suas experiências e inspire-se nelas. O que tiver funcionado para eles e o que os levou a vencer na vida pode muito bem resultar consigo. Integre o estudo das abordagens dos outros no seu plano.

5 | Planear, planear, planear

> Se quer ser um bom bailarino, tem de estudar os grandes bailarinos e se quiser ter sucesso, tem de estudar quem tem sucesso.

APRENDA COM OS SEUS ERROS

Já tive ocasião de referir que devemos mudar o nosso plano sempre que este não esteja a resultar. Ter um plano flexível significa que *estamos dispostos* a mudá-lo. O que é importante é sermos capazes de aprender com os nossos erros, coisa que muitos, não fazem, repetindo os mesmos erros e acabando por obter sempre o mesmo resultado.

Durante a Guerra Fria, um espião russo chegou um dia a casa de um amigo com as duas orelhas cobertas de pensos. "O que aconteceu?", exclamou o amigo.

O espião respondeu: "Estava a passar a ferro a minha camisa quando, subitamente, o telefone tocou e, sem pensar, levei o ferro ao ouvido!"

O amigo perguntou então: "O que é que aconteceu à outra orelha?"

"Ai, isso foi quando quis telefonar para chamar a ambulância!", respondeu.

Por vezes ficamos tão presos a uma forma de fazer as coisas, por exemplo, a uma forma de pensar, que consideramos impossível encontrar uma alternativa.

Também gosto da história do velho monge sensato que ia rezar para o templo todos os dias, antes do amanhecer. Assim, todas as manhãs, ao iniciar as suas orações, o gato do templo aproximava-se, esfregava-se nele e distraía-o. Um dia, o monge decidiu levar um cordel e prender o gato ao altar enquanto rezava. Foi exactamente isso que passou a fazer, todos os dias, durante muitos anos. Um dia, o monge morreu, mas os jovens monges seguiram a tradição de atar o gato ao altar todas as manhãs, durante as rezas e, quando o gato morreu, arranjaram outro. Passados mais de cem anos a atarem gatos ao altar, alguém disse: "Isto é um disparate. Porque é que não arranjamos uma estátua?"

Dito isto, arranjaram uma estátua e colocaram-na por baixo do altar. Cem anos depois, um outro monge disse: "Esta estátua é tão bonita, tão antiga e cumpre uma tradição tão maravilhosa que a devíamos colocar no cimo do altar."

Vencedores natos

À medida que os anos passavam, os monges sentavam-se e veneravam o gato, muito embora ninguém soubesse verdadeiramente porquê. Uma vez que o gato estivera sempre ali, alguma razão deveria existir para venerá-lo.

É com demasiada frequência que aceitamos uma determinada forma de fazer as coisas, sem reflectir. Contudo, não devemos ter medo de desafiar os nossos objectivos, de desafiar os nossos planos ou de nos desafiarmos a nós próprios. Se o nosso plano for rígido e não permitir mudanças de direcção, irá desmoronar-se. Por este motivo deve ser flexível. Se o prazo que estabelecemos originalmente se revelar demasiado curto, alarguemo-lo, alterando-lhe a data.

Se, por outro lado, estamos adiantados em relação ao prazo, não nos devemos preocupar em antecipar o nosso plano. O objectivo é nosso e de mais ninguém. Se nos permitirmos a flexibilidade para mudar o nosso plano à medida que avançamos, não ficaremos desmoralizados com as alterações quando estas ocorrem. Os objectivos que estabelecemos são, muitas vezes, alvos em movimento e, por isso, *necessitamos* de um plano em movimento – e não me refiro a um que nos faça chorar cada vez que olhamos para ele.

Regras para ser humano
Iremos aprender lições.
Não há erros – só lições.
Uma lição é repetida até ser aprendida.

Se não aprendemos lições, elas tornam-se mais difíceis (o sofrimento é uma das formas de o universo nos chamar a atenção).

Saberemos que aprendemos uma lição quando as nossas atitudes mudarem.

Anónimo.

---

5 | Planear, planear, planear

PEDIR AJUDA

Casanova estava deitado no seu leito de morte. Subitamente, bateram à porta e apareceu um jovem escocês: "Tenho de falar com Casanova, porque só ele pode responder a uma pergunta. É essencial que fale com ele."

O médico de Casanova respondeu: "Isso não será possível, porque ele está gravemente doente e não pode receber ninguém para além da família mais chegada."

Ao ouvir o barulho lá fora, Casanova pediu que deixassem entrar o visitante. O jovem entrou e, ajoelhando-se ao lado da cama, disse: "Ó Casanova, o Senhor fez amor com mais de 1200 das mais belas mulheres de Itália."

Casanova olhou para ele e disse: "1500!"

"Está bem, está bem. 1500 das mais belas mulheres de Itália. Mas como o conseguiu fazer? Preciso de saber o seu segredo."

Casanova fez-lhe sinal para se aproximar, piscou-lhe o olho em tom de conspiração e segredou-lhe ao ouvido: "Pedi-lhes."

Quantas vezes na sua vida se esqueceu de pedir algo? Quantas vezes se queixa de coisas que não parecem justas – de promoções que lhe passaram ao lado ou de oportunidades que não recaíram sobre si? Todavia, na maior parte das circunstâncias, a única coisa que devia ter feito era pedir.

Quando estiver a criar o seu plano, deve pedir informações, conselhos e toda a ajuda necessária. Vinte minutos com um especialista ou com alguém que alcançou o que está a tentar obter, valerão fortunas. Esse curto período de tempo pode poupar-lhe meses, ou mesmo anos, e evitar que cometa os erros que eles cometeram. Será sempre tempo bem gasto. Se estiver a caminhar ao longo de uma estrada, um carro parar e o condutor lhe pedir uma direcção, ajuda-o? Creio que a maior parte de nós o fará. Não é interessante constatar que, quando algum estranho pede ajuda, escutamos os seus pedidos e, se *pudermos*, ajudamo-lo? Este é um recurso de valor incalculável que jamais devemos negligenciar.

Se, na nossa vida profissional, quisermos aprender uma tarefa, devemos dirigir-nos a alguém que a saiba desempenhar; para beneficiar do seu conhecimento e da sua experiência. Após adquirirmos o conhecimento

Vencedores natos

pretendido devemos respeitá-lo, pois será um activo que irá ajudar-nos a reforçar a nossa visão. Apesar de ouvirmos dizer que conhecimento é poder, isso não é bem verdade. Conhecimento é conhecimento, mas o conhecimento que é *aplicado* torna-se um verdadeiro poder. Por isso, actue de acordo com o conhecimento que reunir, seguindo o exemplo de quem lho transmitiu.

Se tivesse oportunidade de voltar atrás na sua vida para fazer uma pergunta a uma pessoa, quem seria e que pergunta lhe faria? Agora tem de decidir nunca voltar a perder uma tal oportunidade – sempre que reconhece uma oportunidade, deve agir.

Um dia, quando andava a fazer tratamentos contra o cancro e realizei um exame de rotina, o Professor pediu para me ver. Pensei logo que isso só podia ser mau sinal, pois era a primeira vez que um tão distinto membro do corpo médico pedia para me ver. Pensando que o mais certo era estar a aproximar-me do fim, dirigi-me à sala dos exames com o coração pesado.

"Como está?", perguntou o Professor.

Sem perceber se esta era uma pergunta sugestiva, resolvi arriscar-me a responder: "Não estou mal."

Foi então que o Professor me informou porque queria falar comigo. Explicou-me que estava sempre tão ocupado a fazer investigação clínica que raramente tinha oportunidade para ver os pacientes. Assim, naquele dia, resolvera pedir à recepção para ver alguns e eu fora um dos felizes contemplados. Em seguida, o Professor perguntou-me se lhe queria fazer alguma pergunta. Se queria!

> **Nada acontece até fazermos algo. Pedir ajuda é fazer algo.**

Coloquei-lhe todo o tipo de perguntas – desde dúvidas sobre os artigos que tinha lido relativamente às mais recentes investigações científicas, até à curiosidade que tinha sobre receitas caseiras para curar a doença. Depois de termos falado, disse-me para escrever as outras questões que entretanto tivesse e que as apresentasse na consulta seguinte. Assim, dois meses mais tarde, quando voltei a fazer o exame, levei o meu livro de aponta-

5 | Planear, planear, planear

mentos. Não há dúvida de que, naquele dia, o Professor mereceu o dinheiro que ganha! Mais tarde, fui convidado a falar para alguns jovens com Hodgkins*, para partilhar a minha experiência na perspectiva do paciente, respondendo-lhes a perguntas sobre a experiência, o tratamento e as reacções emocionais que podem esperar. Para um deles, cheguei mesmo a tornar-me uma espécie de mentor. Como resultado tornei-me alguém a quem podiam fazer perguntas, que os ouvia, lhes oferecia encorajamento, os ajudava a definir estatégias e os mantinha concentrados e optimistas. Foi o que tentei proporcionar-lhes e é isto que qualquer mentor deve fazer por nós se conseguirmos encontrar algum – alguém em quem confiemos e que irá partilhar as suas experiências connosco.

A certa altura li algures que 48 por cento dos empregados que pedem um aumento salarial acabam mesmo por consegui-lo. Um dia, resolvi mencionar este facto numa palestra e alguém respondeu: "Sim, mas 52 por cento não conseguem!" Isto é que é pessimismo! Embora tenha argumentado que esses 52 por cento não tinham ficado em pior situação do que a que se encontravam antes de ter feito o pedido, a ideia que queria transmitir já se perdera.

Temos de agarrar o ramo, pois é lá que se encontra a fruta.

Will Rogers (1879-1935)

Pedir ajuda, orientação e encorajamento é da nossa exclusiva responsabilidade. Não podemos esperar que os outros apareçam e nos ofereçam o emprego ou o aumento salarial que desejamos, a não ser que lho digamos. Os nossos amigos, a nossa família, os nossos colegas e os nossos sócios – e, até, desconhecidos – irão ajudar-nos se lhes pedirmos. Irão dar-nos a orientação essencial e o encorajamento que toda a gente precisa de ter na viagem em direcção ao sucesso.

---

* **N.T.** Hodginks ou Linfoma de Hodginks são tumores cancerígenos do sistema linfático.

Vencedores natos

PLANOS DE CONTINGÊNCIA

Ao traçarmos o nosso plano não podemos deixar de prever um plano de contingência, de apoio ou alternativo que possamos accionar se algo não correr de acordo com as nossas expectativas. Quando o SAS (Special Air Service – forças especiais britânicas) elabora um plano conjunto, fá-lo num processo colectivo. Se quatro homens participarem num exercício, todos têm conhecimento do plano. Esse plano, por sua vez, inclui sempre a questão fundamental "E se...? E se o carro avaria? E se perdermos o equipamento de navegação por satélite? E se o helicóptero não aparece no local combinado?". Para cada uma das eventualidades, os membros do SAS têm sempre um plano de contingência, que é essencial, porque lhes fornece quer as opções práticas que lhes irão permitir completar o objectivo, quer uma maior confiança em resultado de saberem que têm aquelas opções alternativas.

O nosso objectivo de vida pode não prometer as mesmas emoções de uma missão do SAS, mas implica uma igual vontade de vencer. Assim sendo, devemos sempre conceber um plano de contingência.

Nunca devemos confundir uma simples derrota com a derrota final.

F. Scott Fitzgerald (1896-1940)

Pergunte-se: "Qual é a pior coisa que podia acontecer?". Imagine-se então que isso acontece e diga com empenho, devoção e auto-confiança: "E depois? Posso ultrapassar isso! Se for necessário, começarei de novo!". Isto será possível se tiver antecipado o problema e encontrado uma solução. Nessa altura, poderá resolvê-lo, em vez de se sentir ultrapassado e vencido.

Se considerarmos impossível solucionar um dado problema, devemos colocá-lo por escrito e partilhá-lo com um colega ou amigo. Um ponto de vista diferente pode, muitas vezes, levar-nos a uma solução que nunca teríamos imaginado. Para além disso, *há quase* sempre uma solução. Esta

5 | Planear, planear, planear

poderá, por vezes, exigir apenas uma pequena mudança de atitude. Quando estamos a lidar com uma solução a qual não podemos controlar – tal como o trânsito, o tempo ou as taxas de juro –, uma simples mudança de atitude pode ajudar-nos a mudar de perspectiva. Claro que poderão sempre surgir casos raros em que não existem quaisquer planos de emergência, ou em que todas as opções foram esgotadas e o único resultado possível é o fracasso. Há quem diga muitas vezes que: "fracassar não é uma opção". Devemos, porém, ser realistas: falhar é quase sempre uma escolha. A nossa reacção é que será um teste ao nosso carácter e à nossa determinação em vencer.

A pedra preciosa não pode ser polida sem fricção, nem o homem pode ser aperfeiçoado sem ser testado.

Provérbio chinês

SER COERENTE

O nosso plano faz parte do processo do nosso futuro sucesso. Igualmente importante é ter auto-confiança e agir com coerência, bem como a firme convicção de que vamos vencer. Isto significa que o plano não é apenas algo que dizemos ou escrevemos: é algo que vivemos, 24 horas por dia.

Devemos agir de uma maneira coerente com o sucesso. Para isso, temos de agir como se o sucesso que desejamos já fosse uma realidade: agir, falar e pensar como um vencedor. Devemos tentar de tudo para alcançar essa coerência: ao fazê-lo passaremos a demonstrá-la em todos os aspectos do nosso comportamento e – igualmente importante – a influenciar a imagem que transmitimos aos outros.

> **A persistência cria mais sucesso do que aquele que podemos imaginar.**

Há muitos anos atrás, porque não trabalhava há algum tempo, despertei para a realidade – tinha pouco dinheiro e uma hipoteca para pagar.

Vencedores natos

Telefonei a um amigo e disse-lhe que estava a pensar em contactar uma das principais cadeias de televisão, mas não sabia o nome do responsável pela área do entretenimento. O meu amigo deu-me o nome e acrescentou: "É uma pessoa simpática, telefona-lhe e marca uma reunião. Ele recebe toda a gente".

Telefonei de imediato. Como era hora do almoço, passaram-me logo a chamada. Falei com ele e marquei uma data. No dia anterior à reunião, liguei ao meu amigo e pedi-lhe algumas dicas para me ajudar a impressioná-lo na reunião. O meu amigo disse-me para me vestir informalmente, mostrar energia e falar alto, porque ele era um pouco para o surdo.

No dia seguinte, armado com estas informações, apareci no escritório do dito senhor. Seguindo as recomendações fui vestido de forma informal, fiz bom uso da minha voz e demonstrei a energia de um instructor de aeróbica na final de um campeonato do mundo. Apresentei-me, disse o que tinha feito até à data e falei sobre o que gostaria de conversar com ele. Passado um minuto deste ataque incessante de palavras, fez-me um sinal de silêncio com a mão e disse, "Pare! Quem é você?"

Perante esta reacção, e desistindo da abordagem que planeara, respondi-lhe. Depois de 40 minutos a conversar normalmente, ofereceu-me um emprego – que mantive durante três anos.

Mais tarde vim a descobrir que o meu amigo gozara comigo (que amigo!) sem me aperceber. O homem quase nunca recebia desconhecidos, não gostava de pessoas demasiado informais ou extrovertidas e não era, de todo, surdo! Contudo, e curiosamente, saber como impressioná-lo deu-me a auto-confiança necessária para agir de uma forma essencial para o verdadeiro sucesso – convicção pessoal –, mesmo que o meu desempenho tenha sido um pouco exagerado.

Naquela ocasião, a minha auto-confiança foi coerente com o meu objectivo e, em resultado, os meus níveis de confiança dispararam.

Pensemos da seguinte forma: imaginemo-nos a caminhar pela rua com o fecho da braguilha aberto – mas sem o sabermos. Vamos a andar alegremente, a conversar com um amigo e a ver as montras. É assim que caminhamos durante, digamos, dez minutos. Agora imaginemos que alguém nos diz que a nossa braguilha está aberta e nos pede para continuarmos

5 | Planear, planear, planear

a caminhar assim durante outros dez minutos. Como nos sentiríamos? Como agiríamos? Creio que de uma forma muito diferente de quando julgávamos ter a braguilha fechada. A questão que aqui se coloca é: se acreditarmos verdadeiramente em algo, a forma como falamos, o nosso comportamento e raciocínio manterão coerência com essa convicção. Assim sendo, temos de acreditar no nosso plano e agir de acordo com ele. Se, por outro lado, as nossas acções diferirem do nosso plano, não devemos esperar muitos progressos.

Constato que quanto mais trabalho, mais sorte pareço ter.

Thomas Jefferson (1743-1826)

Por último, imagine que ganhou um prémio magnífico e que a cerimónia de entrega irá decorrer dentro de um mês. Disseram-lhe que vai receber o prémio e mandaram-lhe uma carta a confirmá-lo. Apertaram-lhe a mão e deram-lhe palmadinhas nas costas – toda a gente o congratulou. Como irá agir e sentir-se durante o resto do mês? Irá sentir--se inseguro e nervoso? Não! Irá agir em coerência com a notícia que recebeu.

O mesmo se deveria aplicar aos seus objectivos futuros. Acredite que eles existem no futuro e aje segundo essa convicção. A sua convicção pessoal irá manifestar-se na sua confiança interna e nas suas acções.

ENTUSIASMO

O verdadeiro entusiasmo é uma qualidade maravilhosa. É contagioso: dá confiança aos que nos rodeiam e a nós próprios. Quando estamos a elaborar o nosso plano, devemos fazê-lo com gosto. Será um poderoso reforço do nosso empenho. Quando falarmos aos outros nos nossos objectivos, temos de recorrer a esse mesmo entusiasmo, a essa expressão de exuberância interna, a uma inabalável aparência optimista e a uma fé absoluta no nosso futuro.

Vencedores natos

O entusiasmo anima e dá vida aos nossos planos. Conceber e elaborar os planos sem entusiasmo é como construir um motor poderoso e depois não ter combustível.

Não estou a sugerir que se torne extrovertido, barulhento ou espalha-fatoso – longe disso. Deve deixar o seu entusiasmo – a sua alegre fé na absoluta realização do seu objectivo – transparecer porque, se o fizer, o seu sucesso começa a tornar-se realidade.

Quando um homem morre, se conseguir transmitir entusiasmo aos seus filhos, deixou-lhes um bem de valor incalculável.

Thomas Edison (1847-1931)

O entusiasmo verdadeiro é livre e abundante. Pode acontecer que, quando começar a delinear o seu plano pessoal, simples ou ambicioso, as duas únicas coisas que consiga criar serem o seu entusiasmo e o seu compromisso. Contudo, é quando o entusiasmo nos vem do coração que surge o verdadeiro compromisso e a nossa viagem em direcção aos nossos objectivos começa a ganhar vida.

O entusiasmo atrai o empenho e o compromisso cria poder pessoal.

OPINIÕES *VERSUS* FACTOS

Durante um curso que estava a dar com um colega, comecei a seleccionar alguns erros de uma proposta que estava a analisar.

"Robin", disse ele, "as opiniões são como o nosso nariz – toda a gente tem um e não preciso do teu." Na verdade, as suas palavras foram um tanto ou quanto indelicadas, mas a mensagem era bastante clara. Quando estamos a discutir os nossos objectivos com amigos, é muito frequente alguém fazer um comentário informal baseado, talvez, nalguma experiência

5 | Planear, planear, planear

pessoal ou num factor pessoal não divulgado. A menos que todos estejamos em estado de alerta e sejamos escrupulosos a este respeito, é muito fácil encararmos um comentário imprudente como um "facto", apesar de este não ter fundamento, não ter sido contestado e ser possivelmente bastante destrutivo.

Ocorrem-me exemplos de inúmeras reuniões onde um comentário perdido alterou toda a disposição dos seus participantes e de toda a discussão, dando azo a uma má decisão baseada na opinião de alguém. Ao criarmos o nosso plano devemos cingir-nos aos factos. O **Vencedor Nato** no interior da criança que está a aprender a andar, funciona única e exclusivamente com factos. As crianças utilizam informações experimentadas e testadas para chegar a cada uma das suas conclusões, sendo demasiado novas para terem sido expostas a opiniões passíveis de afastá-las do seu objectivo. Isto pode parecer tão evidente como o nariz na nossa cara, mas fico espantado ao constatar que um número elevado de planos acaba quase antes de começar, em resultado de um comentário imprudente, ou seja, de uma "opinião". Claro que uma opinião bem fundamentada pode ser muito valiosa, mas continua a não substituir o facto baseado em informação precisa. Tantos de nós acabamos por decidir não fazer algo porque, numa altura crucial, alguém disse que isso não seria possível – e escolhemos acreditar na opinião daquela pessoa em vez de acreditarmos em nós próprios.

I Nunca devemos confundir uma opinião com um facto.

Suponha, por exemplo, que decide começar o seu próprio negócio e trabalhar por conta própria. Isso implicará fazer algo que sempre lhe interessou – por exemplo, *design* de interiores –, mas sobre o qual não tem muito conhecimento. Os seus amigos, porém, dizem que tem muito bom gosto, nunca deixando de encorajar as suas capacidades nesta área. Um dia diz-lhes que decidiu estabelecer-se por conta própria. Não posso afirmá-lo com toda a certeza, mas creio que as reacções deles irão variar entre "fantástico!" e "és louco!". Mesmo os seus amigos mais bem intencionados poderão dizer: "Tens muito bom gosto, mas olha que não és nenhum profissional."

Vencedores natos

Não nos podemos esquecer de que todos os profissionais começaram por ser amadores que, embora não fossem remunerados, tiveram confiança suficiente para começar a cobrar dinheiro pelos seus serviços. Assim sendo, se as reacções dos nossos amigos forem positivas, devemos juntar-nos a eles, mas se forem negativas, não lhes devemos dar muita importância.

Atendendo a que os factos é que são importantes e não as opiniões, temos de procurar ajuda profissional. Procure saber o que precisa de fazer para se tornar um reconhecido *designer* de interiores. Descubra que tipo de formação precisa, que contactos tem de fazer e a quem se deve dirigir. Torne tudo isto parte do seu plano. É muito importante consultar profissionais de sucesso para lhes pedir que nos esclareçam algumas dúvidas e que nos mostrem exemplos dos seus *portfolios*. Se não tivermos o nosso próprio *portfolio*, podemos perguntar-lhes como fazer um. Acima de tudo, não devemos abandonar o nosso sonho, só porque alguém nos disse que era impossível concretizá-lo.

Factos e, não, opiniões. Lembro-me de uma história em que me apercebi da diferença entre estes dois conceitos. No final dos anos 70, era estudante e estava num churrasco de Verão do clube de râguebi, envergando as minhas melhores roupas. Quando regressava do bar, entornei um pouco de cerveja no casaco de um amigo – não o copo todo, mas bastante – e disse-lhe, sem ter qualquer consideração por ele: "Olha lá, essa cor nem te fica lá muito bem." (Era verde lima, se bem me lembro.)

"Vou lavar-te o cabelo com cerveja!" disse ele, voltando-se para mim e começando a verter o conteúdo do seu copo sobre a minha cabeça. Quando lhe disse que o casaco não lhe ficava bem, estava simplesmente a dar uma opinião, mas quando ele me disse que ia verter a cerveja sobre a minha cabeça, estava a referir-se a um facto.

FAÇA-O AGORA

No capítulo anterior, disse que devíamos escolher três coisas que desejássemos se tivéssemos a garantia do sucesso. Estou certo de que ninguém terá qualquer dificuldade em escolhê-las. Agora, o próximo passo é delinear o seu plano. Sente-se, pegue nesses três desejos, pense naquilo

5 | Planear, planear, planear

que pretende alcançar com cada um deles e, depois, pergunte-se quando quer que aconteçam. Faça uma tabela de tempo: curto prazo, médio prazo, ou longo prazo – a decisão é sua. Em seguida, o que tem de fazer para concretizá-los? Que competências precisa de adquirir? Que problemas ou obstáculos irá encontrar ao longo do caminho? Que benefícios irá retirar com a sua realização? Como se irá sentir quando os tiver alcançado? Estas são perguntas que tem de identificar e sobre as quais tem de pensar. Uma resposta irá dar vida ao seu plano.

❙ Quanto mais cedo começar, mais cedo acaba.

Posso até já ter dito isto muitas vezes, mas nunca é demais enfatizar a importância de pôr o plano por escrito. Um plano escrito é uma poderosa ferramenta para recordar. Guardado no nosso subconsciente, ficará connosco 24 horas por dia, sete dias por semana, até o nosso objectivo ser alcançado. Já não preciso de lembrar que este livro defende a criação de sucesso através da planificação, desse modo proporcionando-nos a vida que queremos para nós. Planear é fundamental para o êxito do nosso objectivo. Assim sendo, qual é a altura certa para pôr este plano em prática? Agora! (Já se previa que dissesse isto.) Agora mesmo! Não amanhã – Hoje!

Depois de ler este capítulo, deve sentar-se e escrever os seus objectivos. Em seguida, deve escrever as razões que o impede de tentar alcançá-los. Por outro lado, deve escrever também as razões que o leva a tentar alcançá-los. Por fim, deve concentrar-se apenas nas razões positivas e nos benefícios inerentes ao seus objectivos, estabelecendo as suas metas para cada fase ao longo do caminho.

Caso seja necessário, pode alterar as datas, ou o plano – não há problema. O importante é passar *já à acção!* Qualquer atraso agora irá reduzir-lhe o estímulo, diminuir a ambição, e diluir o entusiasmo e compromisso.

Quantas vezes terá ouvido alguém dizer: "Vou começar o meu próprio negócio, mas ainda estou a analisar todos os ângulos, a ver coisas e a verificar tudo." Isso significa que está a protelar, impedindo-se de começar, porque enquanto não o fizer, não poderá fracassar, pois mantém-se na sua área de conforto. O que está aqui em causa é o medo.

Vencedores natos

Não cometa o mesmo erro. Deixe-se de desculpas. Trace o seu plano e inicie a viagem sem mais demoras.

A minha experiência pessoal ensinou-me isto: se estivermos à espera do momento perfeito, em que tudo é seguro e garantido, este pode nunca chegar. As montanhas não serão escaladas, as corridas não serão ganhas e a felicidade duradoura jamais será alcançada.

Maurice Chevalier (1888-1972)

Antes de passar ao próximo capítulo, faça o seguinte exercício. Identifique três objectivos – um de curto prazo, um de médio prazo e um de longo prazo. Agarre num bloco de notas e escreva-os. O seu objectivo a curto prazo pode ser algo que espera alcançar num mês ou menos. O de médio prazo pode levar um ano a alcançar e o de longo prazo pode demorar qualquer período de tempo, desde que seja superior a um ano – você é que decide o que representa para si o longo prazo. Debaixo dos três objectivos desenhe duas colunas. Escreva na Coluna I todas as razões pelas quais não *deve tentar alcançar* estes objectivos, ou seja, todas as razões que o *levam a não tentar*. Na Coluna II, enumere todas as razões pelas quais deve tentar. Em seguida, pegue numa caneta vermelha, observe ambas as colunas e risque todas as razões negativas.

Assim, fica apenas com as razões positivas. Feito isto, determine o que tem de alcançar em cada fase do seu plano, para poder ser capaz de medir o progresso alcançado na direcção do seu objectivo. Digamos que o seu objectivo de curto prazo é apenas ser mais simpático com quem trabalha – o que pode parecer uma ambição estranha, mas seria um grande passo se envolvesse mudar um padrão de comportamento de que não gosta muito. O seu objectivo para a primeira semana pode ser sorrir todos os dias a alguém e fazer um esforço consciente para ser alegre quando conversa e, quando o fizer, observe a reacção. Na segunda semana pode decidir perguntar às pessoas : "Como está hoje?". Na terceira semana, continuará a fazer o que fez nas duas semanas anteriores, mas irá

5 | Planear, planear, planear

um pouco mais longe, e tratará alguém pelo nome quando a oportunidade surgir – talvez na caixa do supermercado –, para lhe permitir ser amigável. No fim da quarta semana, seja qual for o seu objectivo a curto prazo, irá olhar para o último mês e sentir uma tremenda sensação de realização quando verificar o progresso feito.

Com que frequência terá feito algo novo na sua vida, como aprender a esquiar, a nadar, a conduzir ou a falar uma língua estrangeira, e pensa: "Não foi muito difícil – gostava de o ter começado antes!?" Bem, não devemos esperar porque agora é o momento. Faça-o agora!

LEMBRE-SE

- Deve criar um plano que possibilite ver claramente os vários objectivos a curto prazo a atingir na estrada para o sucesso.
- Se o plano não estiver a funcionar, altere-o tantas vezes quantas forem necessárias.
- Um plano sem acção, corresponde apenas a palavras numa folha de papel – não passa de um mapa, mas sem ele perde-se.

6

Confiança

A confiança pode ser desenvolvida
e crescer; a confiança faz-nos
acreditar em nós próprios
e nas nossas capacidades.

A auto-confiança é o primeiro requisito para se executarem grandes feitos.

Samuel Johnson (1709-1784)

A confiança, combinada com uma avaliação realista, produz um aumento de 30 por cento na satisfação pessoal.

Sedlacek, W., 1999, "Black Students on White Campuses". *Journal of College Student Development*, vol. 40, pp. 538-50

6 | Confiança

CONFIANÇA

A confiança – ou a ausência dela – é algo que todos podemos reconhecer nos outros e, se formos honestos, podemos também saber se somos verdadeiramente confiantes ou não. A confiança em nós próprios é uma qualidade intangível e não uma carência que possamos resolver com um comprimido. Trata-se, de uma característica que podemos e devemos desenvolver. Empenharmo-nos no desenvolvimento da nossa confiança é fazer um grande investimento no nosso futuro.

> **A relação que mantemos connosco é a mais importante de todas as relações, pois representa a base a partir da qual somos capazes de criar outras.**

A sua auto-confiança é um indicador directo de como se sente consigo. Dizer que alguém tem falta de confiança é sugerir um defeito de carácter, ou uma deficiência natural que inibe a sua personalidade. Podemos, porém, controlar a nossa auto-confiança, tal como podemos desenvolvê-la, aumentá-la e usá-la para nos ajudar a criar o nosso futuro.

A confiança implica sermos capazes de acreditar em algo, sem necessariamente ter alguma prova evidente da sua existência. A capacidade de acreditarmos em nós próprios é a base da nossa confiança e as experiências positivas servem para reforçá-la.

Quando a equipa inglesa de futebol jogou contra a Escócia, no Euro'96, os escoceses desceram até ao Estádio de Wembley para jogar com os históricos rivais.

Se, por um lado, os escoceses estavam desejosos de ganhar, por outro, os ingleses estavam desejosos de não perder. Terry Venables e a equipa inglesa tinham sido tratados tão negativamente pelos meios de comunicação social durante os dois anos anteriores que a sua confiança estava no nível mínimo.

Quando o jogo começou, os escoceses jogaram como sempre, muito intensamente, e os ingleses defenderam bem. Foi então que os escoceses falharam uma grande penalidade. Mais tarde, ainda no primeiro tempo, do outro lado do estádio, Paul Gaiscogne passou a bola por cima da ca-

127

Vencedores natos

beça de um defesa escocês e, nessa batida, rematou para o fundo da baliza. Foi um dos melhores golos que alguma vez vi.

O que aconteceu a seguir foi extraordinário: houve um aumento imediato na energia da equipa, como se uma luz tivesse sido ligada e todos os jogadores ingleses passaram a mostrar uma renovada convicção na capacidade colectiva. A transformação era de tal modo visível que os jogadores ingleses pareciam até ter crescido uns centímetros. Quando sentiram a sua auto-confiança despertar, os jogadores deixaram-se influenciar por ela. Ao recuperar a sua auto-confiança a equipa de Inglaterra passou a controlar o jogo, faz uma exibição fantástica e ganhou. No jogo seguinte, os ingleses arrasaram a Holanda e, nos quartos-de-final, bateram a Espanha na marcação de grandes penalidades. Mais tarde, nas meias-finais da competição, os ingleses encontraram a única equipa do mundo perante a qual parecem ter um bloqueio mental: a Alemanha – a equipa do Euro 96 com menos imaginação, mas com mais auto-confiança do que qualquer outra.

O que é que os alemães fazem quando marcam um golo num jogo? Falando de uma forma figurada, juntam-se na linha de fundo, analisam a situação e decidem marcar dois golos. Neste jogo, só conseguiram empatar. Foi um golpe duro. O jogo teve de ir a *penalties*. Terão os adeptos ingleses alguma vez pensado que um jogador alemão ia enterrar um pé no chão? Que os calções lhe iriam cair durante a corrida? Ou que poderia rematar por cima da trave? Não – tais eventualidades são quase inimagináveis porque, com os seus anos de experiência, os alemães desenvolveram uma suprema confiança interior que manifestam externamente. Todos os jogadores da equipa germânica acreditaram naquele dia que iam ganhar. Ao contrário, durante anos, tanto a Inglaterra como a Escócia apenas tiveram esperança de ganhar. Creio que nem preciso de referir que a Alemanha venceu o jogo.

A auto-confiança permite-nos agir em condições de extrema pressão. Conheci um homem que, nos anos 1960, e durante sete anos, foi mergulhador de alta profundidade da Marinha Inglesa. Curioso, perguntei-lhe se alguma vez tinha receado que algo lhe pudesse correr mal quando

6 | Confiança

estava sozinho e a 60 metros de profundidade, com apenas um capacete e um tubo de ar a ligá-lo à superfície.

"Não", respondeu-me. "Fiz treinos de emergência".

Estas palavras foram ditas com tanta convicção que fiquei plenamente convencido de que a sua formação tinha dissipado quaisquer eventuais receios e tinha transmitido uma absoluta confiança na sua segurança.

Quem tem uma crença equivale aos noventa e nove de que tem apenas interesses.

John Stuart Mill (1806-1873)

Temos de criar dentro de nós a confiança necessária para lidar com qualquer azar que possa surgir enquanto perseguimos os nossos sonhos de sucesso.

Basta olhar para uma criança a fazer um discurso. As crianças são por vezes surpreendentemente confiantes, e conseguem aguentar-se em frente de uma sala cheia de estranhos porque ainda não aprenderam a ter medo. As opiniões dos outros não as preocupam. As crianças têm uma boa opinião delas próprias, não tendo ainda desenvolvido uma auto-confiança negativa. Por outro lado, as crianças não são arrogantes, embora a linha que separa a confiança e a arrogância seja, por vezes, muito ténue. É importante reconhecer a diferença.

A confiança baseia-se numa convicção cujas raízes são a honestidade. Uma vez que a arrogância tem raízes na desilusão, não pode sustentar-se nem resistir a um exame mais minucioso.

Neste capítulo iremos analisar formas de desenvolver a auto-confiança. Creio que a chave está *em estabelecer e alcançar objectivos simples*. Ao fazermos isso estamos a fortalecer a nossa confiança na nossa capacidade de concretização, a melhorar a nossa auto-imagem e a acreditar que somos capazes de assumir o controlo.

Dizem que nada tem sucesso como o próprio sucesso e que a confiança que resulta do sucesso é perpétua. Julgo que todos somos capazes de desenvolver a nossa confiança até a um ponto necessário para vencer

Vencedores natos

na vida. Quem sabe se ao longo do caminho, não iremos ganhar um campeonato do mundo.

CONSEGUE SE PENSAR QUE CONSEGUE

Estou sempre a recordar a frase de Henry Ford: "Se pensamos que conseguimos, ou pensamos que não conseguimos, geralmente, temos razão." Adoro esta ideia, porque, no meu caso, é verdade. Quando recordo a minha vida até me ter sido diagnosticado um cancro, o que conquistei foi o que acreditei que podia alcançar, enquanto que o que nunca pensei que podia acontecer, nunca aconteceu. Por que razão?

Ao criar uma imagem mental de um resultado futuro, o nosso subconsciente trabalha naturalmente nesse sentido e à revelia do nosso conhecimento consciente, procura calmamente corresponder à nossa visão. Ter cancro criou em mim a crise que me fez rever a minha vida. Compreendi que podia controlar a 100 por cento a minha atitude e que, ao fazê-lo, controlava a 100 por cento a forma como me sentia em relação à minha vida. Foi assim que percebi que tinha o poder para mudar.

Quando acreditamos poder fazer alguma coisa, criamos uma imagem positiva de sucesso, tal como quando acreditamos no inverso, criamos uma imagem negativa de derrota.

De acordo com a teoria da aerodinâmica, a abelha tropical não consegue voar. Isto porque o tamanho, peso e forma do seu corpo, em proporção com a extensão total da asa, impede-a de voar. A abelha tropical, no entanto, ignorando estas profundas verdades científicas, avança e consegue, assim mesmo, voar – e também consegue produzir um pouco de mel todos os dias.

Anónimo.

Se quer provas, repare na auto-estima e na auto-confiança de quem tem sucesso. Todos acreditam verdadeiramente poder alcançar objectivos

6 | Confiança

extraordinários. Quando, em 1954, Roger Bannister percorreu uma milha em menos de quatro minutos, foi a primeira pessoa a quebrar o que era anteriormente considerado uma barreira impossível. Contudo, desde que alcançou tal feito, mais de 30 mil pessoas já o fizeram também. Bannister Não quebrou apenas um recorde: quebrou uma convicção limitativa que muitos encaravam como um facto assente. O Monte Evereste, conquistado pela primeira vez em 1953 depois de inúmeras tentativas falhadas, passou a ser escalado tantas vezes que agora, se estivermos dispostos a pagar o preço, até nós podemos lá chegar com visitas guiadas.

Não deve sentir necessidade de escalar o Monte Evereste: todos temos o nosso Evereste para escalar. Descubra qual é o seu. Identifique-o, planei--o e faça a sua escalada.

> **A nossa confiança vem da fé que depositamos em nós próprios e pode crescer através da realização de pequenos objectivos significativos, cujo crescimento acompanha o nosso.**

Quando tinha nove anos, vivia com a minha família numa grande casa com uma garagem para três carros, sempre cheia de tralha que tínhamos vindo a acumular ao longo dos anos. Um dia, num Verão em que não tinha nada para fazer, a minha mãe sugeriu que fosse limpá-la. Entrei lá dentro e olhei à volta. A garagem estava tão cheia que mal havia espaço para um carro. Comecei, então, a limpar e a varrê-la e até acendi uma fogueira ao ar livre, nas proximidades. Quatro ou cinco horas depois, os resultados ainda não estavam à vista e sentia-me cansado. Quando o meu pai chegou e me perguntou como estava a correr, respondi: "Não vai mal". Foi aquilo que disse a minha mãe que irei recordar para sempre: "O Robin vai acabar isto porque sempre que diz que faz alguma coisa, faz mesmo."

Isto pode ter sido uma astuta jogada psicológica por parte da minha mãe, que, de qualquer forma, teve um grande impacto em mim. É verdade que, ao longo da minha vida, tenho verificado que o que quer que comece, acabo sempre, seja uma viagem, uma maratona ou a limpeza da garagem.

Vencedores natos

Avancem até à borda, disse Ele. Eles disseram: temos medo. Venham para a margem, disse Ele. Eles foram. Ele empurrou-os e eles voaram.

Guillaume Apollinaire (1880-1918)

Sempre tive uma forte confiança na minha capacidade de persistência e quando me comprometo a fazer alguma coisa faço-a. Aquilo em que fracassei na minha vida foi precisamente aquilo em que acreditei poder falhar. Não tive surpresas.

Quando enfrentamos novos desafios ou estabelecemos objectivos, precisamos de acreditar totalmente que os conseguimos realizar, ou alcançar. Todavia, em todas as nossas tentativas, mesmo que tenhamos uma inabalável auto-confiança, o mais natural é que as dúvidas, os momentos de preocupação e o receio surjam.

Um produtor televisivo contou-me que uma famosa estrela da televisão costumava ficar aterrorizada antes de cada espectáculo. Sofria do tipo de ansiedade que é bastante natural entre artistas, mas a dele era particularmente acentuada e antes de cada gravação o produtor tinha de ouvir a mesma conversa: "Hoje sei que vai correr mal", "esta é a noite em que vão descobrir que não tenho talento absolutamente nenhum", etc. No entanto, quando relógio se aproximava da contagem decrescente, estava, como sempre, à altura do desafio e conquistava a audiência.

Duvidar de nós próprios é natural, até mesmo para alguém que tem vinte anos de sucesso no topo da sua profissão, mas o mais importante é colocar essa dúvida em perspectiva. Todos passamos por estes momentos e não os devemos recear, nem deixar que nos bloqueiem. Devemos saber movimentar-nos através deles – são normais e não obstáculos intransponíveis.

Duvidarmos de nós é a forma da natureza nos alertar para a realidade.

Ultrapassemos as dúvidas e compreendamos, à medida que persistimos na busca dos nossos objectivos, que estamos a passar por uma fase

6 | Confiança

natural no processo de mudança que faz parte da viagem para o sucesso. Existirá alguém que ainda não tenha pensado "e se faço figura de parvo?", "e se falhar?". Não devemos deixar que os pensamentos negativos minem a nossa determinação. A nossa auto-confiança e a determinação de vencer irão sempre prevalecer.

Quando decidimos ir pelo caminho de uma busca pessoal, o mais provável é perguntarmo-nos: "Como poderei ter a certeza que terei sucesso?"A resposta é que nunca podemos estar 100 por cento seguros disso. Por outro lado, podemos muito bem perguntar: "Como poderei ter a certeza de que irei falhar?"

A verdade é que na vida não há certezas. O fracasso e o sucesso existem na nossa cabeça. É aquele em que escolhermos acreditar que será a nossa mentalidade dominante e determinante, bem como aquele para o qual nos movimentaremos.

Um homem que não pensa por si próprio, não pensa de todo.

Oscar Wilde (1854-1900)

Muitos de nós, ao enfrentarmos o futuro, somos dominados por memórias dos nossos fracassos passados: "Ai, não vou conseguir isso", ou "Não vale a pena candidatar-me *àquele* emprego – não o conseguirei."Não devemos deixar que a dúvida nos oriente nesta caminhada ou que o receio prevaleça. Seja optimista e acredite que *pode* alcançar, porque assim irá automaticamente comportar-se de acordo com essa crença.

TENHA FÉ

A fé foi descrita como uma convicção que ultrapassa a evidência. Quem já esteve exposto à religião formal terá consciência do ênfase que é colocado na fé e na crença em algo que não se vê. A confiança que necessita para conquistar o futuro que pretende depende da fé que tem em

Vencedores natos

si. Se criar uma auto-confiança positiva, com fé, está a maximizar o seu potencial para criar o sucesso.

O homem que tem confiança em si próprio ganha a confiança dos outros.

Provérbio judeu

Estas crenças negativas que impedem o nosso progresso foram formadas pelas experiências passadas, sendo o resultado de um comportamento que adquirimos, mas que, de igual forma, podemos "*desadquirir*". Não vale a pena, no entanto, pensarmos que podemos mudar o nosso comportamento de um momento para o outro e que podemos construir facilmente outro padrão de comportamento sem ter fundações sólidas. Para o nosso sucesso a longo prazo, felicidade e satisfação, é essencial que a confiança nas nossas capacidades esteja em conformidade com os nossos valores base, a nossa ética pessoal e os nossos padrões morais. São estes factores que nos permitem fazer a nossa auto-avaliação. Trabalhar contra eles é estar a trabalhar contra nós próprios.

O Oráculo de Delfos é um santuário localizado 115 quilómetros a nordeste de Atenas onde, no tempo de Sócrates, as pessoas iam em peregrinação fazer perguntas importantes e receber respostas dos deuses. Acima do Oráculo está escrito "Conhece-te a ti mesmo." Sem ficar muito filosófico, vale a pena colocar-se as seguintes perguntas: "Quem sou eu?", "o que quero da vida?", "quais são os meus valores?" e "o que acredito poder alcançar?"

Ao respondermos a estas questões, damos significado e propósito às nossas vidas, bem como à nossa caminhada para o futuro. O caminho para o sucesso não é uma estrada longa e estreita, com postes de sinalização explícitos em cada cruzamento. Pode começar por ser uma auto-estrada de três faixas e, de repente passar a ser um sinuoso caminho de cabras. Subitamente perdidos, sentimo-nos vulneráveis e indecisos quando estas mudanças ocorrem, mas é precisamente nessas alturas que a nossa determinação, imaginação e auto-confiança nos fazem avançar. Acreditar em

6 | Confiança

nós próprios e nos nossos valores irá sempre dar-nos a direcção e permitir-nos encontrar o caminho, mesmo nas alturas mais difíceis.

LEMBRE-SE DA CRIANÇA

Nascemos sem preconceitos e sem qualquer sentido dos limites impostos externamente ao nosso potencial. Nascemos geneticamente condicionados para vencer a adversidade natural e para sobreviver.

Podemos facilmente perdoar uma criança que tem medo do escuro; a verdadeira tragédia da vida é quando os adultos têm medo da luz.

Platão (séc. 427-347 A.C.)

As crianças nascem com uma tal imaginação e uma tal confiança interior que, nas suas mentes, são os heróis de milhares de aventuras. Quando essa imaginação e confiança são encorajadas, tudo parece possível, mas quando são negligenciadas, a criança fica prejudicada para o resto da vida. Todos já vimos na televisão as trágicas imagens dos orfanatos romenos, onde as crianças são deixadas sem cuidados, sem estímulos e sem amor. Se a imaginação de uma criança não é desenvolvida e se a confiança que deveria adquirir naturalmente não é fomentada, não terá memórias de realização pessoal e, deste modo, nenhuma confiança pessoal positiva. Felizmente, a maior parte de nós vive essa sensação de realização na infância, cuja memória permanece, embora possa agora estar profundamente enterrada – à medida que envelhecemos, parecemos esquecer ou desrespeitar estas qualidades que outrora nos deram uma convicção absoluta na nossa capacidade para vencer.

Estabeleça contacto com a criança que foi, para voltar a ter a sensação de encantamento e a convicção de que tudo é possível.

Quando uma criança estabelece um objectivo, pode não ter um conhecimento ou experiência anterior de sucesso, mas apenas acreditar que pode fazê-lo – seja o que for. Os recursos que tem são a sua imaginação

Vencedores natos

e determinação. Nós ainda temos essa imaginação e, se bem que, por vezes, necessitemos de "escavar" fundo para encontrar a determinação, ainda a temos. Tal como a confiança de uma criança cresce através do elogio e das experiências positivas, o mesmo acontece com a nossa. Assim, devemos fazer disso um processo contínuo – sintamo-nos bem connosco próprios e com as nossas realizações pessoais e, se fizermos alguma coisa bem, algo que nos dê prazer, digamo-nos em voz baixa: "Boa!"(ou digamo-lo alto e a bom som).

COLOQUE AS CONTRARIEDADES EM PERSPECTIVA

Acho estranho quando vejo alguém com um pneu furado ou que derramou um copo de leite ficar aborrecido e perder a calma. A vida e a morte são a vida e a morte e devemos tratá-los como tal; tudo o resto deve ser colocado em perspectiva. Isto faz-me lembrar a história do turista norte-americano de férias no Norte da Escócia, que perguntou a um velho sentado num muro: "Como é que vai estar o tempo amanhã?"

Sem olhar para o céu, o velho respondeu: "O tipo de tempo que eu gosto."

O turista tentou novamente: "Vai estar sol?"

"Não sei", foi a resposta.

"Bem, vai chover?"

"Não sei dizer-lhe."

Por esta altura, o visitante já estava bastante perplexo. "Muito bem", disse, "se é o tipo de tempo de que gosta, que tipo de tempo vai estar?"

O velho olhou para o norte-americano e respondeu: "Aprendi há muito tempo que não posso controlar o tempo, por isso, ensinei-me a gostar do tempo que estiver."

Moral da história: não deve ficar aborrecido com coisas que *não* pode controlar. Tem o poder para estabelecer a sua resposta emocional aos acontecimentos, mas se não a controla, ela irá controlá-la.

Por este motivo não devemos agir como se o leite derramado fosse uma questão de vida ou de morte, nem ficar verdadeiramente enervados por causa de um pneu furado; aconteceu e é uma contrariedade, mas é pequena e todos nós as temos. O que fazemos em seguida é que é importante.

6 | Confiança

O importante não é o que nos acontece; é o que fazemos em relação a isso que conta.

Quando depara com alguma contrariedade, não se identifique com ela. Utilize-a simplesmente como uma forma de aprendizagem.

Falhe depressa e falhe muitas vezes.

Thomas Watson (1874-1956)

Em 1985, com 17 anos, Boris Becker espantou o mundo ao ganhar em Wimbledon, isto porque era um tenista pouco conhecido. Um ano depois voltou lá e defendeu com sucesso o título. Aos 19 anos, Becker perdeu com um desconhecido na segunda ronda e foi eliminado. Na conferência de imprensa que se seguiu, perguntaram-lhe como se sentia. De uma forma sábia e precoce para uma pessoa da sua idade, Becker respondeu: "Bem, ninguém morreu – só perdi um jogo de ténis."

O tenista colocou a questão em perspectiva: era só um jogo de ténis. É claro que se tratava do Torneio de Wimbledon e que ganhar o troféu seria maravilhoso, mas não era uma questão de vida ou de morte.

Um dia estava muito preocupado com algo que me estava a deixar infeliz e um amigo perguntou-me: "Robin, o que te preocupava há precisamente um ano?"

Olhei para ele, espantado, e disse: "Não faço ideia – porquê?"

"Ora", disse ele, "daqui a um ano também não te vais lembrar disto."

Tente colocar a mesma questão. O que o preocupava exactamente há um ano? Consegue-se lembrar? Provavelmente não.

Concentre-se no "aqui e agora", e dedique-lhe toda a sua atenção.

Quando algo de mau nos acontece – quando uma relação amorosa acaba, um plano de negócios corre mal ou o banco subitamente decide

Vencedores natos

exigir o pagamento de uma dívida – podemos, se quisermos, ficar "presos" a essa experiência.

Podemos identificá-la e decidir carregá-la connosco para o resto da nossa vida, como bagagem. Todavia, se mantivermos essas memórias negativas e os sentimentos associados e lhes permitirmos influenciar a nossa auto-imagem, iremos prejudicar-nos. Por intermédio do nosso subconsciente recorreremos a elas como o nosso modelo para o futuro – um futuro que nos irá deixar ansiosos e infelizes sempre que pensamos nele.

A alternativa está nas suas mãos: aprenda simplesmente com a experiência para, depois, a deixar para trás. Por outras palavras, abandone a bagagem.

Não se pode esquecer, é você que escolhe a sua reacção aos acontecimentos. Assim, quando alguém me diz que determinada pessoa o irrita, lembro-lhe que ela não faz nada disso. Só ficamos zangados porque assim o escolhemos. Pense nisso!

Ninguém nos faz sentir inferior sem o nosso consentimento.

Eleanor Roosevelt (1884-1962)

A avó de um amigo meu era, lamento dizê-lo, uma mulher deplorável. Ao longo de todos os anos que convivi com ela, nunca lhe apanhei um sorriso, mas via-a deliciar-se com os azares das outras pessoas. Era, de facto, uma mulher muito amarga.

Um dia quando era jovem, tinha estado a preparar-se para ir a um baile quando o seu pai lhe disse para ficar em casa e tomar conta do irmão mais novo. A partir desse dia jurou nunca mais se voltar a divertir. Era a sua forma de punir o pai, de lhe mostrar o quão miserável o pai a tinha feito sentir. Tantos anos depois, as memórias dessa noite tinham-se tornado a sua realidade: transformado numa bagagem que transportava consigo a vida inteira.

Tudo o que tinha era a sua amargura. Estou a tentar mostrar como é tão importante deixar este tipo de bagagem para trás porque, se não se-

6 | Confiança

guirmos em frente e se não aprendermos as lições que a vida nos ensina, esta vai-nos ensinando outras lições, cada vez mais dolorosas, até finalmente percebermos a sua mensagem.

❙ Aprenda a perdoar e, depois, a esquecer.

Preste atenção aos seus padrões negativos de comportamento – todos os temos –, aos seus hábitos negativos que o ajudam a criar o fracasso. Tente identificá-los e pense numa forma de mudá-los. Por fim, prepare--se para enfrentar contrariedades, para que quando estas ocorram esteja pelo menos emocionalmente preparado. Ao enfrentar uma contrariedade, deve olhar para o seu lado positivo. Claro que há algumas tragédias das quais é impossível retirar algo de positivo; mas uma coisa que o meu cancro me tornou realmente consciente foi do quanto amava a minha família – sem nunca ter tido tempo para lhes dizer. Por outro lado, decidi também deixar de desperdiçar tempo e começar a viver os meus sonhos. Quando saí do hospital, decidi realizar alguns desses sonhos e ainda hoje o faço.

Assim sendo, pense numa contrariedade pessoal que tenha tido um desfecho feliz e retire forças dela sempre que uma outra contrariedade surgir. Lembre-se que quando as coisas más acontecem pode resolvê--las, ultrapassá-las e constatar que raramente são tão más como pareciam.

TORNE-SE O SEU TREINADOR

Consegue-se lembrar de quando foi encorajado por um professor, um amigo ou um colega numa situação que foi importante para si? Pense novamente nesse momento: como se sentiu? Certamente muito bem, porque nesse momento, alguém acreditou em si. Essas pessoas acreditavam que podia alcançar o que queria e diziam-lhe isso, afirmando positivamente a sua confiança. Nesse processo, ajudaram-no a construir a sua confiança e a sua auto-imagem – tal como um treinador faz no desporto. Claro que os treinadores também ajudam os desportistas a estudarem estratégias e a concentrarem-se na técnica, mas acredito que os grandes treinadores motivam pelo encorajamento.

Vencedores natos

Um dia, um paciente muito insistente pediu a Émile Couet – o farmacêutico e psicoterapeuta francês a que nos referimos anteriormente – um medicamento sujeito a receita médica, mas o qual não lho haviam prescrito. Sabendo que não lhe podia dar o remédio, Couet deu-lhe um comprimido de açúcar, dizendo-lhe que era um remédio ainda melhor do que aquele que tinha pedido.

Alguns dias mais tarde, o homem voltou, muito agradecido, afirmando ter-se recuperado por completo e sentir-se maravilhosamente. Compreendendo que apenas podia ser a própria vontade do paciente em ficar melhor que o tinha curado, Couet decidiu criar um método para ajudar as pessoas a beneficiar do poder da auto-sugestão positiva e permitiu-se a si próprio, no decorrer desse processo, dar comprimidos de açúcar às pessoas. Na devida altura, descobriu a sua fórmula para ajudar os pacientes a recuperar de uma doença. Estes devem dizer em voz alta e vinte vezes por dia a seguinte frase: "Estou a melhorar todos os dias, em todos os aspectos."

Como sabemos, o que a mente acredita ser verdade é guardado no fundo do nosso subconsciente. A repetição de "estou a melhorar todos os dias, em todos os aspectos" aumentava a recuperação dos pacientes de Couet. Para além disso, funcionava não só para os que estavam a sofrer de doenças psicossomáticas, mas também para os que padeciam de problemas clínicos.

Os treinadores têm a capacidade para incutir afirmações positivas na mente com quem trabalham. Assim, porque não havemos de nos tornar o nosso próprio treinador? Porque não nos tornamos a nossa fonte de encorajamento? Pense no que um treinador diria, quando enfrenta um desafio, tem um obstáculo para transpor ou, até, uma tarefa simples para cumprir. O que diria o seu treinador? Como não tem um treinador, cabe-lhe a si desempenhar esse papel.

Quando estava a treinar para a maratona, entrei numa corrida de 4,5 quilómetros como preparação. Não vou esconder: tenho os pés chatos e não posso, de forma alguma, comparar a minha técnica com a de um verdadeiro corredor da maratona. De qualquer forma, antes de completar os três quilómetros, já tinha corredores uma volta à minha frente. O circuito

6 | Confiança

tinha 1,5 quilómetros e dispunha de guias colocados de forma intervalada, para garantir que os corredores se mantinham no percurso. Perto do fim da corrida, quando a maior parte dos concorrentes já tinha passado a linha de chegada e eu ainda estava a correr com apenas um ou dois atrás de mim, houve uma onda de aplausos e uns quantos gritos de encorajamento quando passava um dos guias. Lembro-me do impacto que isso teve em mim. Aquela ovação deu-me um novo alento e embora me sentisse exausto, decidi não parar de correr antes de chegar à meta.

Deixe-se encorajar pelo seu sucesso. Transporte essas memórias junto do seu coração para, assim que um novo desafio surgir, se lembrar delas. Além de se tornar o seu próprio treinador, ou a sua principal fonte de coragem, porque não há de o ser também para amigos e colegas?

DESENVOLVER OS SEUS RECURSOS

Já tive ocasião de referir que vale a pena identificar os nossos heróis e as qualidades que mais admiramos. Depois de o fazer, pode procurar desenvolver conscientemente essas qualidades, segundo o nosso próprio padrão de comportamento. Perguntaram uma vez ao actor Cary Grant como é que conseguia ter sempre tanto charme. O actor respondeu que, sempre que conhecia alguém com uma qualidade que considerava atraente quer fosse cortesia, humildade, bondade natural ou outra, tentava copiá-la para si. Grant espelhava as qualidades que mais admirava nos outros.

Devemos procurar pessoas que conquistaram aquilo que queremos alcançar, contactá-las e pedir-lhes conselhos. A ajuda que nos podem dar deve ser encarada como mais um recurso. Deve desenvolver todos os seus activos na procura do sucesso pessoal.

Será que as pessoas lêem muito? As estatísticas dizem que menos de dez por cento da população lê mais de dois livros por ano. Se lêssemos quatro livros por ano, teríamos lido duas vezes mais do que 90 por cento da população! Todas as livrarias têm, normalmente, uma secção de desenvolvimento pessoal ou auto-ajuda. Utilizar o tempo para ler um livro que nos vai ajudar a ganhar conhecimento sobre algo que procuramos fazer não pode ser perda de tempo. Se quiséssemos aprender a cozinhar comida tailandesa, teríamos de comprar um livro sobre

Vencedores natos

culinária tailandesa. Se quiséssemos arranjar o nosso jardim, iríamos, provavelmente, comprar um livro ou uma cassete de vídeo que nos desse as instruções e o conhecimento necessários para o fazer. O mesmo se deveria passar com a auto-ajuda. Deve formar uma livraria com livros sobre o assunto, ouvir cassetes no carro ou quando caminha. Tanto os livros, como as cassetes irão dar-lhe conhecimento e uma base, mas apenas a aplicação desse conhecimento lhe dá a experiência que precisa para produzir resultados de sucesso. Volte a colocar-se estas duas questões importantes: "Com quem preciso de falar?"e "o que preciso de descobrir?"Deste modo, irá sempre desenvolver os recursos necessários para alcançar os seus objectivos.

ULTRAPASSE A SUA ANSIEDADE

Ao longo das nossas vidas, todos já sentimos, de tempos a tempos, medo, mas, para muitos, essa é uma condição constante, ou um estado quase permanente de ansiedade não especificada. O medo, por si só, é uma resposta natural, tendo salvo os nossos antepassados de serem comidos por ursos pardos e tigres com longos caninos superiores em forma de sabre. Contudo, as sensações prolongadas de receio provocam a uma ansiedade a longo prazo. A ansiedade elimina a auto-confiança e auto-estima, que nos leva a temer o futuro.

Aquele que receia sofrer, já sofre com o seu medo.

Michel de Montaigne (1533-92)

As nossas preocupações em relação ao futuro podem paralisar-nos, porque não sabemos o que nos aguarda. Nenhum de nós sabe, mas o que tendemos a esquecer-nos é que todos estes sentimentos de medo existem apenas na nossa cabeça. Pensemos da seguinte forma: somos *nós* que os colocamos lá, que *os* alimentamos e que agora lhes damos livre acesso à nossa mente. Contudo, *podemos* ultrapassar estes receios e dar os primeiros passos já.

6 | Confiança

A ansiedade não é um fenómeno moderno. Uma antiga oração a Deus inclui a frase "[...] aniquilai definitivamente toda a ansiedade que trago em mim." Todavia, se não lidarmos com a nossa ansiedade e não a controlarmos, esta acabará por controlar-nos, provocando uma sensação de receio e auto-comiseração. A nossa ansiedade pode mesmo provocar-nos um princípio de depressão.

Durante muitos anos, sofri ataques de pânico, mas não compreendia porquê. Aos 28 anos, percebi que estes acabariam por me arruinar a vida se eu não fizesse alguma coisa. Depois de muito pesquisar, encontrei um livro intitulado *Self-Help For Your Nerves* (Auto-ajuda para os seus nervos), da autoria de Claire Weekes. O conhecimento que aquele livro me deu – a compreensão do que estava a viver e a percepção de que havia uma explicação muito lógica – teve um efeito notável.

A emoção que me tinha estado dolorosamente a prender foi imediatamente desarmada. Menciono isto porque sei, por experiência pessoal, que muitos sentem uma ansiedade não específica para a qual não conseguem atribuir uma causa. O que lhes aconteceu, na verdade, é que se tornaram ansiosos por ficarem ansiosos ou ficam ansiosos com a possibilidade de terem um ataque de pânico. Esta condição é conhecida como ansiedade "precipitativa"; uma vez que a nossa experiência de ansiedade e pânico nos diz que esse estado é recorrente, ficamos ansiosos perante a hipótese de uma recaída, mesmo quando não nos sentimos em pânico. O certo é que, naquela que é uma das mais cruéis profecias da vida, esse estado acaba mesmo por regressar.

A ansiedade é uma fina corrente de receio a pingar na mente. Se encorajada, forma um canal para o qual todos os outros pensamentos são drenados.

Arthur Somers Roche (1883-1935)

Deixe estes pensamentos negativos para trás. Pense na energia que está a desperdiçar com estes receios e estas ansiedades. Imagine se, em vez

Vencedores natos

disso, essa energia estivesse a ser utilizada para criar afirmações positivas e criadoras de sucesso.

É natural e saudável preocuparmo-nos e passarmos por momentos de dúvida. O nível de antecipação nervosa aumenta quando entramos num novo emprego, ou marcamos o primeiro encontro amoroso. Se estivermos antecipadamente convencidos de que algo de mau vai acontecer – que não ficamos com o emprego, ou que o encontro será um desastre – o nosso nervosismo irá disparar e é provável que tenhamos razão. O medo pode tornar-se uma força paralisante nas nossas vidas se nos retirar a confiança e a fé em nós próprios, podendo desenvolver-se numa condição mental debilitada.

> **A maior parte da ansiedade e do receio centra-se em coisas que *poderão* acontecer no futuro, mas que ainda não existem.**

Se sofre de algum tipo de ansiedade, então, deve acreditar que pode ultrapassá-la e tomar a decisão de se ajudar a si próprio. Deve ler livros, procurar ajuda, ou partilhar o seu problema com amigos. Caso se verifique necessário, deve procurar ajuda profissional. Isto dará início ao processo de compreendê-la e ultrapassá-la, ou seja, de a deixar para trás, de uma vez por todas.

Quando me diagnosticaram a doença de Hodgkins, dirigi-me ao Royal Marsden Hospital e dei entrada na enfermaria, e fiquei numa cama ao lado da janela, num pequeno quarto com quatro camas. Na noite anterior à operação, um amigo e o seu pai apareceram inesperadamente para me cumprimentar. Depois, um membro da minha família foi também visitar-me. Às 20h estava sozinho. As luzes apagaram-se e tentei dormir, mas estava preocupado. Por volta da meia-noite, uma ambulância chegou e os enfermeiros trouxeram um homem numa maca e colocaram-no na cama ao meu lado. O homem respirava através de uma máscara de oxigénio e queixava-se de sentir um calor insuportável, apesar de estarmos em meados de Dezembro. Ofereci-me para trocar de cama com ele, para que pudesse ficar ao lado da janela, dizendo à enfermeira que não tinha qualquer objecção a que a janela fosse aberta, se isso o deixasse mais con-

6 | Confiança

fortável. Apesar de a enfermeira me ter dito que isso não seria possível, o homem agradeceu-me na mesma.

Foi então que o vi. Tinha cerca de 35 anos, tumores na cara e via-se que estava gravemente doente. No dia seguinte, disse-me que tinha cancro há dois anos, mas que nenhum tratamento o impedira de se alastrar. Tinha tumores ao longo de todo o corpo e, depois de ter feito uma transfusão total de sangue, estava ali agora para fazer uma radioterapia em todo o corpo – uma última tentativa, disse-me.

À hora marcada, fui levado para a minha cirurgia e, depois, fiquei na unidade de recobro durante dois dias e meio. Quando voltei para a enfermaria, a sua cama estava ocupada por outra pessoa.

Assim que consegui levantar-me, fui investigar. Estava a arrastar-me ao longo do corredor com vários tubos em diferentes partes do meu corpo, parecendo um pouco o monstro de Frankenstein, quando olhei para um quarto individual e vi o jovem sentado numa cadeira. Parecia óptimo. Espreitando para dentro do quarto, disse-lhe isso. O jovem sorriu-me em resposta e respondeu, com muita calma, que os médicos o tinham informado de que não podiam fazer mais nada por ele. Antes que pudesse dizer qualquer coisa, acrescentou que ia para o hospício no dia seguinte.

No quarto dele estava a esposa, os filhos e outras pessoas que imagino serem seus amigos e familiares. Alguns deles pareciam bastante incomodados. Sem saber o que dizer, desabotoei a parte de cima do meu pijama e mostrei-lhe a minha cicatriz: "Veja o que me fizeram", disse.

Fez uma careta: "Parece horrível". Seguiu-se um silêncio embaraçado da minha parte, porque sabia que a minha situação nem se comparava à dele. Foi então que me encarou e disse: "Quero que fique bom. Quero que vença o cancro, porque ele venceu-me a mim. Quero que empate o resultado ou se coloque em vantagem. Tudo de bom para si."

Ao que respondi: "Não se preocupe – vou vencê-lo", e saí do quarto, transtornado. Voltei para a minha cama e fiquei deitado durante um bocado.

Só mais tarde compreendi que nunca mais teria tanto medo em relação à minha saúde e ao meu futuro como até àquele dia. Claro que estava ansioso quanto a certos tratamentos e ao seu resultado a longo prazo, mas o que me animava quando estava em baixo ou quando os que me rodeavam estavam a sofrer, era saber que nos podemos apoiar muito uns aos outros. Embora soubesse que a sua vida estava prestes a terminar e que

Vencedores natos

estava a deixar para trás a família, aquele homem pensou em mim, encorajando-me a restabelecer-me.

Enquanto estava a actualizar este livro para esta nova edição, recebi uma carta do Royal Marsden Hospital, a dizer-me que tinha recebido alta hospitalar. Após dezoito anos a fazer *check-ups* regulares e em remissão, vencera, finalmente, o cancro. Empatei o resultado. Recuperei um.

É UMA QUESTÃO DE ATITUDE

Desde que a versão original deste livro foi escrita, compreendi de uma forma muito mais clara a grande influência que a atitude tem na determinação do resultado. De facto, pode demonstrar-se que aproximadamente 80 por cento das qualidades que precisamos para ter sucesso são qualidades que se baseiam na nossa atitude. A boa notícia é que controlamos a 100 por cento a nossa atitude e, da mesma forma que podemos escolher a nossa resposta a qualquer situação, também podemos escolher ter uma atitude positiva ou negativa na vida.

Quando analisamos os sete princípios dos **Vencedores Natos**, percebemos que 80 por cento se baseia na atitude. O planeamento é talvez menor – exige alguma clareza de pensamento e administração do tempo, sendo ambas qualidades que podem ser adquiridas. Tudo o resto – estabelecer objectivos, ter confiança, propósito, não ter receio do fracasso, o compromisso e a celebração – tem claramente a ver com a atitude.

A última das liberdades humanas é o talento de escolher que atitude tomar num determinado conjunto de circunstâncias.

Viktor E. Frankl (1905-1997)

A procura do sucesso será profundamente afectada pelas nossas atitudes e expectativas, por isso, a mais simples, mas imediatamente eficaz forma de transformar isto numa vantagem é reconhecer e aceitar a total responsabilidade pelas mesmas. Não devemos culpar os outros pela forma como pensamos. É a nossa mente, pelo que devemos fazê-la trabalhar em nosso proveito.

Escolha adoptar uma atitude positiva, ver o lado positivo de cada situação e ser optimista com os outros e o seu comportamento seguirá essa mesma tendência. Talvez mais do que o seu comportamento, o mundo também mude. Num estudo sobre a noção de sorte chegou-se à conclusão que quem se considerava "sortudo" tinha, em geral, atitudes positivas na vida, enquanto que quem se considerava "azarado" tinha a atitude oposta.

Isto não é surpresa para mim.

Conhece alguém com uma atitude negativa? Essa pessoa será permanentemente pessimista e procurará sempre acabar com o seu sonho. Nunca nada está bem para ela, suspeita que o mundo é especialmente cruel e se ganhar a lotaria, queixar-se-á que tem de depositar o cheque. Gosta de estar ao pé dela? Será que o anima? Será que o faz sentir bem? E finalmente, pretende ser como ela? Não me parece.

Você controla a sua atitude: determine e compreenda que o sol se manterá a brilhar no seu espírito, pois isso dar-lhe-á a atitude de vencedor e fará de si uma melhor pessoa. Nessa altura descobrirá que a felicidade não se encontra nas coisas que lhe são exteriores, mas dentro de si.

Os seres humanos, ao mudarem as atitudes das suas mentes, podem mudar os outros aspectos das suas vidas.

William James (1842-1910)

SEJA TUDO AQUILO QUE PODE SER

Seja qual for a tarefa que esteja a realizar, é natural que surjam pensamentos negativos sobre o desafio que o espera. Talvez seja algo tão simples como estar a jogar uma partida de ténis e a pensar: "Pois é. O mais provável é que chova"ou "vou perder". Não deve dar valor a esses pensamentos negativos: eles não o definem, nem fazem parte de si, são apenas pensamentos que desenvolve na sua mente. Se lhes der valor,

Vencedores natos

começam a dominá-lo. Assim sendo, se quiser criar um pensamento dominador, que este seja positivo.

> **É totalmente responsável e controla por completo a sua atitude. Torne-a o seu principal recurso.**

Um anúncio de um dos serviços militares dos Estados Unidos tinha como lema: "Seja tudo aquilo que pode ser." Gosto muito deste conceito: devemos a nós mesmos ser tudo o que podemos ser e realizar o nosso potencial máximo. Podemos começar o processo agora, anulando os nossos pensamentos negativos, ou simplesmente não lhes dando espaço. Quando temos um pensamento negativo, devemos concentrar-nos imediatamente num positivo. Dizem que se queremos que os outros nos amem é importante amarmo-nos a nós próprios. É igualmente verdade que se quisermos que os outros acreditem em nós, primeiro temos de acreditar em nós próprios.

Não começaremos, no entanto, a acreditar em nós próprios, ou a desenvolvermos a nossa confiança, se nos associarmos ao negativismo, reduzindo o nosso próprio valor ou as nossas capacidades. Deste modo, devemos evitar a companhia de pessoas negativas – aqueles que, sempre que lhes dizemos que vamos fazer alguma coisa, imediatamente levantam problemas. Evitemo-las.

Visualize nitidamente o sucesso que deseja e quando os pensamentos negativos surgirem, limite-se a rejeitá-los. Lembre-se: a pessoa que vê é a pessoa que será. A maneira como nos vemos e nos imaginamos corresponde à forma como seremos vistos e àquilo em que nos tornaremos. Se for refém de pensamentos negativos e de uma fraca auto-imagem, irá fracassar. Bastará eliminar esses pensamentos, criar uma forte auto-confiança e concentrar energias nas coisas positivas para dar um passo enorme em direcção ao sucesso.

No Campeonato do Mundo de Râguebi de 2003, a Austrália empatou o jogo no último pontapé do tempo regulamentar. Os adeptos australianos ficaram delirantes. A Inglaterra tinha entrado como favorita e estava a ser batida pela nação anfitriã. O que aconteceu a seguir?

A Inglaterra manteve-se fiel ao seu plano, os jogadores continuaram a acreditar que podiam vencer, não entraram em pânico, nem colocaram

6 | Confiança

a hipótese de perder. Li muitas entrevistas feitas aos jogadores e todos disseram que acreditavam que iam vencer. Todos eles se concentraram no resultado que queriam e nas ideias positivas. Quando a oportunidade de vencer chegou, agarraram-na.

Os jogadores ingleses concentraram-se claramente no que iam fazer e fizeram-no. Podiam não o ter feito – mas como acreditaram que eram capazes e como visualizaram claramente o resultado que queriam alcançar, aumentaram muito as hipóteses de criar esse resultado. Pode fazer o mesmo e, no decorrer do processo, criar a confiança de que necessita em direcção aos desafios futuros.

LEMBRE-SE

- A confiança cresce dentro de si à medida que alcançar objectivos – estabeleça e alcance pequenos objectivos.
- Veja-se a si próprio como uma pessoa positiva e boa e, depois, torne-se essa pessoa.
- Aprenda com os seus erros, pois são lições que lhe ensinam muito e não experiências com as quais se deve identificar.

7

Propósito

É no propósito que reside
a razão; dá significado
aos nossos objectivos
e alimenta a nossa paixão.

As grandes mentes têm propósitos,
outras têm desejos. Enquanto as mentes
pequenas são controladas pelo
infortúnio, ao qual estão submissas,
as grandes mentes crescem acima dele.

Washington Irving (1783-1859)

Quando os gestores em fim de carreira discutiram o seu relativo sucesso e os momentos de auge do seu desempenho ao longo das suas carreiras, mais de metade referiu-se à importância da realização pessoal.

F. Thornton, G. Privette e C. Bundrick, 1999.
"Peak Performance of Business Leaders:
An Experience Parallel to Self-Actualisation Theory".
Journal of Business and Psychology, vol. 14, pp. 253-64.

7 | Propósito

PROPÓSITO

Li e ouvi muitas vezes que a procura mais importante de um homem durante a sua existência é encontrar o sentido da vida. Ao longo da História, os filósofos procuraram a resposta para as perguntas mais fundamentais: "Porque é que estamos aqui? O que é tudo isto? Que ordem ou finalidade pode ser encontrada num mundo aparentemente caótico e sem regras?" Por outro lado, alguns parecem já ter encontrado a sua resposta, tendo descoberto o seu perfeito sentido de propósito para as suas vidas. Essas pessoas não são a soma daquilo que vestem, do automóvel que conduzem, nem do dinheiro que têm. O seu sentido mais profundo de propósito não provém de factores externos, mas sim do seu interior.

> **Procure um benefício que vá para além da recompensa material.**

Independentemente daquilo em que acreditamos em termos espirituais – sejamos devotos crentes em Deus ou empenhados ateus –, todos temos de aceitar que o Universo é regido por leis naturais. A título de exemplo, existe a lei da gravidade, que pode ser demonstrada de forma muito simples em laboratório, tal como existem as leis naturais inerentes à electricidade, que nunca mudam. O facto de não as podermos ver não significa que não existam. Na verdade, nunca ninguém viu a electricidade e nunca ninguém viu a gravidade, mas todos nós já testemunhámos os seus efeitos. Da mesma forma, nunca ninguém viu o amor ou o ódio e, no entanto, todos temos consciência das suas consequências. O que nós vemos são os efeitos do amor e os efeitos do ódio. Acredito que o mesmo acontece com o sucesso – tem as suas próprias leis naturais, cujos efeitos vemos quando alcançamos o sucesso. Quando alinhamos o nosso propósito com as leis naturais do sucesso, podemos usá-las para nos permitir manifestar os nossos objectivos. Parecerá isto demasiado esotérico ou simplesmente muito estranho? Bem, seria melhor se levantasse rapidamente a mão no que diz respeito a este assunto para referir que, há muitos anos, era uma pessoa muito céptica – não o comum incrédulo acidental, mas um típico "sabe-tudo" que desconfiava de tudo o que não fosse científico ou que fosse vago. Nessa altura teria desprezado a noção de que existem leis naturais e de que, para se criar sucesso, devemos recorrer

Vencedores natos

às mesmas ou simplesmente deixar que funcionem em nosso favor. Assim sendo, entendo perfeitamente que alguém possa pensar que isto é ficção ou apenas modernices. Era isso mesmo que pensava.

Todas as verdades são fáceis de entender quando são descobertas; o problema é descobri-las.

Galileu (1564-1642)

Vou colocar o assunto sob um outro ângulo: será que alguma coisa não existe simplesmente porque não acreditamos nela? Se saltarmos de um edifício alto porque não acreditamos na gravidade, então, é provável que descubramos, com a nossa morte, que a nossa descrença não bastava para nos salvar. Podemos escolher não acreditar na electricidade. Se assim for, poderemos passear alegremente durante uma trovoada com um guarda-chuva enorme por cima da nossa cabeça, no meio de um campo molhado, até sermos atingidos por um raio. Por outro lado, poderemos saltar de um edifício com um saudável respeito e compreensão pela gravidade e usar um páraquedas para chegar em segurança ao solo.

O facto de não acreditarmos em algo não impede que não seja verdadeiro.

Acabei de admitir que, durante muitos anos, era muito céptico e rejeitava a existência de qualquer lei natural relacionada com o sucesso, considerando-as disparates disfarçados de sabedoria.

Hoje, confesso que passei por experiências suficientes para perceber que estava completamente enganado. Não estou a tentar evangelizar ninguém, nem a vender uma teoria falsa, mas tornei-me plenamente consciente de que algumas coisas simplesmente *existem*. Sejam quais forem os nossos objectivos, estes irão concretizar-se de uma forma mais eficaz e rápida se tiverem um significado mais profundo para nós. O propósito não tem que ser único ou espectacularmente ambicioso – não tem de livrar o mundo das doenças ou salvar as baleias.

154

7 | Propósito

Contudo, tem de ter significado para si. Porquê? Porque o propósito é aquilo que o manterá aceso, que o ajudará a manter o compromisso e que o fará sentir-se bem com aquilo que está a fazer, bem como com o que está a tentar alcançar. O propósito permitir-lhe-á ir mais além, dando às suas acções um sentido para existirem e uma satisfação interior. É o propósito que nos liga às leis naturais do sucesso.

A verdade existe. Só as mentiras é que são inventadas.

George Braque (1882-1963)

Já alguma vez esteve envolvido numa actividade ou empreendimento em que não conseguia deixar de pensar: qual a razão de tudo isto? Quando era estudante, terá, alguma vez dado consigo a repor prateleiras de supermercado às 3h da manhã, quando já estavam, efectivamente, cheias? Terá alguma vez andado a mudar a posição de uma pilha de lixo ou a vasculhar um enorme índice de cartões preenchidos sabendo que isso não fazia qualquer sentido?

Quando frequentava a Universidade, tive um emprego de Verão na equipa de pintura da British Rail, com sede em Glasgow. A minha função era desempenhada à noite, quando a energia eléctrica era desligada nos cabos aéreos, e consistia em subir escadas de 30 degraus, sem qualquer arnês de segurança. Apresso-me a acrescentar que, como não havia normas de saúde e segurança obrigatórias e adequadas, calçava umas luvas finas de borracha e pintava o metal com um fato protector de alumínio. Era uma função particularmente entediante e potencialmente perigosa. Numa noite uma composição a gasóleo surgiu numa secção da via que nos tinham dito que estava encerrada, enquanto eu baloiçava, suspenso, num arame a apenas 15 pés acima. Ainda hoje me sinto entontecido só de pensar nisso.

A maioria das pessoas com quem trabalhava era inexperiente e muitas delas tinham passados invulgares. Muitas tinham tido vidas muito carenciadas – as privações e as injustiças eram temas comuns de conversa. Mas o Matt era diferente.

Vencedores natos

Enquanto os outros se queixavam, ele pouco falava, mas tinha uma forte presença. Reconheço agora que isso se devia à sua confiança interior que provinha de um forte sentido de auto-reconhecimento de valor. Matt era uma pessoa muito segura. Uma noite alguém atirou um par de luvas de borracha para fora do camião. Chegámos ao local de destino, descarregámos, recolhemos as nossas escadas, tinta e pincéis e vestimos os nossos fatos de trabalho. O Matt procurou as suas luvas e perguntou se alguém as tinha visto. Um "não" colectivo e um abanar de cabeças foram a resposta, mas alguns evitavam o contacto visual. O Matt não se queixou, agarrando na sua escada, na tinta e no pincel e seguindo para o sítio que lhe tinha sido destinado, numa ponte ou suporte eléctrico do sistema, que ao longo daquela noite teríamos de pintar.

Na manhã seguinte, reunimo-nos na base, antes de a energia eléctrica ser restabelecida e começámos a atirar o nosso equipamento para as traseiras do camião, quando o Matt apareceu, sorrindo – aquele sorriso entendido que demonstrava simples auto-confiança. Levantando as suas mãos, como um mágico que acabou de fazer um truque de prestidigitação, ou como um empregado de mesa à espera da inspecção por parte do mestre-sala, e mostrando-as quase de forma teatral, disse: "Parecem novas, nem um pingo". Na verdade, as suas mãos não apresentavam um único pingo de tinta. A sua secção tinha sido pintada de forma magnífica, e nós estávamos de tal forma pintalgados que parecia que tínhamos caído dentro da lata de tinta.

Mais tarde, perguntei-lhe como é que tinha conseguido trabalhar toda a noite e ficar sem marcas de tinta. "Tenho muita experiência em pintura e decoração", respondeu, acrescentando com um piscar de olhos entendido: "Sou um verdadeiro pintor". Compreendo agora que, para Matt, pintar poderia ter sido apenas um emprego, como de facto o era para nós, mas orgulhava-se disso e talvez naquela noite ele o tivesse demonstrado – nem que fosse apenas para ele – que continuava a ter competências para aquela função, num nível de excelência e perfeição que estava muito além das nossas capacidades ou da nossa imaginação.

7 | Propósito

CONQUISTE UM SIGNIFICADO

Superficialmente, a maioria de nós passará pela vida sem se questionar demasiado acerca dela. Até que, um dia, muito em breve, já é tarde demais. Seria bom que, um destes dias, se sentasse por um pouco e imaginasse o seu funeral. Ao fazê-lo, deve escrever o elogio fúnebre que gostaria que fosse proferido no seu funeral e pensar em que conquistas gostaria de ver mencionadas, quem foi, a alegria que trouxe e o sucesso que desfrutou.

O meu pai era médico de família em Glasgow e faleceu quando tinha apenas 52 anos. Creio que foi em resultado de muito trabalho e *stress*. Era um médico independente de clínica geral que tratava de 2 100 pacientes e que quando folgava tinha de pagar a um outro médico para fazer o seu trabalho e cuidar dos seus doentes. Quando faleceu, o meu pai tinha um saque a descoberto no banco, situação que o tinha acompanhado permanentemente durante muitos anos. Tendo trabalhado muito para poder dar aos seus filhos a possibilidade de estudarem em boas escolas, apesar de nunca termos tido muitas férias, tivemos infâncias muito felizes. Contudo, quando ele morreu, senti-me infeliz porque senti que ele tinha arriscado poucas mudanças e que não tinha vencido verdadeiramente na sua vida. O meu pai tinha trabalhado num subúrbio de Glasgow, atendendo às necessidades dos seus pacientes, mas não tinha nada de verdadeiramente palpável que o demonstrasse. Todos os anos via-o à procura de novas brochuras automóveis, sem nunca comprar um carro novo. Comprava um fato novo por ano para substituir o já bastante usado que tinha sido adquirido no ano anterior e seguia o mesmo esquema com o seu par de sapatos.

Muitos foram ao funeral do meu pai e a igreja encheu-se. Entre os membros da congregação, estavam pacientes dele, os quais nem eu, nem aparentemente ninguém da minha família conhecia. Após o serviço fúnebre, muitos dos ditos pacientes aproximaram-se e apresentaram as suas condolências à minha mãe. Nessa altura, não prestei muita atenção ao facto mas, algum tempo depois, quando estava a falar com a minha mãe acerca do funeral, quis saber o que é que esses pacientes lhe tinham dito.

Ao que parece, uma mulher contou-lhe que a sua filha costumava ter um grave eczema nas mãos e que se sentia tão envergonhada com isso

157

Vencedores natos

que não conseguia trabalhar. O meu pai receitou-lhe a medicação e sugeriu que a filha dela usasse luvas de linho, sendo que ambas as coisas se destinavam a acelerar o processo de cicatrização e fazer com que deixasse de se sentir tão consciente do aspecto das mãos. A família da rapariga, porém, era demasiado pobre para poder comprar as luvas. Apesar de ter pouco dinheiro, o meu pai pegou na sua carteira e deu à mãe da rapariga dinheiro suficiente para comprar dois pares de luvas, insistindo que era um presente e que não havia necessidade de lhe devolver esse dinheiro.

Outros recordaram o facto de ele visitar regularmente os moribundos ou aqueles por quem pouco podia fazer a não ser confortá-los e às suas famílias. Recordo-me, quando era ainda miúdo, de estar sentado ao lado dele numa esplanada de um bar, numa noite de Verão, e de ter começado a conversar com um casal de meia-idade. Quando perceberam que ele era médico, o homem pediu-lhe para observar uma erupção cutânea que tinha no braço. O meu pai deu uma vista de olhos e depois deu-me as chaves do carro e pediu-me para lhe ir buscar a mala de médico. Depois de passar uma receita ao homem, garantiu-lhe que iria ficar bem.

Estas não são apenas as memórias da minha infância, que conferem ao meu pai um carácter de santo – ele era muito humano e conseguia ser tão teimoso quanto compassivo. O importante é que se preocupava realmente com o que os outros sentiam. O meu pai cuidava muito bem dos outros (se bem que, ironicamente, não fizesse o mesmo consigo próprio) por nenhuma outra razão senão por adorar fazê-lo. Fazia aquilo que lhe surgia naturalmente: estava a viver o seu propósito.

Esquecer o nosso propósito é a forma mais comum de estupidez.

Frederich Nietzsche (1844-1900)

O que comecei a perceber é que o meu pai, apesar de nunca ter tido um carro novinho em folha, era, de facto, um homem muito rico – tinha

7 | Propósito

criado um "significado". Foi ao longo da vida que aprendi que não é possível ajudarmos outra pessoa sem nos ajudarmos verdadeiramente a nós próprios. O propósito do meu pai, por detrás da sua dura profissão, era marcar as vidas dos outros – marcar positivamente a saúde e a qualidade de vida dessas pessoas. Sem dúvida que muitos pensarão que um médico é um exemplo fácil, pois trata-se de uma profissão extraordinária, que consiste em curar os doentes e melhorar nitidamente a vida de outros. Sou um mero repositor de prateleiras de supermercado, limito-me a gerir uma loja de reparação de bicicletas, trabalho apenas para uma pequena empresa de apoio às Tecnologias de Informação... não queiramos comparar isso ao que um médico faz – é o que muitos dirão, mas não devemos ir na conversa. Conheço médicos que não gostam de medicina, que consideram os pacientes fastidiosos e que preferiam estar a fazer algo que realmente gostassem de fazer e que os levasse a sentir que tinham um propósito – desde que conseguissem descobrir o que era. No entanto, sei que aquilo que o meu pai fez todos os dias da sua vida foi viver de acordo com o seu propósito e dar o seu melhor através disso. O meu pai fez o melhor que podia pelas pessoas com quem contactava – foi um acaso estar na área de saúde.

Acredito que todos temos a mesma capacidade para marcar a vida dos outros, desde que nos empenhemos diariamente com quem contactamos, tanto a nível pessoal como profissional.

> **Todas as acções têm consequências, mas nunca chegamos a observar ou a ter conhecimento de algumas delas. Procure sempre criar vantagens para si e para os outros.**

Falamos de pessoas cujas vidas não fazem sentido e a tragédia daquelas que cometem suicídio é frequentemente acompanhada de uma profunda sensação de vazio. Contudo, existem outras que, independentemente do quão humilde seja o seu trabalho, não se identificam com o emprego em si: o seu sentido de significado e de propósito provém da ajuda que dão aos outros. Voltemos, por um instante, ao seu objectivo. Pergunte-se honestamente: isso dá-lhe um forte propósito? O que está por detrás do seu objectivo?

Vencedores natos

O homem sem um propósito é como um barco sem leme – um rafeiro, uma nulidade, um zé-ninguém. Encontre um propósito na vida e, ao achá-lo, empenhe tanta força de vontade e de músculos no seu trabalho quanto a que Deus lhe deu.

Thomas Carlyle (1795-1881)

PAIXÃO

Foi há muitos anos que dei o meu primeiro seminário público. O tema foi sobre uma área em que sempre quis desenvolver a minha carreira – picos de desempenho, motivação e desenvolvimento do potencial humano. Depois de redigir e pesquisar o meu material, publicitei o curso e aluguei uma sala num hotel durante duas noites. Lembro-me disso como se tivesse sido ontem. Na audiência do meu primeiro seminário estavam exactamente seis pessoas. Três raparigas tinham ido através de uma agência de emprego temporário. Queriam estar presentes, mas não tinham dinheiro e os seus superiores não lhes pagavam o seminário. "Não se preocupem", disse-lhes num acto de generosidade, "podem vir sem pagar".

Havia também uma jornalista que tinha telefonado e dito que desejava estar presente para fazer um trabalho sobre o curso. Um amigo meu tinha entrado em contacto comigo e também o convidei. Por fim, um outro amigo também concordou em ir ao seminário para ajudar a aumentar o número de participantes.

Uma grande ambição é a *paixão* de um grande carácter. Os que têm esse dom natural podem ter acções muito boas ou muito más. Tudo depende dos princípios que os orientam.

Napoleão Bonaparte (1769-1821)

---

7 | Propósito

Assim, estava no meu primeiro seminário, sem nenhum cliente a pagar e a perder dinheiro com o evento. Tive uma conta de 200 libras pelo aluguer da sala e, pior ainda, estava presente uma jornalista para ouvir uma apresentação que nunca antes tinha feito. A minha calma quase se esfumou; estava desmoralizado com a dívida e não sabia o que fazer, mas nunca pensei em cancelar. Isso nunca me passou pela cabeça. Reconheci que, para atingir os objectivos e sonhos que tinha estabelecido para mim mesmo, tinha de me agarrar ao meu propósito, acreditando sem nunca duvidar que a experiência me seria útil no futuro. O meu objectivo era ter um impacto positivo sobre o desenvolvimento pessoal de outras pessoas. Nessa altura, esse era o meu mais profundo e sincero propósito, assim como o é hoje. Podia muito bem ter fugido daquele fiasco, da humilhação e da dívida, do medo do fracasso e do ridículo, bem como de uma má crítica na imprensa, mas, se o tentasse fazer, não conseguiria escapar ao meu profundo sentido de propósito. O evento foi um êxito, a jornalista escreveu óptimas referências no seu artigo e, no evento seguinte, dois meses mais tarde, já tinha 17 participantes a pagar. Quando temos paixão pelo nosso propósito, conseguimos fazer magia.

> **Descubra o seu propósito e persiga-o com uma insaciável paixão.**

Julgo que o nosso propósito é, no fim de contas, espiritual, implicando aprender a amar e a ser amado incondicionalmente. A nossa paixão é aquilo que converte o propósito em acção. Um forte sentido de paixão sustentará os objectivos que procuramos realizar. O nosso sentido de significado será manifestado no serviço que prestamos aos outros, à nossa comunidade, aos nossos colegas, aos nossos clientes, aos nossos amigos e, até, a desconhecidos. É o que nos permite alcançar o nosso objectivo, seja ele liberdade financeira, segurança pessoal ou mesmo amor. Independentemente do que se trate, descobrir o nosso sentido de significado pessoal é o caminho que nos levará até lá.

Outras reflexões sobre a descoberta do "sentido"

Creio que o sentido da vida se encontra em momentos, não em coisas. Quando nos recordamos de momentos felizes, isso deve-se a uma po-

Vencedores natos

derosa ligação emocional a um determinado acontecimento. No final das nossas vidas, estou certo de que olhamos para trás e revemos o tempo que passámos neste planeta. Não iremos recordar-nos dos automóveis que conduzimos, dos sapatos e das jóias que tivemos, nem das casas em que vivemos.

Iremos recordar os momentos que criámos, vivenciámos e partilhámos. Iremos recordar o nosso primeiro dia na escola, o nosso primeiro beijo, o dia em que obtivemos o nosso primeiro emprego ou o nosso primeiro salário, o dia em que nos apaixonámos e do dia em que dissemos o "Sim, quero". Iremos recordar o nascimento dos nossos filhos ou da morte de um ente querido. Iremos recordar as vezes em que alguém colocava um braço nos nossos ombros e dizia: "Muito bem, foi fantástico o que fizeste", assim como as alturas em que ficámos dolorosa e profundamente desiludidos com alguém de quem gostávamos. Estes são momentos que têm um verdadeiro significado nas nossas vidas. Portanto, crie momentos para si e para os outros, dê sentido às actividades que desenvolve e, ao fazê-lo, irá criar e expressar o seu forte sentido de propósito.

Não pretendo ser excessivamente prescritivo sobre o significado de propósito, pois este tenderá a diferir de pessoa para pessoa. Para alguns, implica coisas materiais, para outras espirituais e para outros uma combinação de ambas. O propósito pode assumir a forma de um elogio, de glória, de valorização, de validação, de segurança, de viver plenamente a vida, mas não precisa de ser exclusivamente significante e altruista. Alguns encontram o seu propósito na vaidade pessoal, na fama, no poder, na invencibilidade e em outros estados relacionados com o ego.

Onde quer que o encontremos, o propósito é o mais profundo sentido subjacente à nossa motivação, porque, sem ele a nossa motivação é, na melhor das hipóteses, uma ocupação, uma dificuldade, ou uma quantidade mensurável de trabalho que temos de fazer, mas que não nos dá prazer. Ao encontrarmos o propósito por detrás dos nossos objectivos, teremos descoberto a nossa motivação. Quando está motivado por algo superior a uma necessidade básica egoísta ou material, o esforço que estará disposto a desenvolver será infinitamente maior do que se não existisse qualquer propósito.

7 | Propósito

Se perguntar a alguém que realiza grandes feitos ou a uma pessoa com uma fantástica confiança interior o que o leva a fazer o que fazem, tenho a certeza de que lhe responderão que isso se deve ao facto de terem uma paixão por vencer. Têm um sentido de realização pessoal e descobrem o significado de propósito nas acções ou nos objectivos que visam alcançar.

É triste apercebermo-nos de que cerca de 65 por cento das pessoas que trabalham não sabe porque é que o faz. Evidentemente que trabalham para ganhar dinheiro e sabem que precisam de ter um emprego para ganhar dinheiro, mas nada mais profundo do que isso. Duvido bastante que muitos sintam o verdadeiro sucesso. Todavia, garanto que, se se debruçar um pouco sobre o assunto e o analisar honestamente e com a profundidade necessária, descobrirá o seu propósito na vida.

O meu propósito é ter uma influência positiva no maior número de pessoas que conseguir na minha vida. Não apenas as audiências para quem falo ou que lê os meus livros, mas desconhecidos que encontro em aviões, empregados de mesa atormentados e assistentes de loja que são subvalorizados. Trata-se de partilhar um momento com um motorista de táxi ou retribuir o sorriso de uma criança que segura a porta para alguém passar. Dizer a um estranho, com um sorriso enorme no rosto "gostei de o conhecer" ou "como é que correu o seu dia?" e querer realmente saber a resposta.

Já vimos que, para vencermos na vida, devemos concentrar-nos claramente num resultado. É ao descobrirmos a mais profunda razão e o significado inerente a esse resultado que encontramos a motivação e o propósito. Isto torna-se um elemento propulsor que nos acompanhará até nos momentos mais difíceis.

Já alguma vez assistiu a um filme policial ou a um tenso drama de suspense? A determinada altura, há um suspeito que é levado para interrogatório. O processo retrata a realidade dos agentes de autoridades e o interrogatório começa, normalmente, com "o que o levou a fazer isso?" Esta é uma pergunta importante, pois permite à polícia identificar o motivo. Assim, se conseguir descobrir o porquê de fazer as coisas, então terá uma visão muito mais apurada do seu sentido pessoal de propósito e da sua motivação.

163

Vencedores natos

> **Um campeão precisa de uma motivação maior e para além de vencer.**
>
> Pat Riley (nascido em 1945)

Para muitas pessoas e organizações, o dinheiro é a principal preocupação e o principal motivador – ou, pelo menos, é isso que nos fazem crer. Contudo, estudos realizados revelam que as principais motivações são a valorização e o sentido de envolvimento à frente da riqueza. Quando pergunto aos participantes numa audiência "porque é que trabalham?", há sempre alguém que diz "por dinheiro". A esses questiono "quanto?" quanto dinheiro é preciso? Cinco milhões, 10 milhões, 500 milhões? A maioria responde que quer dinheiro suficiente para viver confortavelmente para o resto das suas vidas, mas 500 milhões de libras numa ilha deserta não serão tão úteis quanto o instinto básico de sobrevivência e as competências para construir um barco. O propósito deve encontrar a sua voz a um nível mais profundo de ressonância nas nossas vidas. Assim sendo, julgo que o dinheiro não é o nosso propósito, mas apenas nos dá oportunidade para alcançar os nossos objectivos.

> **As crises obrigam-nos a mudar, mas nós é que decidimos que direcção seguir.**

Criar surpresa

Já alguma vez o fizeram sentir-se fabulosamente bem? Não me refiro a um acolhedor e amistoso "como estás?", mas a 110 por cento de excelência, ou a um momento de "Uau!".

Já passei por isso, mas apenas em poucas ocasiões que não ocorreram necessariamente em hotéis de cinco estrelas, em restaurantes de luxo ou no serviço de primeira classe de uma companhia aérea. Senti isso por parte de uma assistente de loja numa pequena cidade na Escócia e num pequeno hotel gerido por uma família em Itália. Como é que isso se manifesta? É como se quem me está a atender assumisse por inteiro ser pessoalmente responsável pela experiência que vou ter com aquela orga-

7 | Propósito

nização. Quando dizemos que tudo é possível de se fazer, isso não é uma frase feita, mas algo compreensível em todos os ramos de negócio que actuam com base nisso. Tem a ver com empatia e atenção, independentemente do que seja preciso para dar ao outro a melhor experiência possível – para a tornar maravilhosa.

> **As pessoas podem esquecer o que nós dizemos e fazemos, mas nunca a forma como as fizemos sentir.**

Deve criar "Uaus" para si próprio e fazer com que se sinta bem com a pessoa que é, com aquilo que faz e com a forma como o faz. Não tem simplesmente a ver com o que faz pelos outros, deve fazê-lo também por si.

Sem arrependimentos

Ao longo de todos estes anos, conheci pessoas nos estádios mais avançados das suas vidas que lamentavam o facto de nunca terem verdadeiramente descoberto o seu propósito. Se venceram na vida foi porque começaram no lugar certo e na altura certa. Podem até ter conquistado mundos e fundos no domínio empresarial, mas – nunca tiveram verdadeiramente um claro sentido de propósito – tratou-se apenas de uma função em que se saíram bem e, em muitos casos, que gostaram de desempenhar. Mais tarde, confessam que aquilo que realmente tinham desejado ser era jornalista ou agricultor, professor ou músico. Só lhes posso dizer que o seu sentido de propósito é da sua exclusiva responsabilidade. Não o ter encontrado é uma infelicidade pessoal. Essas pessoas não tiveram uma vida tão plena quanto poderiam ter tido caso tivessem descoberto o seu propósito.

O arrependimento pelo que fizemos pode ser atenuado com o tempo; o arrependimento pelo que não fizemos é que é inconsolável.

Sydney J. Harris (1917-1986)

Vencedores natos

Não deve com isto pensar que estou a fazer juízos de valor. Apenas sei que isto é verdade: quando descobrimos o sentido que nos conduz aos nossos objectivos, iremos libertar uma força que ninguém poderá travar. Para alguns – por exemplo, os pais – o propósito e a paixão são muito evidentes: cuidar dos seus filhos.

Para muitas outros, não são assim tão evidentes, se bem que se olharmos para as coisas que são importantes para nós, devemos correr atrás delas com o mesmo sentido de propósito e paixão que um pai sente pelo seu filho.

Só tem uma vida, por isso, deve ter a certeza de que a vive plenamente.

LEMBRE-SE

- Por detrás de cada objectivo existe um propósito – descubra o seu.
- O propósito dá-lhe a motivação para avançar para além das contrariedades e das desilusões – é algo que vem de dentro.
- Seja apaixonado pelo seu propósito – só assim criará significado na sua vida e deixará a sua marca no mundo.

8

Não ter medo do fracasso

Não se aprende
nada com o sucesso,
mas sim com o fracasso.
Aprenda as lições.

Coragem é resistir ao medo, dominando-o – e não ausência do medo.

Mark Twain (1835-1910)

Vários investigadores descobriram que as crianças em idade escolar passam por uma fantástica mudança. Ao iniciarem os estudos, tanto os alunos mais fortes, como os mais fracos demonstram a mesma disposição para fazer perguntas quando não percebem alguma coisa. Contudo, à medida que crescem e começam a perceber a sua posição relativa na turma, os estudantes – especialmente os mais fracos – ganham relutância em fazer perguntas e em revelarem aquilo que não sabem.

Butler, R. 1999. "Information Seeking and Achievement Motivation in Middle Childhood and Adolescence: The Role of Conceptions of Ability". *Journal of Development Psychology*, vol. 35, pp. 146-63

8 | Não ter medo do fracasso

NÃO TER MEDO DO FRACASSO

O quinto princípio do sucesso consiste em não ter medo do fracasso. Não estou com isto a sugerir que devemos adoptar uma atitude tão positiva que nos impeça de identificar os problemas e obstáculos que surgem no nosso caminho. Por outro lado, é evidente que também não estou a sugerir que quem tem sucesso deseja fracassar – muito pelo contrário! –, mas aceita o fracasso como sendo uma realidade a enfrentar e não permite que o medo lhe mine a vontade de tentar de novo.

Contudo, importa reconhecer a diferença entre os problemas e as contrariedades que são reais e que podem prejudicar-nos e aqueles que são fruto da nossa imaginação e que existem apenas nas nossas cabeças.

Quando decidimos atingir um objectivo, qualquer que seja, devemos começar por visualizar um resultado positivo. Todavia, visto que, ao longo do caminho, e à medida que nos aproximamos do nosso objectivo, vamos encontrando dificuldades, começamos facilmente a ganhar receio de que o resultado não se materialize como tínhamos previsto. Consequentemente, receamos ser, de alguma forma, prejudicados, a nível financeiro e pessoal.

Muitos de nós, ao longo das nossas vidas, temos tanta pressa em chegar a algum lado que começamos a perder de vista o nosso destino exacto, passando, então, a utilizar termos vagos e imprecisos para descrever aquilo que estamos a tentar alcançar. Falamos em conquistar segurança, liberdade financeira, felicidade, ou em desenvolver um negócio. A não ser que sejamos firmes sobre a visão clara e original daquilo que queremos realmente fazer, podemos facilmente perder-nos no meio dos problemas do dia-a-dia. Estes são mentalmente empolados, podendo acabar por se transformar em obstáculos ao nosso sucesso. Conforme Franklin D. Roosevelt afirmou em 1937, "a única coisa da qual devemos ter medo é do próprio medo."

Tanto aqueles que realizam grande feitos, como os milionários que construíram sozinhos as suas fortunas têm, por natureza, um forte talento para resolver problemas. Procuram soluções e, não, mais problemas. O que partilham é, basicamente, uma visão entusiástica daquilo que estão a tentar alcançar e uma vontade de encontrar as soluções nos outros, bem como nelas próprias. Se acreditarmos verdadeiramente que vamos acabar

169

Vencedores natos

por vencer e estivermos empenhados nesse processo, então, também podemos resolver não nos identificarmos com os problemas que surgirem ao longo do caminho, presumindo, em vez disso, que iremos transpor qualquer obstáculo. Esta é a atitude positiva a adoptar perante o fracasso: apercebermo-nos dele, aprendermos com ele e tentarmos de novo.

Qual é a diferença entre uma atitude positiva e uma atitude negativa? A primeira, determinada a vencer, ignora o fracasso e termina a tarefa em mãos. A segunda é fundamentalmente alheia ao sucesso, aceitando, consequentemente, a derrota.

A verdade que muitos entendem quando é demasiado tarde é que quanto mais tentarmos evitar sofrer, mais sofremos, porque as coisas mais pequenas e mais insignificantes começam a torturar-nos à proporção do nosso medo de sermos magoados.

Thomas Merton (1915-1968)

É muito importante apostarmos e termos fé na nossa capacidade para recuperar das contrariedades. O fracasso nunca é definitivo, a menos que assim o determinemos. Walt Disney estava na falência e a recuperar de um esgotamento nervoso quando criou o *Steamboat Willie Goes to Hollywood*, o desenho animado que mostrava pela primeira vez a personagem agora conhecida como Rato Mickey. Mais tarde, Disney disse que esta situação lhe tinha dado a maior lição da sua vida. Financeiramente falando, quando se atinge o fundo do poço, só há uma direcção possível a seguir – para cima.

Quando compreendermos que, muitas das vezes, o nosso maior obstáculo é aquele a que nos submetemos a nós próprios e que apenas existe na nossa cabeça, descobriremos uma nova perspectiva que permitirá identificar mais claramente as oportunidades. Não estou com isto a sugerir que negligencie as suas responsabilidades ou que ignore as verdadeiras ameaças; mas que diferencie, de forma inequívoca, aquilo que é real, daquilo que é fruto da sua imaginação.

8 | Não ter medo do fracasso

I Esteja consciente do real. Ignore o imaginário.

Acredito que, ao analisarmos os sete princípios do sucesso, o medo do fracasso é o que se destaca como o mais difícil de enfrentar. O medo pode paralisar-nos, tornando-nos inactivos, e não existe nenhum planeamento que possa superar isso. A nossa confiança ficará destroçada, o nosso propósito, bem como o nosso compromisso não se concretizarão e o nosso objectivo desvanecer-se-á no horizonte. Assim sendo, temos de aprender a não ter medo de fracassar.

O que importa não é o homem que critica, nem aquele que chama a atenção para o corajoso que tropeçou ou para as limitações dos beneméritos.
O que importa, na verdade, é o homem que está na arena, com a face coberta de poeira, suor e sangue, lutando com bravura, errando, falhando e tornando a falhar. É aquele que conhece os grandes entusiasmos, as grandes paixões e que se empenha numa causa justa. É aquele que melhor conhece o triunfo dos grandes feitos e que, ao fracassar, pelo menos o faz porque se aventurou em grande, de modo que o seu lugar jamais será junto das almas tímidas que não conhecem a vitória nem a derrota.

Theodore Roosevelt (1858-1919)

NÃO DESISTA

Já nos debruçámos sobre o efeito da atitude e verificámos que se adoptar uma postura de vencedor, uma atitude de "não desistir", está a contribuir significativamente para o seu sucesso. Muitas vezes, quando iniciamos a longa viagem em direcção ao sucesso pessoal, a nossa determinação é o nosso único recurso, sendo talvez até aquilo que nos faz seguir em frente e a nossa única esperança. Analise toda a sua vida

Vencedores natos

até ao momento presente e identifique uma coisa que tivesse desejado muito alcançar e que, através dos seus próprios esforços e sem qualquer ajuda, tenha, de facto, alcançado. Isso será, certamente, motivo de grande orgulho. Contudo, é com demasiada frequência que ao olharmos para o futuro só conseguimos recordar os nossos fracassos. Assim sendo, olhe para trás e identifique claramente todos os êxitos que se lembra, por mais pequenos que tenham sido. Use, então, essas memórias para impulsionar a sua convicção no potencial que tem para conquistar o sucesso.

Aqueles que tentam fazer alguma coisa e falham são infinitamente melhores do que os que não tentam fazer nada e têm sucesso.

Anónimo.

É muito fácil desistir – aliás é a coisa mais fácil que existe, basta-lhe pronunciar a palavra "desisto". Ao desistirmos, estamos a adiar os problemas e o sofrimento até uma próxima vez. As desculpas que arranjamos parecem-nos sempre perfeitamente justificáveis e os nossos colegas e amigos dispõem-se logo a manifestar a sua solidariedade, dizendo-nos: "Não te preocupes – para a próxima vais sair-te melhor." Na verdade, porém, tanto nós, como eles sabemos que o "para a próxima" está a uma longa distância de nós – se é que alguma vez virá.

Jamais devemos desistir ou deixar de tentar resolver os nossos problemas. É espantoso verificar como, quando resolvemos ultrapassar um medo de uma vida inteira, a nossa forma de agir e empenho nos fortalecem a determinação e desenvolvem a confiança.

O fracasso pode ser uma experiência com que se identifica ou uma lição com a qual aprende algo. A opção é sua e irá determinar até que ponto se considera um perdedor ou um vencedor.

Para vencer na vida, deve concentrar-se claramente no resultado do sucesso pelo qual tem batalhado. Não deixe que as recordações de con-

8 | Não ter medo do fracasso

trariedades passadas lhe criem bloqueios mentais. Concentre a sua mente e as suas competências naquilo que está a fazer e afaste todos os pensamentos de fracasso.

Há sempre uma outra forma de fazer uma coisa; jamais devemos partir do princípio que a solução vai ser difícil de encontrar ou fixar-nos demasiado no que nos parece evidente. Antes de decidir desistir perante uma porta aparentemente fechada, deve verificar a fechadura.

Um rapazinho que adorava basebol recebeu como presente de aniversário um novo taco. Entusiasmadíssimo, correu para fora de casa, gritando: "Sou o melhor batedor do mundo inteiro!" Quando atirou a bola ao ar e girou o taco, falhou. Decidido, apanhou a bola e gritou desafiadoramente: "Sou o melhor batedor do mundo!" À segunda tentativa, atirou a bola muito mais alto, sem desviar o olhar dela, e girou o taco ainda com mais força. Contudo, voltou a falhar, fazendo uma pirueta e caindo no chão. Apesar de se ter magoado um pouco, o rapazinho pôs-se de pé e tentou uma terceira vez. Assim, atirou a bola ainda mais alto e moveu o taco, rodando ainda mais sobre si mesmo. Voltou a falhar e, de tal forma, que perdeu o controlo do taco e caiu abruptamente no chão, esfolando os joelhos. Em seguida, o rapazinho levantou-se, olhou para o taco e gritou empolgadíssimo: "Hei, o que é que vocês pensam? Sou o maior lançador do mundo!"

> **O mundo acreditará em nós quando a nossa auto-confiança se basear na verdade.**

Tem não só de criar um cenário vencedor e uma forte auto-confiança, mas também de transformar os seus sentimentos negativos em afirmações positivas. Quando pensar para consigo que está a ficar velho, deve encarar esse facto de forma positiva, pensando que, em contrapartida, tem imensa experiência e sabedoria. Em vez de pensar: "Não sou suficientemente inteligente", diga-se mesmo: "Dou-me bem com as pessoas, tenho entusiasmo pelo que faço e sou de confiança."

Quando olha para a vida de muita gente que admira, não se deve imaginar muito diferente. Não pense que, para eles, foi fácil – porque

Vencedores natos

não foi. Essas pessoas terão enfrentado mais ou menos as mesmas dificuldades e contrariedades que irá, provavelmente, enfrentar. O que as fez chegar onde chegaram não foi uma espécie de talento extraordinário, mas sim uma profunda convicção natural no talento que tinham. Por outro lado, se bem que possam ter gerido as suas vidas ou estabelecido os seus negócios de forma original, também você é único. Se tiver a oportunidade de conhecer um dos seus heróis, qual das suas qualidades gostaria que ele admirasse?

Nunca desistam – nunca, nunca, nunca desistam.

Winston Churchill (1874-1965)

Já tive oportunidade de referir que quem tem sucesso é que se levanta uma vez a mais do que aquela que cai. Quando se sente bem consigo, pode mais facilmente superar um ataque de soluços e até obstáculos consideráveis. Será como se estivesse em harmonia com o próprio universo. Nada será um problema. Contudo, nunca deve perder de vista que *pode* escolher o que sentir perante as dificuldades que enfrenta.

Para além disso, as suas escolhas irão determinar se irá ser perseverante ou se irá desistir. Se for perseverante, cria uma imagem de si de que indica que "é possível", que por sua vez, se enraíza no seu subconsciente, desenvolvendo um novo conjunto de comportamentos e hábitos, coerente com essa nova imagem de si próprio. Este novo conjunto de comportamentos e hábitos confere-lhe o poder de suportar e superar dificuldades com que se confrontará no futuro.

As grandes obras são executadas não pela força, mas pela perseverança.

Samuel Johnson (1709-1784)

---

8 | Não ter medo do fracasso

Quando aqueles que têm sucesso no mundo dos negócios relatam os seus primeiros problemas e dificuldades, não contam as experiências pelas quais nunca gostariam de ter passado. Falam sobre as lições que aprenderam e sobre as experiências que moldaram as suas personalidades e os tornaram quem são hoje. Para além disso, o que todos têm em comum é a sua perseverança, bem como a sua capacidade para superar o medo de fracassar que lhes permite passar para o outro lado.

Todos nós podemos cobrir qualquer distância, seja qual for a sua extensão, se estivermos dispostos a ser perseverantes. A perseverança não implica a busca do impossível – isso é estupidez. Há uma máxima, frequentemente atribuída a Albert Einstein, que revela a diferença entre a genialidade e a estupidez: "A diferença entre a genialidade e a estupidez é que a genialidade tem limites". A perseverança não é um atributo exclusivamente de pessoas extraordinárias que demonstraram proezas sobre-humanas de resistência. A perseverança é simplesmente uma decisão vincada de trabalhar em direcção ao objectivo que escolhemos, aconteça o que acontecer.

Numa carta dirigida ao seu jovem filho, o empresário canadiano G. Kingsley Ward escreveu: "Não há ninguém que, ao longo da sua vida, não tenha sofrido derrotas, fracassos, desilusões e frustrações vários. Aprender a superar esses momentos de angústia é o que distingue os vencedores dos perdedores."

CONCENTRE-SE NO PRÉMIO E NÃO NO PROBLEMA

Quando se depara com uma contrariedade, é demasiado fácil concentrar a sua energia na injustiça e imparcialidade da situação, ou simplesmente distrair-se. Deve usar a essa mesma concentração e energia para encontrar uma solução e seguir em frente.

Em 1961, John F. Kennedy revelou o seu ambicioso sonho de pretender que os Estados Unidos conseguissem levar o homem à Lua no prazo de 10 anos. É um perfeito exemplo daquilo que já aqui se referiu quanto à necessidade de identificar o "onde" e o "quando" para, então, se descobrir o "como". Naquela altura, a ideia de se conseguirem criar os sistemas necessários para levar três homens à lua, que deveriam aterrar e depois ser

Vencedores natos

trazidos de volta, pertencia ao reino da ficção científica. A 20 de Julho de 1969, Neil Armstrong pisou, efectivamente, a superfície lunar. Como é que se conseguiu tanto em tão pouco tempo? O facto é que toda a corrida ao espaço foi impulsionada pela Guerra Fria, pelo que as nações envolvidas competiam entre si e procuravam demonstrar ao mundo a sua superioridade tecnológica. Foi isto que levou os norte-americanos a concentrarem-se no seu objectivo e na respectiva recompensa, o que, por sua vez, lhes permitiu suplantar os inúmeros problemas que surgiram.

Os obstáculos é o que vê de assustador quando desvia os olhos do seu objectivo.

Henry Ford (1863-1947)

Concentrarmo-nos no prémio não garante o sucesso, mas permite-nos avançar, num passo decidido e gerador de auto-confiança, na sua direcção. Creio que a principal razão pela qual as pessoas fracassam é o facto de perderem de vista o seu sonho inicial. O entusiasmo inicial diminui porque começam a focar as consequências do fracasso. Ao longo da minha vida, já ouvi muitos falarem-me entusiasmadamente sobre o negócio que planeavam abrir, dizendo que pretendiam deixar os seus empregos seguros num prazo de três meses para se lançarem sozinhos. À medida que a data de avançar se começa a aproximar, todos destacavam mais e mais os problemas que enfrentavam. Estas dificuldades são, sem dúvida, reais, mas o que na verdade acontece é que o medo aumenta e as consequências de um potencial fracasso começam a tornar-se demasiadamente terríveis para poderem ser imaginadas. Assim, quer o admitam, quer não, começam a ficar cada vez mais paralisados, até chegarem a um estado de inacção. É essa inacção que reforça a expectativa de fracasso imaginado até o transformar em realidade.

Faça alguma coisa! Tome uma atitude. Os resultados seguir-se-ão, tornando-se os nossos guias.

8 | Não ter medo do fracasso

Identifique os problemas no âmbito do seu plano e deixe que o seu subconsciente os resolva por si. A resposta surgirá, muitas vezes, num inesperado surto de inspiração ou num súbito vislumbre de sabedoria. Lembre-se que, quando posiciona o problema no seu subconsciente, este centrar-se-á nele até encontrar uma solução. Esta solução aparecerá subitamente, como que vinda do nada. (Para uma explicação mais pormenorizada, consulte o Anexo, entitulado "O seu cérebro").

Visualize-se numa nova empresa ou num novo gabinete e as compensações que receberá. Quando o caminho se torna muito difícil, deve pensar nessas poderosas imagens de futuro sucesso. Assim que atingir o seu objectivo, a viagem que fez para lá chegar nunca lhe parecerá tão dura, porque o sucesso dá-lhe o hábito de recordar as fortes memórias positivas da experiência, automaticamente guardadas pelo seu cérebro para utilizar sempre que tiver de enfrentar futuros desafios.

O cérebro pode ser condicionado a concentrar-se no positivo e a evitar recordar-se do negativo. Um corredor de velocidade concentra-se na linha de chegada e em chegar em primeiro lugar. A dada altura, um piloto de corridas automóveis expressou essa motivação, de forma sucinta, quando lhe perguntaram porque não tinha tido um acidente: "Só me concentro no sítio para onde quero ir."

O que acontece quando nos concentramos simplesmente no positivo? Eis um exemplo do meu desporto de eleição – sim, o golfe, uma vez mais. É uma enorme alegria observar uma criança a dar pela primeira vez a pancada leve na bola para a introduzir no buraco. As crianças parecem ter os movimentos de rotação mais naturais. Dêem-lhe um *putt* (taco muito pessoal, com varetas encrustadas) com 1,2 ou 1,5 metros e olharão para o buraco e depois para a bola para, por fim, darem o movimento de rotação no taco e acertarem em cheio. Farão isto tão bem como qualquer jogador de golfe experiente, se não mesmo melhor. Estes movimentos são--lhes completamente inatos e sentem-se completamente desinibidas perante o receio do fracasso, não tendo quaisquer problemas em concentrar-se. As crianças não entendem o mecanismo do movimento de rotação do golfe ou da pancada certa para a bola entrar no buraco, pois as suas mentes ainda não têm memórias ou pensamentos negativos, nem nada que se pareça com os disparates que muitos adultos carregam com eles. Para as

Vencedores natos

crianças, introduzir a bola no buraco é a coisa mais natural e simples do mundo.

À medida que vamos crescendo, concentramo-nos menos no resultado desejado e mais nas dificuldades para o alcançar, tentando controlar aquilo que cabe ao nosso subconsciente controlar. Para além disso, ao preocuparmo-nos com os problemas, iremos intensificá-los mentalmente. Quando jogamos golfe, começamos por segurar firmemente o taco, movemo-nos ao longo da linha, levantamos a cabeça e encurtamos a nossa rotação dorsal, tentando executar cada movimento na perfeição. Quando fixarmos apenas o nosso alvo, seja ele qual for, devemos tentar fazê-lo com a abordagem despreocupada de uma criança.

RESOLUÇÃO CREATIVA DOS PROBLEMAS

Quando temos um problema para resolver e recorrermos quase sempre ao mesmo tipo de raciocínio, não será de surpreender que nos surja sempre o mesmo género de solução. Acresce que essa dita solução "de sempre" pode muito bem não se adequar ao assunto que temos em mãos. O que há a fazer é desenvolver uma forma de resolvermos os nossos problemas de forma criativa, dando largas à nossa imaginação.

Quando fazemos palavras cruzadas, tendemos a seguir um padrão de raciocínio, mas quando nos confrontamos com outro tipo de problemas, o facto de seguirmos sempre um padrão familiar limita-nos, muitas vezes, a capacidade para o resolver. Alguém um dia me disse: "Se queres uma solução para um problema, pergunta a um especialista, mas se queres uma centena de soluções pergunta a um idiota."

Todos tendemos a funcionar dentro dos limites das capacidades que sabemos que temos, em vez de nos aventurarmos para lá delas. Muitos afirmam: "Não sou criativo/a, sou prático/a. Sou bom/a com as mãos, mas não sou criativo/a." Nada disso; não podemos alimentar a ideia de não termos imaginação, pois isso é muito limitativo. Não nos devemos esquecer de que as ideias são uma unidade monetária. Não há projecto ou conquista que não tenha começado com uma faísca de criatividade na imaginação de alguém. Todos temos uma imaginação capaz de criar as nossas soluções, por isso devemos usá-la.

8 | Não ter medo do fracasso

As ideias são como coelhos. Pegamos num casal, aprendemos a lidar com eles e muito em breve já teremos uma dúzia.

John Steinbeck (1902-1968)

Como é que vai fazer isto? Comece por colocar o problema por escrito – isto ajuda-o a definir claramente o problema e a vislumbrar bem os seus parâmetros. Após identificar o problema, deve escrever tantas formas possíveis de o resolver quantas as que se conseguir lembrar. Estas podem ser o mais impossíveis de alcançar– o que importa é que esvazie a sua mente com todas as soluções possíveis, para se conseguir desligar do problema. Mais tarde, quando voltar a pensar nele, o seu subconsciente já o terá analisado. Se voltar ao problema passadas algumas horas, ou mesmo, um dia ou dois, ficará surpreendido com a rapidez com que as respostas lhe surgem. Ao permitir que a sua mente tome livremente as rédeas do assunto, irá ajudar a quebrar os actuais hábitos de pensamento.

Se pretendermos aumentar a velocidade de um comboio em 10 milhas por hora, teremos de mexer na potência em cavalos – duplicando a sua velocidade – e teremos de alterar as convencionais expectativas de desempenho.

Jack Welch (nascido em 1935)

I   Tudo o que foi criado foi inicialmente idealizado.

As ideias podem surgir de qualquer lado. Seja qual for o negócio em que estivermos inseridos, estaremos – antes de mais – no negócio das ideias. Quando trabalhei como produtor televisivo numa unidade de desenvolvimento da área do entretenimento, a minha função era procurar e

Vencedores natos

gerar ideias novas para televisão a partir de uma variedade de fontes, desde transmissores estrangeiros até ao próprio público. Devo ter lido perto de quatro mil propostas para programas nos três anos que lá trabalhei e o facto é que nunca vi uma só que fosse má. Claro que muitas das propostas estavam bastante desfasadas da realidade, no que diz respeito à sua viabilidade numa programação televisiva, mas sempre me senti no dever de encorajar todos os que apresentavam as suas ideias.

A proposta mais estranha que recebi era para um programa baseado em boxe e jogo de damas. A ideia da pessoa era ter dois *boxeurs* amadores a praticarem boxe durante três minutos para, em seguida, disputarem um jogo de damas, também durante três minutos. A primeira pessoa a abandonar a partida ou a perder às damas ficava de fora! Recordo-me da carta de resposta que lhe enviei. Agradeci-lhe por ter apresentado a ideia, mas referi que não se adequava aos nossos planos de programação da altura e que não iria atrair uma grande audiência, mas, caso ele tivesse quaisquer outras propostas, ficaria contente por as receber.

Com efeito, essa pessoa voltou a escrever-me e, apesar de não ter podido dar seguimento a nenhuma das suas ideias, sempre esperei que as minhas cartas de resposta o encorajassem a enviar-me mais – porque, conforme já referi, não há boas, nem más ideias. Existem simplesmente ideias que podem, ou não, aplicar-se a uma determinada questão, numa determinada altura. Esperava que o dito autor viesse a apresentar uma ideia para um programa de grande entretenimento e arrebatador de taxas de audiência. Todas as ideias têm de surgir de algum lado – porque não dele?

Este processo é muito semelhante ao do conhecimento: não é sinónimo de poder por si só. O conhecimento só quando é aplicado é que tem poder. Dizer a alguém que as suas ideias não são boas irá fazer com que deixe de ser criativo e priva-o de possíveis soluções para problemas futuros.

Todos temos acesso ao processo criativo. As ideias são uma unidade monetária: quanto dinheiro *tem* no seu banco criativo, neste momento?

Estar aberto a ideias de todas as origens é uma atitude que gera imensos dividendos. Isto está claramente demonstrado no caso da Toyota, cujos 47 mil empregados no Japão apresentaram 1,8 milhões de sugestões em 1990. As empresas que incentivam os seus colaboradores a envolverem-se na criação de ideias que terão impacto no negócio, ou a identificarem

8 | Não ter medo do fracasso

problemas e sugerirem soluções, são empresas que beneficiam de um grupo de trabalhadores motivados, gratos e leais – e de algumas grandes ideias.

O mais profundo princípio da natureza humana é a ânsia de sermos apreciados.

William James (1842-1910)

As pequenas coisas podem fazer uma grande diferença. Algumas sugestões podem marcar a diferença entre o que funciona e o que não funciona. Deve estar aberto à sua capacidade para solucionar os seus problemas criativamente. Sempre que se sente desnorteado, deve perguntar a outros o que é que fariam e de que forma abordaria o que quer que seja que o impede de progredir.

Quando produzia espectáculos televisivos em pequenas estações regionais, costumava deliciar-me a observar os engenheiros a resolverem dificuldades de produção imprevistas. Nunca nenhum deles disse que determinada coisa, fosse o que fosse, não podia ser feita. Muitas vezes saíam por uns momentos e reapareciam com alguma engenhoca feita no momento, para criar o efeito exacto que pretendíamos.

Tal como dizia o Scotty, no filme *O Caminho das Estrelas:* "É um plano arriscado, capitão, mas talvez resulte." Confiemos na nossa intuição, confiemos nos nossos planos arriscados, pois eles talvez possam resultar.

EXISTE SEMPRE UMA OUTRA MANEIRA

Independentemente do quão desanimadora, ou inverosímil possa parecer a solução do problema, nunca deve desistir ou baixar os braços. Tudo tem uma solução. Por outras palavras, quando sente que atingiu o fundo deve escavar um pouco mais. O que tem a perder? Nunca deve viver com medo de não encontrar uma solução. Nunca deve acreditar que não há nada a fazer. Pode precisar de incentivo e de ajuda na prática, mas há *sempre* um caminho.

Vencedores natos

Durante a II Guerra Mundial, muitos prisioneiros foram colocados em campos de prisioneiros de guerra. De que recursos dispunham? Muito poucos, mas ao trabalharem em conjunto, partilhando conhecimentos, foram capazes de idealizar muitas formas engenhosas de ultrapassarem acontecimentos que pareciam insuperáveis e fugirem: escavando túneis com instrumentos caseiros ou engendrando em conjunto disfarces elaborados. Para tudo descobriam uma maneira.

Encare a resolução criativa de problemas como uma ferramenta. Tenha a absoluta convicção na sua capacidade e na dos seus amigos e colegas. Esteja disposto a explorar todos os recursos que consiga agarrar.

Num estudo sobre milionários que fizeram a sua fortuna sozinhos, concluiu-se que todos possuíam duas qualidades determinantes: uma era o facto de terem acreditado que havia sempre uma maneira ou uma solução para qualquer problema e a outra era o facto de a sua prioridade ter sido sempre trabalhar nas questões que realmente interessavam em dada altura.

Atribuir prioridades é a chave para utilizarmos o nosso tempo de forma eficaz. Mais à frente analisaremos uma forma simples de criar listas de prioridades diárias, semanais e mensais. O mais importante a reter agora é que *há sempre uma solução*. Não nos podemos esquecer que muitas das mais importantes descobertas e conquistas mundiais foram obtidas apenas depois de tudo o resto ter sido tentado – porque as pessoas se recusavam a desistir.

Não pense, porém, que deve procurar soluções apenas quando as coisas não estão a funcionar. Comece por tentar melhorar o seu *modus operandi* quando as coisas estão a correr bem. Alguns defendem: "se não se partir, não arranje" e concordo com esta expressão. Por outro lado, julgo que, sejam quais forem os métodos de trabalho, devemos procurar melhorá-los de forma consistente.

A história comercial está repleta de inovadores cujas ideias foram ridicularizadas e ignoradas na altura em que as apresentaram, para depois se virem a concretizar de forma triunfante. O processo criativo implica respeitar o conhecimento e, sobretudo, a imaginação. Os problemas são puzzles a ser solucionados e, não, impedimentos que nos deitam abaixo. Nunca devemos ridicularizar as ideias de outro – é demasiado fácil e não leva a nada. Se não gostar de uma determinada sugestão, responda algo

8 | Não ter medo do fracasso

como: "não creio que isto me vá ser útil neste momento", pois assim está a encorajar o autor da sugestão. Um dia mais tarde, ele ou ela poderá até surgir com a jóia que irá revolucionar a sua vida.

Não me parece que algum dos grandes inventores do século XX tenha acordado numa manhã com a solução certa para um determinado problema que tinha em mente. As suas ideias foram o resultado de um acto contínuo de tentativa e erro. Assim, quando o seu plano não o estiver a conduzir ao destino pretendido, o que é que faz? Muda de plano ou de destino? Os vencedores mudam o seu plano, sem medo e convictos de que conseguirão o que querem. O seu destino permanece inalterado.

LEMBRE-SE

- O fracasso é uma experiência de aprendizagem do momento – aprenda a lição.
- A maior parte do medo fundamenta-se em resultados imaginados – que não aconteceram!
- Enfrente os seus medos – encare-os como ilusões da sua mente – e eles desaparecerão.

9

Compromisso

O compromisso é continuar a fazer as coisas que decidimos fazer muito depois do nosso entusiasmo ter morrido.

Sem compromisso, apenas existem promessas e esperanças...

Peter Drucker (nascido em 1909)

O compromisso numa profissão ou um determinado nível de desempenho profissional não está directamente relacionado com a idade.

Tuuli e Karisalmi, 1999. "Impact of Working Life Quality on Burnout", *Experimental Ageing Research*, vol. 25, pp. 441-49

COMPROMISSO

Será que as pessoas falham porque são azaradas sendo, portanto, vítimas de forças superiores à sua influência? Será possível que alguns sucessos não nos estejam, pura e simplesmente, destinados? Não sei em que é que acredita. Sei, no entanto, que, para concretizar o seu objectivo e conquistar o sucesso deve desenvolver o compromisso.

Muitos compreendem a noção de compromisso no âmbito de uma relação emocional. Contudo, dirão que não podem controlar o compromisso. Ou se está comprometido – ou não. Na realidade, você escolhe o compromisso que quer ter na relação. A ideia de que é algo que não podemos controlar é apenas uma ilusão que gostamos de alimentar. Para mim, o compromisso é uma escolha que controlamos a 100 por cento. Podemos comprometermo-nos numa dieta, em manter-nos saudáveis ou em trabalhar mais tempo. Podemos comprometermo-nos nos estudos, em dar 100 por centro da nossa capacidade, e podemos comprometermo-nos numa relação – ou podemos optar por não o fazer.

> **Nos vencedores, o compromisso é aquilo que permanece depois de o entusiasmo ter morrido nos outros.**

Teoricamente, o compromisso no nosso objectivo deveria ser fácil, porque é o que desejamos. Na prática, é muito difícil porque, quando os nossos planos se modificam ou quando vivemos alguma contrariedade, existe uma pequena voz que persiste dentro de nós e que diz: "Sabia que ias falhar, pois falhas sempre."

Este fracasso, em vez de ser tratado como um mero percalço e de nos tornar mais decididos a vencer, tende a reforçar uma forte convicção pessoal de que, afinal, nunca atingiremos o sucesso. Nesse sentido, ao repensarmos o nosso objectivo e o nosso plano diariamente, devemos repensar também o nosso grau de compromisso.

A forma pode variar. Pode ser um compromisso dito em voz alta todas as manhãs. Pode ser agarrarmo-nos a um regime de exercício absolutamente preestabelecido ou a um calendário de eventos, independentemente do facto de não estarem a funcionar no imediato. Será que isto parece demasiadamente evidente? Não creio, porque o compromisso é

Vencedores natos

normalmente o primeiro princípio em que falhamos quando abandonamos um objectivo. Quando alguém desiste de tentar alcançar um determinado objectivo e lhe perguntamos porquê, dir-nos-á que era irrealista, que estava a insistir em algo que, afinal, não era o que realmente pretendia. Contudo, se analisarmos e revolvermos bem as coisas, descobriremos que não estava suficientemente comprometido.

O desejo é a chave para a motivação, mas é a determinação e o compromisso na busca implacácel do seu objectivo – compromisso na excelência – que lhe permitirá alcançar o sucesso que procura.

Mario Andretti (nascido em 1940)

Imagine que um amigo seu vai cantar em público. Não se trata de um amigo qualquer, é o seu melhor amigo, o seu principal companheiro na vida, que conhece desde pequeno. Foi com ele que partilhou muitas alegrias e tristezas, muitos altos e baixos, vários traumas emocionais e os seus maiores sucessos. Adora-o.

Ele foi convidado para cantar em público e aceitou. Sabe que é muito tímido, mas que adora cantar e que, com efeito, tem imenso talento. Convidaram-no para cantar num pequeno recital num salão de espectáculos local e ele pede-lhe que esteja lá para o apoiar. Pede-lhe que se sente na fila da frente e que seja um apoio para onde possa olhar. Você promete-lhe que vai lá estar, aconteça o que acontecer. Sabe que, por um lado, ele irá concentrar-se no seu nervosismo e no seu medo de cantar em público, mas você por outro, estará comprometido a assistir ao seu amigo e a apreciar o seu sucesso. Sabe o quanto é importante para ele que lá esteja, sentado na primeira fila. Agora vem a grande pergunta: seria capaz de o desiludir?

Não. Não creio que fosse capaz.

Por que razão não o desiludiria? Porque havia de querer honrar a sua promessa. Porque gosta muito dele e deseja partilhar esse momento com ele. Nem lhe passaria pela cabeça desiludi-lo. Então, porque é que

9 | Compromisso

tantos se deixam desiludir a eles próprios? Porque é que desiste dos seus objectivos? Pense nisso.

No caminho até ao espectáculo, imagine que o seu amigo começava a manifestar dúvidas, a querer desistir e a fixar-se nas coisas negativas. O que é que faria? Reforçaria essas convicções ou iria incentivá-lo a concentrar-se num resultado mais positivo, fazendo-o acreditar no sucesso? Penso que o encorajaria com todas as suas forças.

Reforçaria a sua fé nele e, esperançosamente, a fé que ele deposita nele próprio. Faria isso, não por ser importante que cantasse bem nessa noite, mas porque seria importante que ele acreditasse nele próprio e nos seus sonhos. Faria isso porque *gosta dele*. Todavia é neste ponto que reside um triste facto. A maioria das pessoas que fracassa não se importa consigo própria ou com o seu objectivo o suficiente para se comprometer, pelo que simplesmente desiste.

Cheguei à conclusão que os autores de grandes feitos, aqueles que são bem sucedidos na concretização dos seus objectivos, têm essa capacidade para se manterem empenhados no seu objectivo, não o perdendo de vista. Continuam a concentrar-se no objectivo muito depois de o entusiasmo inicial ter passado.

Assim sendo, de que forma é que se compromete com algo? Tem de acreditar no objectivo e, ao mesmo tempo, compreender que o objectivo, por si só, não é suficiente, nem nunca foi. O mundo está cheio de pessoas com ambições por realizar. Para vencer na vida, tem de renovar o seu compromisso todos os dias – isto pode parecer demasiado, mas garanto que não é. Se o fizer tantas vezes quantas conseguir, irá treinar a sua mente para a necessidade de se esforçar a 100 por cento, independentemente das experiências ao longo do caminho que poderão representar contrariedades temporárias. Não seria maravilhoso se, de alguma forma, nos conseguíssemos comprometer e persistir na concretização dos nossos objectivos, não nos deixando desiludir? É capaz disso – se assim o decidir. Assim, livre-se do seu Livro de Desculpas, pois já não precisa dele.

MANTER-SE NO CAMINHO

Perguntam-me muitas vezes qual é a característica comum a quem tem sucesso. A resposta verdadeira é a capacidade que têm para nunca de-

Vencedores natos

sistirem e a sua capacidade de persistência. Se não se comprometer com um resultado, não pode ser persistente. Quem alcança grandes feitos encara as contrariedades como oportunidades para aprender.

Estas pessoas não se identificam com o fracasso, usando-o como mecanismo de *feedback*, a partir do qual seguem em frente. O que aprenderam foi comprometerem-se a seguir o caminho delineado.

Então, de que forma é que nos comprometemos a seguir o caminho que estabelecemos? Não tenho qualquer dúvida de que muitos de nós gostaríamos de saber a resposta. Será realmente possível? Digo isto porque é muito provável que tenhamos algumas histórias em que desistimos de algo – a maioria de nós tem, senão seríamos todos super bem sucedidos. Muitos temos uma história de desistência e uma forte memória de não levar avante os nossos objectivos. Assim, comecemos pelas más notícias: cada vez que desistimos, estamos a reforçar uma memória emocional mais forte do fracasso. Isso é muito importante para que possamos compreender porque é que falhamos. Com efeito – falo a sério e não tenho dúvidas de que, quem me ler irá pensar: "sim, concordo, mas não se aplica a mim" –, chega a um ponto em que, quando desistimos, não só nos sentimos aliviados, como também justificamos o fracasso e não nos sentimos mal com ele. E em muitos casos, até nos sentimos bem.

Existem três pensamentos que acredito serem muito importantes para a compreensão daquilo que é o compromisso:

1. Podemos fingir o compromisso perante os outros durante algum tempo, mas não podemos fingi-lo perante nós próprios por um momento sequer.
2. O compromisso é reforçado por um forte sentido de responsabilidade pessoal para connosco e para com os outros.
3. Não nos comprometemos porque temos medo de fracassar. Se nos comprometermos e fracassarmos, então, passamos a acreditar que a nossa auto-imagem ou a nossa auto-estima será "esmagada."

Utilizo a palavra "esmagada" porque a maioria de nós acredita que ficará devastado e que será um fracasso autêntico para o resto das suas vidas. Isso é um pessimismo extremamente prejudicial. Garanto que nada

9 | Compromisso

será "esmagado". Poderemos desistir (espero que não) ou aprender, tornando-nos mais fortes, lidando com as coisas e seguindo em frente.

Contudo, poderá querer saber o que acontece se estiver comprometido – verdadeiramente comprometido? Dá 110 por cento de si, sete dias por semana e, mesmo assim, as coisas não funcionam. O que fazer, então? É muito simples: reavaliar o seu plano e voltar a começar. O compromisso não é uma acção, nem um comportamento, é uma *atitude em acção*. Assim que essa atitude esteja a postos, o comportamento e a acção seguir-se-ão.

Uma atitude fraca resulta num carácter fraco.

Albert Einstein (1879-1955)

Já observámos anteriormente que os estudos existentes indicam que cerca de 80 por cento das competências de que precisamos para vencer na vida, nos negócios ou nas relações são, com efeito, atitudes. São competências baseadas na atitude. Podemos ser compassivos, compreensivos, bons ouvintes, concentrados, atentos e contundentes. As restantes 20 por cento serão verdadeiras competências, não atitudes, mas, se fizermos uma lista, normalmente, descobriremos que 80 por cento das competências que necessitamos se baseiam em atitudes. Assim, o que se segue é a noção de que quem controla e escolhe a sua atitude é *você*. Isto causa alguma surpresa.

Às capacidades para ler, escrever, conduzir um automóvel ou tocar violino chamamos competências. São competências que, para serem adquiridas não há atitude positiva no mundo que lhes valha. Imaginemos que lemos exaustivamente um livro sobre atitude positiva ou sobre pensamento positivo e, em resultado disso, decidimos participar numa competição musical de violino. Simulamos que já lá estamos porque, por incrível que pareça, conseguimos mais atitude positiva e fé em nós próprios do que uma convenção de claques desportivas. Com esta fórmula vencedora e a dose diária de reforço positivo que recebemos através de uma piscadela de olho em frente ao espelho todas as manhãs, damos um salto

Vencedores natos

para o palco, agarrando num violino que comprámos umas horas antes. Olhamos para a audiência com aquele sorriso confiante de quem andou a praticar durante horas em frente ao espelho, o que surpreende os espectadores, uma vez que quase todos os candidatos, nesta fase, se mostraram bastante sérios, nervosos e de alguma forma concentrados. Este magnífico desconhecido de quem nunca ninguém ouviu falar salta para o palco com propósito, compromisso, bastante confiança e uma atitude vencedora. Só há um problema – por mais que acreditemos em nós próprios e por mais atitude positiva que tenhamos, nada disso nos ajudará se tivermos pouco ou nenhum conhecimento para aplicar.

A atitude é uma pequena coisa que faz uma grande diferença.

Winston Churchill (1874-1965)

Dá para perceber, não dá? Os nossos níveis de compromisso aumentam muito quando as competências se orientam pela atitude. O compromisso não requer nenhuma competência. Não precisamos de conhecimentos de mecânica ou de uma outra especialização. São boas notícias, não são? Não será uma das informações mais esclarecedoras e motivadoras que poderíamos receber? O compromisso não exige uma determinada competência, mas fé e uma determinação interior que nos mantenha no nosso caminho. Tudo isto para dizer, que à semelhança do que se passa com as atitudes, o compromisso depende da nossa vontade. Podemos escolhê-lo aqui e já. O compromisso é uma atitude e não uma competência.

O compromisso não requer nenhuma competência para além da determinação – que é uma atitude.

Seria capaz de desistir de uma dieta se não observasse resultados num prazo de cinco minutos? Evidentemente que isso seria uma estupidez, pois cinco minutos é um prazo muito apertado. Digamos cinco dias. Neste

9 | Compromisso

caso, porém, cinco dias já é um prazo demasiado longo. Que tal cinco horas? Não! Cinco horas não bastam, porque todos concordamos que não se observariam diferenças. Contudo, muitos não conseguem seguir uma dieta durante cinco dias porque consideram demasiado difícil, mas cinco dias são simplesmente feitos de 24 períodos consecutivos de cinco horas. É por essa razão que precisamos de renovar diariamente o compromisso no nosso objectivo, para jamais nos permitirmos perdê-lo de vista, justificando, assim, uma desistência.

O compromisso requer um elevado grau de confiança para poder ser verdadeiramente eficiente. Não nos devemos esquecer de que a confiança provém das palavras latinas *cum fides*, que significam "com fé". A verdadeira confiança consiste na fé que depositamos em nós próprios. A confiança leva-nos a ignorar os nossos comportamentos negativos do passado, a aprender com eles e a aceitá-los como fazendo parte daquilo que fomos, criando a determinação necessária para não os repetirmos. Isto é difícil, porque a nossa memória de fracassos anteriores, juntamente com as emoções que lhes estão associadas, está muito mais enraizada no nosso subconsciente do que as nossas memórias de sucessos passados. Isso significa que, quando pensamos no nosso objectivo, recordamos automaticamente os nossos fracassos precedentes, bem como a dor ou da vergonha que lhes estão associados. Assim sendo, uso a palavra fé de maneira adequada, porque, para mim, ter fé é acreditar em qualquer coisa que não se fundamenta em provas empíricas – trata-se apenas de uma convicção, ou de uma confiança no objecto da nossa fé, seja ele qual for. Essa fé surge através do nosso compromisso. Quando acreditamos que podemos, então, podemos mesmo.

A História está repleta de pessoas que se empenharam numa causa. Apesar dos grandes obstáculos que encontrou pelo caminho, Reinhold Messner foi o primeiro homem a escalar o Monte Evereste sem recurso a oxigénio, antes de conseguir estabelecer outros recordes de montanhismo que, provavelmente, nunca serão igualados. James Dyson, o inventor dos aspiradores sem saco, teve de re-hipotecar a sua casa e esteve diversas vezes à beira da falência, sem nunca desistir do seu sonho. Hoje, o seu negócio é avaliado em centenas de milhões de libras.

Vencedores natos

Se a minha decisão de vencer for suficientemente forte, o fracasso jamais me poderá surpreender.

Og Mandino (1923-1996)

Um dia, quando era vendedor ambulante e batia de porta-em-porta em Glasgow, conheci uma mãe solteira. Tratava-se de uma zona pobre da cidade, onde devia vender pequenos aparelhos a prestações. Na altura não me apercebia, mas à semelhança de tantos outros, apesar de estes produtos terem um aparatoso e tecnologicamente avançado aspecto exterior, a sua qualidade era baixa. O meu objectivo era vendê-los a preços acima do seu valor real, induzindo as pessoas a cair numa ratoeira monetária, através de um esquema de empréstimo (sou muito mais sensato agora).

A dita mãe solteira, para além de me deixar fazer-lhe uma demonstração, ainda teve a amabilidade de me oferecer um chá. Quando lhe perguntei há quanto tempo vivia ali, respondeu-me que estava ali há 25 anos, acrescentando que tinha criado três filhos. A seguir mostrou-me as fotografias deles, no dia das suas licenciaturas: todos eles eram médicos. Aquela senhora tinha conseguido colocá-los na universidade e pagar-lhes os estudos, dedicando a sua vida a ajudá-los a concretizarem os seus objectivos. Existem muitos exemplos de compromisso individual e a minha sugestão é que agora pondere nas histórias de vida destas pessoas. Deve ouvir o que têm para lhe contar, ler sobre elas e deixar-se inspirar, porque também você tem uma única viagem na vida e o compromisso irá fazer toda a diferença.

I O entusiasmo não substitui o compromisso.

Contudo, há que ser prudente. O entusiasmo, conforme mencionei anteriormente, é barato e animador. Embora seja abundante, fácil de fingir e difícil de ignorar, nunca na história da humanidade foi responsável por algum feito. Trata-se de um sentimento poderoso e positivo que, sem compromisso, desaparece. Não devemos confundir um sentimento de entusiasmo com um indicador de resultado. O entusiasmo não pode sustentar-

9 | Compromisso

-se a si próprio sem reforço, encorajamento e resultados – ou, então, o mais provável é que seja apenas ilusório.

Em contrapartida, o compromisso não é um comportamento – é uma atitude. Não podemos ensinar as pessoas a comprometerem-se. Podemos levá-las a compreender a sua importância, mas ninguém poderá comprometer-se por elas. Sem um desejo pessoal de ver as coisas avançarem, de fazer o que for preciso, ou de dar mais do que nos pedem, nada do que possamos dizer irá fazer diferença.

ACREDITE NOS SEUS SONHOS

A nível pessoal, o compromisso e o propósito estão intimamente ligados. Por outro lado, é do propósito que deriva a paixão – essa maravilhosa qualidade invisível que vem do coração. A paixão impede-nos de desistir, permite-nos fazer aquele importante telefonema para propor o negócio, ou para pedir alguém em casamento. Esta maravilhosa qualidade vem de dentro de nós e é essencial para o sucesso, fazendo-se acompanhar pelo compromisso e pelo propósito.

Quando frequentava a Universidade, ia à boleia de Glasgow até Londres. Uma noite, um idoso deu-me boleia. Era quarta-feira e ele ia a Londres assistir ao jogo de um clube de futebol da segunda divisão. Quando lhe perguntei há quanto tempo é que apoiava aquele clube, respondeu que o tinha feito durante a maior parte da sua vida. Estava escuro e havia alguma neblina. Perguntei-lhe a que distância vivia. A cerca de 130 quilómetros do estádio, respondeu ele. Perante isto, afirmei que deveria ser um verdadeiro adepto para fazer toda aquela distância a conduzir à chuva, só para ver a sua equipa. O senhor respondeu-me que não era a equipa principal, mas a suplente. Não ia ver os jogos da equipa principal, mas apoiava os suplentes. Nunca falhava um jogo quando eles jogavam em casa e, sempre que podia, ia vê-los jogarem fora. Como jovem ingénuo quee que, provavelmente, deveria ter demonstrado um pouco mais de respeito, disse-lhe: "O senhor está a querer dizer-me que fica feliz por se meter no carro, conduzir 130 quilómetros pela M1, depois atravessar Londres, a chover, para ver os suplentes jogarem. Quantas pessoas costumam assistir ao jogo?"

Vencedores natos

"Bem, por vezes, chegamos a ser 40 ou 50 espectadores", respondeu. Pelo que lhe perguntei, incrédulo: "Gosta disso?" Parou e olhou para mim, igualmente incrédulo, e respondeu: "Adoro."

Paixão e compromisso, de mãos dadas.

Nos seus tempos de estudante, o mais provável é que não seguisse cegamente o seu reitor. É possível até, que o tenha visto uma vez no seu gabinete, por motivos de ordem disciplinar, ou talvez quando se reuniam todos de manhã. Contudo, é também possível que algum professor (espero sinceramente que sim) o tenha marcado mais do que de todos os outros. Quem o inspirou e em quem é que confiou? Que pessoa seria essa que seria capaz de respeitar e de seguir? Porquê?

Que efeito profundo teria essa pessoa em si para acreditar completamente nela? Penso que os motivos são bastante simples: todos mostravam entusiasmo e paixão pela disciplina que ensinavam, de tal forma, que quase lhe davam vida quando falavam sobre ela. Quando fazia algo bem, elogiavam-no e, quando fazia algo mal, continuavam a encorajá-lo. Faziam com que se sentisse bem consigo. Esses professores mostravam compromisso e paixão pelo desenvolvimento do seu potencial e pela noção de poderem mudar a sua vida – e conseguiram-no. É por isso que se recorda deles.

Assuma a responsabilidade total pela forma como faz sentir as pessoas que encontra.

O compromisso é absolutamente imperativo na nossa viagem pessoal em direcção ao sucesso. Temos de nos empenhar a 100 por cento para seguir o caminho que nos conduzirá ao nosso objectivo, se bem que possamos alterar o plano à medida que for necessário. Uma palavra de aviso: é duro, pode ser uma caminhada solitária e, mesmo com as melhores intenções do mundo, podemos cair, mais vezes do que aquilo que julgávamos ser possível. É fácil desistir –, desistir é mais fácil do que cortar um tronco de árvore porque, para cortar um tronco, temos de começar por subir à árvore. Basta-nos dizer "Desisto". Seria fantástico se houvesse um comprimido mágico que nos desse 24 horas de absoluto compromis-

9 | Compromisso

so e que fosse possível tomar diariamente. É claro que isso, infelizmente, não existe nem nunca existirá. Porquê? Porque os ingredientes simplesmente não existem no mundo físico.

Contudo, tenho boas notícias: existe esperança. Existe a oportunidade de moldarmos o nosso destino e de darmos a nós próprios a nossa maior hipótese de felicidade. Essa oportunidade surge sob a forma da escolha pessoal. Podemos escolher assumir a responsabilidade de estarmos e de permanecermos comprometidos – mas, antes de avançarmos, quero chegar a um acordo consigo. Gostava de o ver comprometer-se com paixão porque, quando nos devotamos ao nosso objectivo, então, o compromisso torna-se fácil e automático, não exigindo qualquer esforço. Sem paixão, manter-nos comprometidos não é apenas difícil, nem apenas muito difícil – é impossível.

É frequente associarmos a paixão ao amor e ao romance, que são as áreas da nossa vida em que somos capazes de cometer as maiores loucuras. A paixão é, para nós, algo de poderoso. Nos negócios, se nos apaixonarmos pelo nosso objectivo, então, todos os aspectos do desafio – vencer, ser leal aos nossos colegas, fazer a diferença, ser importante, criar valor – são imensamente melhorados. A um nível pessoal e individual, o compromisso será frequentemente testado e o mais provável é falharmos perante as primeiras dificuldades. É aí que entra a paixão. Sem ela, falharemos o teste – tudo acabará. Se voltarmos ao mesmo ponto e tentarmos uma e outra vez, num verdadeiro reflexo da nossa paixão e do nosso compromisso, então, tenho a certeza de que depois do nosso último fracasso virá o sucesso.

O sucesso está intimamente ligado à nossa vontade de persistir, independentemente das contrariedades e humilhações que possamos sofrer, porque persistir na concretização de um ideal é sinal de compromisso. É demasiado fácil desistirmos na vida, defendendo que estávamos verdadeiramente comprometidos e que realmente depois de insistir vezes sem conta, acabámos por falhar. Recuso-me a acreditar que as coisas se passem assim. Acredito que só falhamos realmente na vida quando desistimos. Até lá, temos sempre a possibilidade de vencer, mas quando o compromisso falha e desistimos, então, é impossível.

Vencedores natos

Não desista de si próprio nem dos seus sonhos – nunca.

Só você – única e exclusivamente você – é responsável pelo seu grau de compromisso. Aceite essa responsabilidade. O compromisso é uma atitude: você é que escolhe. Assim sendo, escolha-o e tire partido dele.

LEMBRE-SE

- Compromisso é fazer aquilo que disse que faria – muito depois de ter passado o desejo de o fazer.
- A maioria das pessoas fracassa porque desiste – nunca deve desistir.
- Não perder o objectivo de vista é a parte mais difícil – renove diariamente o seu compromisso para com o objectivo, até o alcançar.

10

Comemoração

Comemoramos as coisas não
para ficarmos felizes, mas porque
somos felizes, e cada vez
que o fazemos, vemo-nos
sob um prisma mais positivo.

Há pontos altos nas nossas vidas e a maior parte deles surgiram através do encorajamento de outra pessoa. Não me interessa quão grande, famoso ou bem sucedido um homem ou mulher podem ser, todos precisam de aplausos.

George M. Adams (1837-1920)

Os investigadores consideram que uma aparência pessoal optimista é mais do que apenas ver o lado positivo das coisas. Na realidade, acreditar em si próprio melhora a saúde, aumenta a motivação e a realização dos objectivos em 60 por cento dos casos.

Schulman, P. 1999, "Applying Learned Optimism to Increase Sales Productivity", *Journal of Personal Selling and Sales Management*, vol. 19, pp. 31-37

COMEMORAÇÃO

Há pessoas que perguntam: porquê comemorar alguma coisa? Que bem faz isso? Não há qualquer prova científica que demonstre que aumenta a produtividade ou afecta o crescimento económico, por isso qual é o interesse? Contudo a resposta a estas questões – além do facto de nos fazer sentir bem – é que a comemoração vai ao encontro daquilo que a investigação mostrou como sendo os dois factores-chave da motivação pessoal: a necessidade de ser apreciado e o desejo de estar envolvido. Quando em crianças recebemos uma grande dose de elogios sobre o nosso desenvolvimento e isso fez-nos sentir bem. Nós ainda reagimos ao elogio e procuramo-lo no nosso grupo de amigos, como o desejámos dos nossos professores e progenitores. Queremos que nos digam que somos inteligentes, que somos bons, que não somos malandros; queremos que nos digam que estamos a corresponder às expectativas de outros.

> **A imagem que uma criança tem de si mesma aos dez anos permite prever melhor o seu sucesso futuro do que o seu Q.I.**

Essa auto-imagem é baseada nas reacções do mundo em geral. E quando somos bem sucedidos ao alcançarmos algo de valor ou significado, por pouco que seja, o elogio, a apreciação ou celebração irão ajudar a reforçar o nosso sentido de sucesso e a auto-imagem positiva ao nível do nosso subconsciente.

A correcção tem um grande valor, mas o encorajamento tem muito mais.

Johann Wolfgang von Goethe (1749-1832)

Aos 11 anos, um padre italiano que tinha ao seu cuidado alguns estudantes convidou-me um dia a ir esquiar com eles. Viajámos num mini-autocarro para Glencoe, onde alugámos o mais elementar equipamento

Vencedores natos

de esqui (estavámos na Escócia, em 1967). Então enfrentámos as encostas com a distracção dos tolos ou dos ignorantes. O padre tinha alguma experiência na prática de esquiar, tal como um ou dois dos estudantes, mas a maioria estava a fazê-lo pela primeira vez. Calçámos as botas de cabedal e depois amarrámo-las aos esquis; as calças de bombazina e blusões finos de lã estavam na ordem do dia. Não havia muita neve – a terra e as pedras apareciam aqui e ali – mas encontrámos uma zona de neve que era suficiemente larga e longa para tentarmos a nossa sorte no grande desporto alpino do esqui. Caí muitas, muitas vezes, mas cada vez que caía era encorajado a tentar novamente e quando fazia algo que se assemelhava remotamente a esquiar recebia um "Bom trabalho, Robin, continua – estás a sair-te muito bem." O Padre encorajava-me constantemente a acreditar que era um bom esquiador.

Decorreram 15 anos até ter voltado a uma encosta de esqui apropriada, e claro que tive que voltar a aprender. Mas, irei sempre recordar com carinho aquele primeiro dia nas encostas e quando, tantos anos depois, me perguntaram se sabia esquiar respondi: "Sim, já esquiei na Escócia."

Há cerca de quatro anos, quando estava a mudar de casa, encontrei uma velha caixa, que continha objectos dos meus anos de juventude. Uma fotografia caiu de um livro: tinha sido obviamente tirada naquele dia nas montanhas. Escrito em maiúsculas estava a palavra "CONTINUA!!" com dois pontos de exclamação e o nome do Padre Bertone assinado por baixo. Ver aquela fotografia trouxe-me à memória as fortes recordações daquele dia. Agora tenho-a emoldurada na minha secretária e quando me sinto aborrecido com a vida, olho para ela e lembro-me de continuar. As amáveis palavras de encorajamento do Padre Bertone e a sua celebração do meu mais pequeno sucesso ficaram comigo até hoje.

A maior parte de nós, nadando contra as marés de problemas que o mundo desconhece, precisa apenas de um pouco de elogio ou encorajamento – e iremos atingir o objectivo.

Robert Collier (1885-1950)

---

10 | Comemoração

Parece muito natural que comemoremos os aniversários, o Natal ou outros dias de festa. No entanto, não é estranho que precisemos de uma desculpa para comemorar ou que uma celebração tenha de seguir um determinado padrão. Podemos não enviar cartões, excepto de aniversário, Natal ou como notas de agradecimento – mas também somos capazes de celebrar um feito através do simples acto de elogio, ao dizermos: "Bom trabalho". As comemorações não precisam de fogo-de-artifício ou champanhe; podemos deixar os outros saberem que estamos a pensar neles, ou que apreciamos os seus esforços, através de um telefonema ou de um e-mail. Não deixamos de precisar destes elogios só porque somos adultos. Quando as crianças se comportam de formas que queremos reforçar, usamos frases como: "Lindo menino" e "Linda menina", para os tornar conscientes que estamos agradados e que aprovamos. Passa-se o mesmo com os cães: ensinamo-los com recompensas e elogios, com pancadinhas no lombo ou fazendo festas na cabeça, para reforçar o comportamento correcto.

Comemoramos quando fazem algo correctamente. Claro que é comportamental, mas, quando o fazemos, vemo-los – crianças e cães – crescerem em confiança e a desenvolverem rapidamente as qualidades que encorajamos. Quando adultos, a nossa resposta a tais elogios nunca muda e no entanto parece que um dia, infelizmente, o elogio incondicional e o apoio positivo deixam de existir. Chegamos a uma idade em que parece que simplesmente devemos fazer as coisas. Presumo que se parte do princípio que, como já não somos crianças indefesas, devemos ter chegado a uma idade em que não precisamos de comemorar. Mas é necessário comemorar. Todos precisamos de apreciação e da motivação que isso nos dá. Quando comemoramos o sucesso, criamos em nós uma forte identificação emocional com o sucesso, bem como uma memória que fica guardada para utilização futura. E recordar o sucesso traz-nos sentimentos de bem estar e confiança.

A verdadeira felicidade é... gozar o presente, sem uma dependência ansiosa do futuro.

Séneca (séc. 4 a.C-65 D.C.)

203

Vencedores natos

Como já deve ter percebido, sou um grande adepto do golfe. Jogo desde os quatro anos e viajei para alguns dos mais empolgantes, remotos, difíceis e perigosos campos do mundo para jogar esta modalidade que adoro. Tive a oportunidade de conhecer um dia, no velho campo de St. Andrews, dois norte-americanos que se apresentaram como Bosch e Nemo, e à medida que os anos passavam mantivemo-nos em contacto e ficámos amigos. Todos os anos nos juntávamos e jogávamos uma partida. Ao longo do tempo, o jogo cresceu em escala até que se tornou uma partida formal com oito jogadores para cada lado, uma competição de quatro dias, tão séria quanto a Ryder Cup[*], mas muito mais excitante (pelo menos era o que eu sentia). Num último dia de jogo em Michigan, numa partida que tínhamos que ganhar para termos qualquer hipótese de vencer a série fazia parceria com o meu amigo Neil contra dois norte-americanos e queríamos muito vencer. Tinha sido uma jogo muito exigente, chagámos ao 15.º buraco, estavámos a perder e as coisas não estavam famosas. Tinha de dar uma pancada com 18 metros (bem, talvez um pouco menos, mas aumenta à medida que vou contando). A bola estava na colina, com uma inclinação de 20 centímetros para a esquerda, e eu tinha de a colocar no buraco ou então o jogo acabava.

Nunca na vida me senti tão determinado a colocar a bola no buraco. Na altura, os meus sentimentos eram de uma grande confiança. Olhei para Neil e disse: "Não te preocupes, vou acertar." (Admito que não foi a mais inspirada das frases, mas não imaginava que fosse reviver os 20 segundos seguintes tantas vezes ao longo da minha vida).

Fui para o local, fiquei parado durante aquilo que me pareceu uma eternidade, depois dei uma pancada forte e um passo atrás. Mesmo quando tinha apenas percorrido cinco metros, com mais 13 por fazer, sabia que ia acertar. Foi direitinha e no final compensou os 20 centímetros e

---

[*] Ryder Cup – Competição de golfe disputada pela primeira vez em 1921 e que teve em 2005 a 34.ª edição. Começou por ser disputada entre os melhores profissionais de golfe dos Estados Unidos e da Grã-Bretanha, mas em 1977 decidiu-se alargar a equipa a jogadores europeus. Actualmente é disputada entre uma equipa dos Estados Unidos e uma equipa da Europa.

caiu no centro. Saltei de alegria. Neil correu e abraçou-me. Os norte-americanos estavam espantados. Aquela pancada e a comemoração que se seguiu estão profundamente guardadas na minha mente como uma experiência única. Sempre que enfrento desafios lembro-me daquela pancada e recordo a sensação.

Vencer não é tudo. Querer vencer é.

Jim "Catfish" Hunter (1946-1999)

Assista ao jogo de uma equipa de futebol e veja o que acontece quando um deles marca golo – os seus colegas de equipa correm para ele e abraçam-no, atiram-no ao ar, celebram, dão saltos mortais, puxam a camisola até à cabeça, correm para a multidão e dançam todas as danças conhecidas da humanidade, excepto a marcha militar; eles ficam, pura e simplesmente, em estado de êxtase. É a libertação de uma profunda alegria e a forma de reforçar o momento. É por isso que ninguém na equipa corre até ao marcador do golo e diz: "Bem, é para isso que és pago".

Comemore o seu sucesso e irá criar momentos. A sua vida é feita unicamente de momentos.

Para reforçar e intensificar uma auto-imagem mesmo como vencedor, *comemore cada objectivo* que conquiste ao longo do caminho. Diga "Uau" e sinta-se genuinamente bem com isso. Existem melhores palavras de encorajamento no mundo do que: "Bom trabalho"? Quando não existem *claques*, torne-se você o seu próprio animador.

À medida que crescemos como pessoas únicas, aprendemos a respeitar o carácter único dos outros.

Robert H. Schuller (nascido em 1926)

Vencedores natos

"Você é a pessoa mais singular na história do mundo". Espero que compreenda e acredite nisto. Nunca existiu ninguém como você, que tem dons, perspectivas e objectivos únicos. Nunca, em momento algum, deixe de acreditar que é muito importante no mundo em geral e no mundo em particular. Não quero dizer que você é singularmente especial de uma forma egoística; isto nada tem a ver com auto-glorificação ou com ser-se importante. Não tenho muito tempo para quem diz que uma atitude positiva é tudo o que é preciso para que o restante corra bem. Esse pode ser um grande sentimento, mas é um conselho potencialmente perigoso, porque considero que se nos permitirmos ficar cegos perante a realidade da vida, facilmente podemos iludir-nos a nós mesmos e, arriscadamente, iludir os outros.

Em vez disso, desejo que comemore os seus sucessos únicos na vida, cada passo do caminho, mesmo que apenas haja um suave momento de auto-apreciação, um "bom trabalho" dito em voz baixa. Um dia corri a maratona mal preparado – a maratona de Nova Iorque – para ajudar uma instituição de caridade. Recordo-me como se fosse hoje que já tinha percorrido cerca de 10 quilómetros e continuava a correr dizendo a mim mesmo: "Bom trabalho, rapaz, estás a conseguir". Tinha um inchaço na garganta e os meus olhos estavam marejados de lágrimas. Tive que me conectar de novo com uma profunda área emocional de mim e com a qual tinha perdido contacto – com a pessoa que, conforme a minha mãe tinha dito há tantos anos atrás, terminava sempre todas as tarefas que se propunha realizar. Então porque é que eu estava a celebrar e a elogiar-me a mim mesmo? Estava a reforçar o facto de me manter no caminho em direcção ao meu objectivo. Estava no processo de concretização de um objectivo. Isso criou em mim uma resposta emocional muito poderosa [e tenho que reconhecer que sou uma pessoa emotiva]. Senti-me imensamente bem. A multidão aplaudia e terminei a corrida.

Recordo-me como as minhas pernas estavam doridas e que tinha de fazer o caminho de regresso ao apartamento onde estava instalado. Dei umas voltas e acabei por encontrar uma estação de metropolitano. Estava muito cheio e quando entrei na carruagem apenas havia um lugar livre. Dirigi-me a ele ao mesmo tempo que uma jovem mulher e, apesar de termos chegado ao mesmo tempo, disse-lhe: "Sente-se à vontade".

10 | Comemoração

Ela sentou-se e agradeceu e depois olhou para mim. Ao ver o meu traje de corrida e a minha expressão exausta, perguntou-me: "Acabou de fazer a maratona?"

"Sim", respondi.

E então levantou-se e disse-me com um sorriso: "Bom, você merece este lugar, ainda bem para si".

Outra pequena comemoração.

Acredito sinceramente que a necessidade mais profunda de uma pessoa seja ser amada incondicionalmente. Precisamos de nos sentir valorizados e válidos no mundo em que vivemos, de ser respeitados e de sermos capazes de respeitar os outros; e são estas necessidades que conseguem motivar-nos para fazer coisas extraordinárias. Avalie como se sente. As suas acções fazem-no sentir-se bem? Se faz algo que o faça sentir-se mal, determine que não voltará a fazê-lo. Não justifique os seus fracassos, fingindo que tudo está bem. Mas, comemore os acontecimentos ou resultados que o façam sentir bem e ajudará seriamente a desenvolver uma auto-imagem vencedora.

Existem duas coisas que as pessoas desejam mais do que sexo e dinheiro... o reconhecimento e elogio.

Mary Kay Ash (1918-2001)

No local de trabalho, naturalmente, os incentivos financeiros são muito importantes e sem dúvida motivam muitas pessoas no desempenho das suas funções. Contudo, a longo prazo, as comemorações estão armazenadas como sentimentos emocionais positivos, ao passo que isso não acontece com os bónus monetários recebidos no emprego. Esses cheques não têm significado; são simplesmente factos que passam. As comemorações, em contrapartida, ficam guardadas na nossa memória e reaparecem sempre que precisamos de nos alegrar. Sempre que você alcança um objectivo e o comemora, fará com que se sinta mais positivo em relação aos desafios que se seguem. Os

Vencedores natos

atletas que lutam pela medalha de ouro ou por um recorde mundial estão a visualizar o sucesso de formas que são pessoais e que não estão relacionadas com o dinheiro que podem ganhar quando fizeram um anúncio ou ao apoiarem um produto.

❙ Comemore algo todos os dias, faça disso um hábito.

Observe os prazos a que se propôs para concretizar as suas ambições e a comemoração do sucesso, por mais pequeno que seja, irá inspirá-lo. Em resultado disso, irá olhar para o futuro e caminhar na sua direcção de um modo confiante. O dinheiro pode vir com o sucesso, mas não é um substituto do mesmo, nem uma medida do verdadeiro sucesso: é um sub-produto. No final da sua vida, não irá recordar-se do dinheiro, nem encontrará significado nele. As pessoas que já tiveram doenças em que correram risco de vida ou que estiveram envolvidas em acidentes quase fatais ficaram profundamente conscientes do significado da frágil natureza da vida. Para elas, todos os dias são dias de festa, e contudo muitas vezes esquecemo-nos desse simples facto – que estamos vivos. É uma pena que nos possamos esquecer de celebrar pelo menos isso. Podemos fazê-lo das formas mais simples e triviais – sorrir para alguém que está na paragem do autocarro, dar uma palavra simpática a uma pessoa idosa que esteja sentada no parque sem ninguém, arranjar tempo para olhar alguém nos olhos. Comemore o simples facto de estar vivo. Pense como é maravilhoso vêr crianças a brincarem de forma inocente, cheias de entusiasmo num mundo de possibilidades. Sempre que alguma, no jogo que estão a disputar, marca um golo, dão pulos de alegria, ou por vezes ficam tristes, vivendo a vida com todos os seus dramas emocionais. Elas descobrem os simples prazeres da vida e desfrutam deles. Quantas vezes, é que hoje retira prazer das pequenas coisas?

❙ O nosso sucesso não se avalia pelo salário ou pelo que temos, avalia-se por aquilo em que nos tornamos.

Li algures que existem mais de mil estátuas na cidade de Nova Iorque – estátuas eregidas a engenheiros, pilotos, arquitectos, políticos, bombeiros e polícias – mas não existe uma única estátua em honra de um crítico. Os

10 | Comemoração

críticos criticam, claro; eles procuram as falhas e chamam a atenção do mundo para isso. Gostaria de lhe pedir que se concentre totalmente nos seus sucessos e que os vá comemorando ao longo do caminho. Não existem atalhos para o sucesso na vida, não há uma resolução rápida; são sete dias por semana, 24 horas por dia; é um estado de espírito baseado na crença e na convicção de que o que quer que seja que acreditemos e sonhemos que podemos fazer, é porque realmente podemos. Sempre que o conseguimos, iremos avaliá-lo não pelo que ganhámos ou pelo que conquistámos, mas por aquilo em que nos tornámos.

LEMBRE-SE

- Comemore cada sucesso – isso reforça a sua auto-imagem de vencedor.
- A comemoração não é medida por uma escala – mas pelos sentimentos.
- Encontre prazer nas pequenas coisas – celebre a vida todos os dias.

11

O vencedor dentro de nós

Você nasceu com as sementes
da grandiosidade e para vencer
o jogo da vida. Alguns de nós
esquecemo-nos de primeiro
aprender as regras.

A bondade é o único investimento que nunca falha.

Henry David Thomas (1817-1862)

Aqueles que não sentem que estão a dar passos na direcção dos seus objectivos têm cinco vezes mais probabilidades de desistir e três vezes menos probabilidades de se sentirem satisfeitos com as suas vidas.

Elliot, M., 1999, "Time, Work and Meaning", PhD Dissertation (Dissertação de um curso de Filosofia), Pacifica Graduate Institute.

11 | O vencedor dentro de nós

O VENCEDOR DENTRO DE NÓS

Nascemos com uma capacidade natural para ter sucesso. Na tentativa de dar um sentido à vida e ultrapassar os obstáculos ao longo do caminho, as nossas mentes absorvem toda a informação que recebem e guardam-na para futuras referências. A mente de uma criança absorve a informação como uma esponja.

Vários estudos revelaram que os primeiros sete anos de uma vida são um período de aprendizagem muito importante. Muito do que pensamos que somos é moldado durante este período, permanecendo connosco até que conscientemente o alteremos.

Quando éramos crianças estabelecemos inconscientemente objectivos pessoais e tivemos a confiança para os alcançar. Durante uns bons tempos fomos bastante destemidos. Já reparou na naturalidade com que uma criança sobe a um escadote para acompanhar o pai que está a pintar uma janela ou vai confiante fazer festas a um cão no parque? Ao mesmo tempo, porém, as crianças são muito impressionáveis. Se uma criança ouve a mãe dizer que existe um monstro debaixo da cama preparado para lhe agarrar os tornozelos, ao levantar-se durante a noite, a criança vai considerar isso uma verdade. Isso criará uma barreira na mente da criança. O medo apoderou-se e tornou-se um pensamento dominante. O que fazemos com que as crianças acreditem e esperem da vida é muito importante para o seu futuro.

> **Não se auto-limite com expectativas reduzidas, aumente a fasquia e deseje mais do que alguma vez acreditou ser possível.**

É mesmo *verdade* que pode alcançar qualquer objectivo realista que estabeleça. Embora esta afirmação possa parecer fantasiosa, ou um mantra popular de auto-ajuda, sei que não é. O seu sucesso depende da sua *determinação para o criar*, dos objectivos que estabelece, dos sacrifícios que está disposto a fazer e dos benefícios reais que pensa que este sucesso lhe trará.

Vencedores natos

Muitos têm a ideia errada do que é a verdadeira felicidade. Esta não se alcança através da auto-gratificação, mas através da fidelidade a um objectivo meritório.

Helen Keller (1880-1968)

Certamente que todos queremos a liberdade que a segurança financeira proporciona, mas felizmente percebemos que o dinheiro sozinho não traz felicidade. Um amigo meu, psiquiatra, contou-me que os seus pacientes mais pobres passavam a vida a pensar que o dinheiro lhes traria a felicidade, pensamento que lhes dava esperança. Já os seus pacientes ricos percebiam que isso não era assim, e por sua vez, perdiam toda a esperança.

Para desenvolver o seu potencial para vencer e para maximizar as suas probabilidades de obter sucesso deve ser honesto consigo próprio e com os outros, de forma a ter elevados padrões de integridade pessoal. Os seus objectivos são os correctos para si – moral, ética e espiritualmente? Se quer vencer, não pode viver em conflito com os valores que considera cruciais para esse sucesso. A felicidade que resulta do sucesso puramente material é muitas vezes superficial, baseada talvez na indulgência passageira e no prazer efémero. Em contrapartida, o sucesso que provém da verdadeira felicidade é um sentimento maravilhoso e uma experiência permanente de viver um dia de cada vez.

Levem os meus funcionários, mas deixem a minha fábrica e depressa as ervas crescerão no chão da loja. Pelo contrário, levem a minha fábrica, mas deixem os meus funcionários e nós construiremos outro negócio.

Andrew Carnegie (1835-1919)

11 | O vencedor dentro de nós

A abordagem dos **Vencedores Natos** ao sucesso não é uma solução rápida, mas um programa estruturado que o irá ajudar na caminhada entre o ponto onde estão agora e o ponto onde querem estar no futuro. Esse percurso será feito sem comprometer os padrões de cada um – de facto, estes até podem ser confirmados e consolidados pelo caminho. A sua integridade é uma qualidade que só pode perder uma vez – por isso, não a deve comprometer.

Um treinador de uma escola secundária norte-americana referia-se sempre aos seus estudantes como "campeões". Quando lhe perguntaram a razão, respondeu que queria que todos eles pensassem sempre neles próprios como "campeões". Para criar o futuro que quer, deve pensar em si próprio como "campeão." Tal como tem de assumir a responsabilidade pelo seu bem-estar físico, seguindo uma dieta saudável e um programa de exercício físico, para atingir uma mentalidade vencedora, também tem de treinar a sua mente. Por outro lado, assim como os exercícios e a dieta servirão para *condicionar* o seu corpo, desenvolver uma sensação permanente de felicidade e bem-estar está igualmente ao seu alcance.

Crescemos com muitos talentos naturais, mas é tal a nossa vontade de aceitação social no seio do nosso grupo de amigos que, para nos integrarmos, os escondemos. Agora pode redescobrir, desenvolver e usar esses talentos.

MOTIVAÇÃO

Muito se tem escrito sobre a motivação, mas em que consiste exactamente esse conceito? A palavra "motivação" relaciona-se com *motivo* e *acção* – quando procuramos alcançar alguma coisa *avançamos* na direcção do nosso objectivo. Qual é o *seu* motivo para o fazer? É interno, externo, ou uma combinação de ambos? Seja qual for, é sempre a sua força motriz.

Identifique o que o motiva. A sua motivação interna será a sua determinação para mudar. A motivação interna pode ser muito poderosa, se for um empenho sentido profundamente, como resultado do seu propósito e paixão.

Um grupo de pessoas decide deixar de beber bebidas alcoólicas durante o mês de Janeiro: aqueles que o fazem com sucesso uma vez, po-

Vencedores natos

dem fazê-lo todos os anos, porque estão interiormente comprometidos a fazê-lo. A motivação externa é igualmente poderosa: poucas coisas têm mais probabilidades de o fazer parar de beber do que ouvir o médico dizer que o seu fígado irá sofrer se não o fizer.

Podemos motivar-nos relativamente a um objecto – um carro novo, por exemplo. Também podemos recortar uma fotografia do carro, colá--la na parede por cima da nossa secretária e olhar todos os dias para ela, visualizando-nos como se fosse nosso. A nossa determinação em ter o dito carro seria a motivação interna e a fotografia do carro, a externa.

Não é dos dias que nos lembramos, mas dos momentos.

Cesare Pavese (1908-1950)

As nossas motivações variam de acordo com o nosso objectivo. Os primeiros homens guiavam-se pela necessidade de comida e de abrigo, porque sem alimentos morreriam à fome e sem abrigo ficariam expostos ao perigo e às forças da natureza. A afortunada maioria da nossa sociedade, por sua vez, não tem de se preocupar com a fome ou com a falta e abrigo. No mundo moderno, somos motivados por outro tipo de necessidades: queremos segurança financeira para sustentar as nossas famílias e salvaguardar a nossa segurança pessoal.

QUAIS SÃO AS SUAS NECESSIDADES?

Um dia, em Londres, apanhei um mini-táxi conduzido por um ganês. No painel de instrumentos estava uma fotografia de três crianças pequenas. Perguntei-lhe se eram os seus filhos e ele respondeu com grande orgulho que sim e que esperava que se pudessem brevemente juntar a ele em Inglaterra. Perguntei-lhe se gostava de ser condutor de um mini-táxi. Não era mau, disse-me, porque lhe permitia ganhar a vida. Na verdade, era engenheiro, mas não conseguia arranjar emprego na sua área em Londres. Assim, mantinha a fotografia dos filhos com ele para se lembrar constantemente porque conduzia o táxi 12 horas por dia, sete dias por semana.

11 | O vencedor dentro de nós

Para o taxista, aquela fotografia era uma lembrança importante da sua necessidade profunda (de proteger, sustentar e voltar a reunir a sua família). Também deverá identificar as suas necessidades para se poder motivar a si próprio. Muitas técnicas de definição de objectivos recorrem a fotografias e a outras imagens, usando-as como motivações para nos encorajar a construir uma visão clara do futuro que pretendemos – a casa, o carro, as férias ou o que quer que seja. Consolidar esta visão implica relembrar continuamente a imagem e repetir diariamente afirmações positivas que reforçam a memória subconsciente emocional. É uma ferramenta poderosa que não devemos subestimar.

Tanto as contrariedades, como as crises podem ser grandes fontes de motivação. Muitos que perdem os seus empregos afirmam mais tarde que isso foi a melhor coisa que lhes aconteceu. Perder o emprego obrigou-as a concentrarem-se no que queriam fazer com o resto das suas vidas. Essa foi a grande motivação que as levou a sair da sua área de conforto. A motivação, porém, sem uma fé forte e uma sólida confiança na nossa capacidade para vencer, nunca poderá ser verdadeiramente eficaz. Além disso, quando a motivação é puramente pessoal ou orientada para nosso próprio interesse, torna-se geralmente mais difícil de manter do que quando é empregue ao serviço dos outros. Quando um bem maior está em causa, a motivação é mais poderosa, porque se sustenta em valores com muito significado.

Nos negócios, embora as pessoas possam inicialmente ser motivadas pelo dinheiro ou talvez pelo poder e posição, estes não continuam necessariamente a ser os factores mais importantes. Uma empresa norte-americana conduziu um estudo no qual pedia aos supervisores para colocarem por ordem de importância as dez motivações mais importantes dos seus colaboradores. A seguir, pediu aos funcionários para elaborarem uma lista do que mais desejavam conseguir dos seus supervisores.

Passamos a apresentar os resultados na página a seguir.

As empresas muitas vezes são "falsas" no que diz respeito à importância do reconhecimento e do envolvimento dos seus colaboradores, e gastam muita energia no factor motivação com esquemas de incentivos, pacotes de lealdade e dinheiro. Contudo, não compreendem o que está em causa. Claro que o dinheiro é uma motivação, mas não a única. Uma palavra de elogio não tem preço.

Vencedores natos

Um estudo realizado em Massachussetts sobre as causas das doenças de coração colocava aos participantes duas perguntas: "É feliz?" e "gosta do seu emprego?". Os resultados mostraram que os que responderam sim às duas questões eram estatisticamente menos vulneráveis a doenças de coração.

Os nossos principais valores e a nossa paixão pelo que fazemos são as motivações mais fortes que se reflectem na nossa forma de agir, pensar e trabalhar.

I Faça o que gosta

Resultados do estudo sobre quais são as dez motivações mais importantes para:

Supervisores:
1. Bons salários
2. Segurança no emprego
3. Oportunidades de promoção
4. Boas condições de trabalho
5. Trabalho interessante
6. Lealdade da Administração
7. Disciplina com bom senso
8. Reconhecimento
9. Atitude compreensiva
10. Sentir que estão "por dentro" das coisas

Colaboradores:
1. Reconhecimento
2. Sentir que estão "por dentro" das coisas
3. Atitude compreensiva
4. Segurança no emprego
5. Bons salários
6. Trabalho interessante
7. Oportunidades de promoção
8. Lealdade da Administração
9. Boas condições de trabalho
10. Disciplina com bom senso

11 | O vencedor dentro de nós

Qual é a *sua* paixão? Identifique-a e utilize-a em seu proveito. A procura do seu sucesso pessoal não lhe trará necessariamente grande riqueza. Contudo, ao alcançar o sucesso pessoal, cria automaticamente riqueza – e esta pode assumir muitas formas.

OS SEUS PRINCIPAIS VALORES

Quais são os *seus* valores supremos?

Seremos nós sempre justos, honestos, bondosos, humildes, prestáveis, dignos de confiança e corajosos? Se nos fizerem essas perguntas, todos gostaríamos de responder que sim, ou que mais ou menos, à maior parte delas.

Todavia, se os seus valores estiverem em conflito com o seu objectivo, o sucesso irá muito provavelmente escapar-lhe – ou se não lhe escapar, não irá durar muito, porque será construído sobre bases superficiais.

Aqui fica uma pergunta. Para atingir o seu objectivo, seria capaz de roubar? Faria uma falsa declaração? Seria capaz de mentir? Espero que a resposta seja sempre um rotundo não! Todos nós, porém, em determinada altura, dissemos mentiras para poupar os sentimentos de outras pessoas ou reescrevemos o nosso Curriculum Vitae de uma forma que mereceríamos um prémio de ficção. Fizemo-lo e justificámo-lo porque acreditávamos que os fins justificam os meios. Por outro lado, também sabíamos, bem lá no fundo, que nenhuma justificação podia torná-lo correcto e que só nos estávamos a enganar.

Tente criar um padrão ético do qual se possa orgulhar e que os outros irão apresentar como exemplo de excelência pessoal. Conforme diz o ditado: "Se te desmereces, talvez devas procurar fazer algo que mereça a pena."

Não estou a dizer que deve ser bonzinho, ou uma figura santa completamente alienada da vida comum, mas *refiro-me* à integridade pessoal. Na procura de sucesso pessoal e profissional, é importante ter atitudes correctas. Que *não* faça batota, roube ou minta, mesmo de formas que possam ser consideradas como socialmente aceites ou até justificáveis. Quase todos nós já dissemos, uma vez por outra, coisas como "Bem, toda a gente o faz" ou "Fizeram-me o mesmo". Contudo, basta corrompermos uma vez os nossos padrões éticos, para a decadência moral se instalar rapidamente.

Vencedores natos

O jogador de raquetebol Ruben Gonzales chegou à final no seu primeiro torneio profissional e teve de jogar com o campeão em título. No último minuto do encontro, deu uma pancada na bola que a fez embater junto da linha, considerada "dentro" tanto pelo juiz, como pelo juiz de linha. Parecia que tinha ganho o seu primeiro torneio profissional. Gonzales, no entanto, apressou-se a dizer-lhes que a bola tinha sido fora e que tinham visto mal, pedindo para repetir a jogada. Ao repetir a jogada, Gonzales perdeu o torneio. Mais tarde, perguntaram-lhe por que razão tinha desafiado a decisão dos juízes num momento tão auspicioso e permitido que o adversário voltasse à luta. O jogador respondeu que foi simplesmente porque sabia que a bola tinha batido fora e não podia permitir a si próprio assumir a vitória. A sua integridade não estava à venda.

Pense quais são os seus principais valores. Identifique-os e lute para os viver todos os dias.

RESPONSABILIDADE

Todos cometemos erros e todos temos uma responsabilidade pessoal para connosco, para com quem interagimos e para com o mundo em geral. A forma como lidamos com os nossos erros pode afectar crucialmente o resultado do nosso comportamento futuro. Culpamos demasiado os outros pelos nossos erros. Não importa como olhamos para eles, quando as coisas correm mal, todos temos uma responsabilidade pessoal pela qual mais ninguém é responsável. Podemos dizer: "A razão pela qual sou como sou é porque quando era criança não recebi amor" ou "não é por minha culpa que estou atrasado – estou sempre atrasado". Isto é reconhecer o problema sem aceitar responsabilidades. Temos de acabar por aceitar que somos a pessoa que *escolhemos* ser.

Não nos devemos esquecer de que o aspecto da nossa vida que controlamos totalmente é a nossa atitude. Já vimos que podemos aprender novas perspectivas para melhorá-la. Não é fácil mudar hábitos de uma vida inteira, mas se podemos imaginá-la, podemos mudá-la. Aceitemos também os nossos fracassos ao longo do caminho. Nunca é demais sublinhar a importância de aprendermos a não nos identificarmos com o fracasso, encarando-o como uma experiência de aprendizagem.

11 | O vencedor dentro de nós

Viva a sua própria vida. Não perca tempo a comparar-se com os outros – pode não ter consciência do pouco que sabe das suas situações ou dos seus objectivos na vida. Quando estava no Royal Marsden Hospital, disseram-me para nunca discutir o meu caso com mais ninguém, porque podiam dar-me informações ou opiniões que não tinham qualquer relação com o meu caso, mas que podiam, contudo, afectar negativamente os meus sentimentos sobre a minha doença. Para além disso, não deve julgar os outros. Pode não saber nada sobre a sua situação e ou sobre as suas circunstâncias.

> **Não se compare com os outros, pois isso leva à inveja ou à arrogância – duas características que é melhor não ter.**

Uma vez que é responsável pela sua vida, deve controlá-la, saltar para o lugar do condutor e seguir o seu coração em direcção à sua estrela. Para muitos isto parece impossível, porque os sentimentos de falta de competência, de falta de valor e de auto-desprezo, ou um historial de fracassos persistentes, permanecem como um visitante indesejável que nos sussurra ao ouvido: "Nunca será possível. Não consegues ter sucesso. Comprar livros de auto-ajuda não fará qualquer diferença – és um/a falhado/a."

Por muito que tentemos, esta voz não pode ser mudada – ou pode?

Tenho um exercício muito simples, mas muito eficaz. Sente-se em silêncio e reflicta sobre essas dúvidas. Então, bastará perdoar-se a si próprio, do fundo do coração, por essa sensação de vergonha interior. É isso. Ai, é verdade, há mais um pormenor. Deve acrescentar "sou boa pessoa, vou ter sucesso" e quando os pensamentos ou sentimentos negativos aparecerem, repetir: "Sou boa pessoa. Vou ter sucesso." A partir desse momento, terá começado a reconstruir a sua auto-estima e tudo porque assumiu a responsabilidade pelos seus sentimentos, parou de se identificar com eles e começou a avançar noutra direcção.

PERCEPÇÃO

Todos já testemunhámos "magia" quer no palco, quer na televisão. Um certo truque deixa-nos espantados com o que aconteceu – acabámos

Vencedores natos

de testemunhar algo que era impossível! Claro que tinha tudo a ver com o que vimos, por oposição ao que realmente aconteceu. Muito simplesmente, fomos o alvo do engano ou da ilusão.

Não vemos as coisas como elas são. Vemo-las como nós somos.

Anaïs Nin (1903-1977)

O que vemos, ouvimos e tudo aquilo em que acreditamos determina a forma como agimos. A experiência de vida e a convicção pessoal moldam a nossa percepção do mundo, de nós próprios e do nosso futuro.

Se quer mudar a forma como encara o mundo e actua, tem de abandonar as suas percepções e convicções negativas e criar uma nova e honesta visão do seu futuro. Quando alguém diz: "Gostava de poder mudar o meu nariz, porque o que tenho é muito grande", é porque essa pessoa acredita, indubitavelmente, que o nariz é que a impede de avançar. Esta convicção afecta a forma como se sente em relação a ela própria, tornando-se a razão de muita infelicidade e de ausência de realização.

Analise a sua forma de pensar e as suas convicções profundamente enraizadas. Pergunte-se se estas percepções são verdadeiras e honestas ou se não passam de ilusões que criou.

ALEGRIA

A procura da felicidade sem significado é impossível, porque a mente precisa de se identificar claramente com um objectivo. Como a nossa felicidade não vai residir apenas na aquisição de bens materiais, de poder, de hierarquia ou de posição, temos de encontrar um propósito que transcenda estas coisas.

11 | O vencedor dentro de nós

A alegria não está nas coisas, está em nós.

Richard Wagner (1813-1883)

Não estou a sugerir que isto implique necessariamente uma complexa busca espiritual ou filosófica. Os verdadeiros vencedores compreenderam o seu verdadeiro potencial e encontraram conscientemente objectivos com propósito e significado. Testemunhamos o oposto nas pessoas que procuram o esquecimento temporário através da bebida ou das drogas, de forma a obterem um breve alívio nas suas vidas *desprovidas* de qualquer significado ou propósito.

Há muitos anos, um amigo meu de Glasgow falou-me sobre um longo período em que tinha estado mergulhado nas profundezas de uma depressão. Questões relacionadas com o propósito e o significado da vida perseguiam-no e não conseguia encontrar respostas que lhe dessem conforto. Embora tivesse sido criado como cristão, não era religioso. Considerando que a religião era uma hipocrisia, optara por não acreditar em nada. À beira do desespero por se sentir inútil e sem esperança, incapaz de dormir, levantou-se muito cedo e guiou sem destino, acabando num parque de estacionamento perto do lago Lomond – um lugar muito bonito a 40 quilómetros de Glasgow. Quando lá chegou deixou-se ficar no carro e, num momento de esclarecimento, percebeu que o seu objectivo na vida era apenas dar o seu melhor, deixar o mundo um lugar melhor do que tinha encontrado e ajudar o maior número de pessoas que pudesse. Na altura, esta pareceu-me uma solução demasiado simples, mas como isso parecia estar claramente a ajudá-lo, decidi não a por em causa. Mais tarde, cheguei à conclusão de que era verdade.

Não o reconheci senão mais tarde, mas o facto é que o meu amigo tinha descoberto o seu propósito. Tinha encontrado os seus valores essenciais, que lhe relativizaram tudo o resto. Estes valores passavam por dar o seu melhor ao serviço dos outros e essa descoberta libertou-o da sua ansiedade dolorosa, do seu sentimento de impotência, bem como da sua paralisante falta de direcção. Acredito que as nossas vidas são viagens

Vencedores natos

de auto-descoberta. Em último caso, os valores e verdadeiro sucesso que procuramos realizam-se a um nível espiritual, assim que compreendemos que sucesso, alegria e felicidade não residem nas coisas, nos lugares ou nos outros, mas dentro de nós. Por vezes, ser simpático, por si só, tem as suas recompensas, seja no que for em que acreditemos.

Quando tivermos 96 anos e o nosso pára-quedas falhar durante o nosso primeiro mergulho nos céus, algures sobre o Deserto do Nevada, a nossa vida irá passar-nos à frente e uma coisa é certa: não nos iremos lembrar do nosso relógio de ouro, do nosso carro moderno, das nossas roupas de marca ou das nossas propriedades. Por outro lado, duvido muito que a memória de ler este livro nos passe pela mente. O que sei é que nos iremos lembrar daqueles momentos na nossa vida em que estávamos completamente envolvidos e acompanhados e nos sentíamos apreciados: aqueles momentos em que nos entregámos completamente àquilo que estávamos a fazer e às pessoas com quem o fazíamos ou para quem fazíamos. O nascimento do nosso filho, o sorriso de uma pessoa amada, o salto de alegria quando a nossa equipa ganhou um jogo: iremos ver esses momentos pelo que foram – momentos em que nos sentíamos bem vivos. A comemorar e a sentir alegria. A ser amados e amar incondicionalmente. A viver um momento de glória.

Iremos descobrir, quando fizermos uma retrospectiva da vida, que os momentos que se destacam são os momentos em que fizemos coisas por outros.

Henry Drummond (1851-1897)

APRECIAÇÃO

Dá valor a si próprio? Afirma muitas vezes: "Bom trabalho!"? Ou está sempre a encontrar defeitos? As pessoas que não conseguem realizar os seus objectivos ou que têm um historial de fracassos não reconhecem, nem apreciam as suas próprias capacidades, encontrando sistematicamente defeitos e procurando razões pelas quais não conseguem ter sucesso.

11 | O vencedor dentro de nós

Sempre que alcançar o sucesso, ou apenas um pequeno passo na direcção do seu objectivo, deve elogiar o seu esforço e reconhecer o momento. Os vencedores podem, muitas vezes, ser modestos e humildes, mas têm confiança neles próprios. Quando uma sessão de formação ou um período de estudo termina, afirmam claramente: "Foi bom!" Com isso estão a criar uma poderosa memória de cada pequena realização.

A apreciação é uma grande motivação, mas só o poderemos saber se formos alvo dela. É muito desmoralizante quando os nossos melhores esforços não são apreciados.

> **Duas frases mágicas – "por favor" e "obrigado". Usemo-las com frequência e vejamos o que acontece.**

É evidente que o oposto também é verdade. Lembro-me de estar uma vez no autocarro e quando um dos passageiros ia a sair disse ao condutor: "Obrigado pela viagem."

O condutor pareceu por momentos ficar surpreendido, mas depois sorriu e disse: "Hei, é o meu trabalho, mas obrigado." O passageiro tinha simplesmente desenvolvido o hábito de agradecer às pessoas que o ajudavam ou entravam na sua vida de qualquer outra forma. Pense nas vezes em que esteve a conduzir e se encostou à berma da estrada para deixar passar outro veículo num caminho estreito e quando o outro condutor passou não acenou, nem tocou a buzina nem sorriu – limitou-se a passar. Como é que se sentiu? Penso sempre que podiam, pelo menos, ter reconhecido a minha existência. Por outro lado, quando alguém agradece a cedência de passagem sinto um pequeno prazer.

Uma das mais belas recompensas desta vida é que nenhum ser humano pode sinceramente tentar ajudar o outro sem se ajudar a si mesmo.

Ralph Waldo Emerson (1903-1882)

Vencedores natos

Quando elogiamos alguém, ou quando mostramos apreciação pelos seus esforços – mesmo em pequenas iniciativas, como expressar a nossa gratidão ou cortesia – ambos beneficiam. Os outros apreciam o nosso agradecimento e sentimo-nos bem por reconhecer o valor de alguém. Contudo, tão importante quanto apreciar os outros é o facto de, acima de tudo, não nos esquecermos de nós próprios. É por ter consciência, ao longo do caminho, dos seus pequenos sucessos que a sua confiança irá aumentar. À medida que a sua confiança aumenta, o seu sucesso irá multiplicar-se – um processo poderoso, positivo e de auto-satisfação entrará em acção.

Várias pessoas, por muitas razões diferentes, têm uma baixa auto-estima, acreditando não serem dignas de amor. Uma baixa auto-estima irá diminuir-lhe a capacidade de se desenvolver, sendo necessário encontrar estratégias para ultrapassar tais sentimentos. Uma das formas de começar é escrever uma lista das coisas na sua vida por que se sente agradecido. Isso irá ajudar a concentrar-se no lado positivo da sua vida, por mais que as coisas da sua lista lhe pareçam triviais. Estes elementos irão ajudá-lo a identificar-se com o positivo e a encarar-se como alguém capaz de concretizar coisas e de se divertir. A sua lista pode começar com apenas uma ou por várias coisas: "Gosto do sol, gosto dos meus amigos, aprecio o meu gosto por livros, aprecio ter um rendimento regular…"

A sua lista deve ser tão curta ou tão longa quanto quiser e deve acrescentá-la sempre que quiser. A partir de então, começará a criar sentimentos de gratidão que irão gradualmente transformar-se em sentimentos de esperança e de auto-estima.

O QUE FARIA DIFERENTE SE TIVESSE UMA SEGUNDA OPORTUNIDADE?

E se pudesse voltar a ter 18 anos, mas sabendo o que sabe hoje? Tenho a certeza de que há muitas coisas que faria de outra forma, com o conhecimento que tem agora.

Eis um exercício simples que faço frequentemente como parte do programa **Vencedores Natos**.

Analise um aspecto da sua vida que gostaria de mudar. Pode ser começar o seu próprio negócio, mudar-se para o campo, fazer uma alimen-

11 | O vencedor dentro de nós

tação mais saudável, ou manter uma relação amorosa mais equilibrada com o seu parceiro. Pare por um momento e identifique um aspecto da sua vida que gostaria de mudar. Sente-se em silêncio e reflicta sobre a sua situação actual. Visualize-se daqui a dez anos, sem ter mudado absolutamente nada, mantendo-se tal como está agora. Veja-se daqui a dez anos e sinta a sua frustração e zanga pela ausência de progresso. Então, ao visualizar a cena, deve perguntar-se, como se tivesse avançado dez anos no futuro: "Se pudesse andar dez anos para trás e tivesse novamente esta oportunidade, que mudanças faria e o que faria?" Deixe a visualização e compreenda que está agora a viver esse dia – *o dia em que tem a possibilidade de mudar o futuro.*

As mudanças que quer fazer para evitar um futuro infeliz podem ser feitas agora e estão completamente nas suas mãos. Inicie-as imediatamente. Faça-o de uma forma diferente. Faça-o imediatamente.

Se eu pudesse viver novamente a minha vida, da próxima trataria de cometer mais erros e de me descontrair mais. Seria mais tolo ainda do que tenho sido. Subiria mais montanhas, nadaria em mais rios e contemplaria mais entardeceres. Teria mais problemas reais e menos problemas imaginários. Claro que tive momentos de alegria, mas, se pudesse voltar a viver, trataria de ter mais momentos desses. De facto, não quereria mais nada, só momentos, um após o outro... Apanharia mais flores.

Nadine Stair (aos 89 anos)

Tempo é a coisa de que todos temos uma percentagem igual. Não interessa se é o primeiro-ministro do Reino Unido ou o jornaleiro na esquina. Todos temos 60 segundos em cada minuto e 60 minutos em cada hora. Não desperdice este tempo – uma vez passado, nunca volta! Coloque um limite de tempo em cada objectivo que quer alcançar. Com um limite

Vencedores natos

de tempo, é muito mais fácil cumprir o seu prazo. Alguma vez se esquece do dia de Natal? Não. Porque essa data foi estabelecida para nós.

❚ Não se esqueça que nunca mais viverá o dia de hoje.

Uma coisa é certa: não podemos voltar atrás e mudar o passado. Contudo, muitos transportam a sua bagagem e usam o passado como desculpa para a situação presente ou para antecipar futuros fracassos. Sejamos, porém, bastante claros – embora não possamos mudar o passado, podemos deixá-lo para trás. Podemos escolher determinar o nosso futuro. Para começar, o melhor é viver no presente, porque é isso que controlamos.

Era uma vez um jovem e formoso rei que, com todo o seu poder e fortuna, estava perturbado com duas questões para as quais queria desesperadamente uma resposta: "Qual será o momento mais importante da minha vida?" e "quem será a pessoa mais importante da minha vida?" Assim, lançou um desafio aos filósofos do mundo, dizendo que quem respondesse com sucesso às duas questões partilharia da sua riqueza. Vieram filósofos de todo o país e de mais longe, mas nenhum tinha uma resposta satisfatória e que fizesse sentido. Entretanto, alguém falou ao rei de um sábio que vivia a muitos dias de viagem, nas montanhas. O rei partiu imediatamente.

Ao chegar ao sopé da montanha onde vivia o sábio, o rei disfarçou-se de camponês. Quando chegou à modesta cabana do sábio, encontrou-o sentado com as pernas cruzadas, no chão, a escavar.

"Ouvi dizer que era sábio e que podia responder a tudo", disse o rei. "Pode dizer-me quem vai ser a pessoa mais importante na minha vida e qual será o momento mais importante?"

"Ajude-me a escavar algumas batatas", pediu o velho. "Leve-as para o rio e lave-as. Vou ferver alguma água e pode partilhar uma sopa comigo."

Pensando que era um teste, o rei fez o que o sábio lhe pediu. Esperando obter respostas para as suas perguntas o rei ficou vários dias com o sábio.

Vendo que o velho não lhe dava qualquer resposta, o rei acabou por lhe mostrar o escudo real, identificando-se e denunciando-o como uma fraude. Foi com raiva que se referiu aos dias da sua vida que desperdiçara com ele.

11 | O vencedor dentro de nós

"Respondi às suas perguntas assim que nos conhecemos", retorquiu o velho, "mas vejo que não percebeu as minhas respostas."

"O que quer dizer com isso?", perguntou o rei.

"Fi-lo sentir-se bem-vindo quando chegou", continuou o velho, "e partilhei a minha casa consigo. Devia saber que o passado já passou e o futuro não existe – o tempo mais importante na sua vida é agora e a pessoa mais importante na sua vida é a pessoa com quem está agora, porque é aquela com quem está a partilhar e a sentir a vida."

Há duas coisas a almejar na vida: a primeira, conseguir o que se quer; depois, saborear o conseguido. Só os mais sábios conseguem a segunda.

Logan Pearsall Smith (1865-1946)

RIA MAIS

Depois de ter tido alta da unidade de recobro do Royal Marsden Hospital, fui colocado num pequeno quarto com quatro camas. Face a algum desconforto pós-operatório, não dormia muito bem e não me conseguia concentrar em livros ou revistas. A determinada altura, reparei que dois dos outros pacientes na unidade estavam a dormir, mas o terceiro estava a ver televisão. Assim, coloquei os auscultadores e comecei a ver também. Era um programa muito divertido e por muito doloroso que fosse, não conseguia parar de rir. Cada vez que ria, os pontos no meu abdómen esticavam e gritava – mas não conseguia parar de rir. Havia um momento de riso seguido de um momento de agonia. Olhei para o outro homem que estava a ver e constatei que também ele se estava a rir – as nossas camas abanavam silenciosamente. Naquele momento, voltei a sentir o maravilhoso poder do riso, voltando, pela primeira vez, a sentir-me bem por dentro.

Rir muito e rir muitas vezes é um bom conselho e se não conseguirmos encontrar nada que nos faça rir, podemos estar a levar *tudo* demasiado a

Vencedores natos

sério – não devemos. Temos de nos descontrair e de estar disponíveis para esses momentos de alegria espontânea. Rir aumenta a nossa sensação de bem-estar. Aprendamos uma lição com o norte-americano a quem foi diagnosticado cancro, que foi para um hotel, alugou um projector e algumas das suas comédias preferidas e riu-se, regressando a um estado saudável.

Desperdiçamos o dia em que não nos rimos pelo menos uma vez.

Nicolas Chamfort (1741-1794)

Tente encontrar o lado divertido das coisas. Muitas vezes, é só em retrospectiva que podemos ver que algo que parecia terrivelmente sério na altura, era, na realidade, bastante cómico. É muito melhor sermos capazes de nos descontrair o suficiente para descobrir o humor no momento. Soldados, médicos e pessoas que trabalham nos serviços de emergência usam o humor negro para diminuir a ansiedade das tragédias que enfrentam regularmente. "Não sabia se devia rir ou chorar", é algo que dizemos com alguma frequência. Se puder escolher entre rir ou chorar, geralmente é melhor rir. Rir liberta as enzimas que fluem para o nosso cérebro e nos fazem sentir bem, dando-nos um bem estar natural, que nos ajuda a afastar-nos de todas as nossas preocupações. A nossa capacidade para rir é uma dádiva do universo ou um erro da evolução – de qualquer dos modos, devemos utilizá-la.

Anime-se! Procure os seus filmes preferidos. Tenho alguns e às vezes vejo-os mais de uma vez ao longo de um ano, talvez só para passar a cena favorita. Quando sorrimos, aumentamos automaticamente a nossa sensação de bem-estar, pois a nossa mente é impulsionada pelo acto de sorrir, para se relembrar de memórias felizes.

Vi um comediante norte-americano num *talk show* a descrever uma conversa comovente que teve com o pai no seu leito de morte. O pai tinha sido, também, um comediante, actuando em clubes nocturnos, mas

11 | O vencedor dentro de nós

nunca foi famoso. O filho sentia que a vida do pai tinha sido difícil e pouco gratificante e recordou ouvi-lo dizer: "Sabes filho, acho que se ao longo da tua vida fazes pelo menos uma pessoa rir todos os dias tiveste uma vida bem preenchida." O velho comediante tinha tido uma vida bem preenchida. Se me fosse dado a escolher entre ser terrivelmente sério ou rir dos aburdos com que nos deparamos ao longo da vida, sei o que escolheria – sempre.

Rir muito e sempre, ganhar o respeito das pessoas inteligentes e o afecto das crianças; receber a consideração dos críticos honestos e resistir à traição de falsos amigos; apreciar a beleza; descobrir o melhor nos outros; deixar o mundo um pouco melhor, seja através de uma criança mais saudável, um pedaço de jardim ou uma condição social mais justa; saber que ao menos alguém respirou mais facilmente porque nós existimos. Isto é ter tido sucesso.

Ralph Waldo Emerson (1803-1882)

Rir pode ser uma expressão física de alegria e bem-estar ou apenas uma resposta a algo engraçado. Procure momentos divertidos na sua vida e coisas que o façam rir. Quando se reúne com os seus amigos, que histórias contam uns aos outros? Muitas vezes, em reuniões de amigos, tendemos a falar sobre experiências passadas partilhadas, recordando frequentemente os momentos que nos fizeram rir. Quando nos rimos, saímos de nós mesmos e isso é um sentimento maravilhoso.

Nunca deve subestimar o poder do riso na sua vida. Procure-o, desfrute-o, desenvolva-o e entregue-se aos seus poderes curativos. É importante rir das coisas da vida, mas deve igualmente aprender a rir-se de si próprio. Nunca se deve levar muito a sério. Se comete um erro por distracção, deve rir do absurdo e andar para a frente. Não se sinta embaraçado, ansioso ou envergonhado – ria-se de si próprio e aprenda a lição. Nenhuma outra

Vencedores natos

espécie tem sentido de humor ou a capacidade de beneficiar do riso. A nossa capacidade de partilhar o seu poder transformador não se desenvolveu ao acaso; o nosso objectivo pode não ser claro, mas é seguramente divertido. Aproveite-o ao máximo.

LEMBRE-SE

- Descubra o que o motiva – use-o para dar energia às suas acções.
- Seja totalmente responsável pela sua atitude – por isso, escolha ser positivo.
- O tempo é um bem precioso – não desperdice o seu tempo com coisas que o afastam do seu objectivo.

12

Novos começos

Pode mudar a sua vida,
no dia em que quiser.
Basta-lhe
agir positivamente.

**A maior descoberta da minha geração
é que qualquer ser humano
pode mudar de vida, mudando
as suas atitudes "mentais".**

William James (1842-1910)

Os gestores das unidades de produção que estão a atingir os seus padrões de qualidade investem, na verdade, mais 20 por cento de tempo a melhorar as suas atitudes do que os gestores das unidades que não estão a atingir os seus objectivos. Por outras palavras, é melhor trabalhar mais para se ser melhor.

Coulthard, P. 1998. "The Quality Achieving Behaviour of Work Group Managers", P&D Dissertation (Tese de Mestrado), Portland State University.

NOVOS COMEÇOS

Este capítulo irá mostrar como criar e implementar um plano pessoal, ou seja, um projecto para a vida, que pode usar para alcançar tanto o sucesso profissional, como o pessoal. Contudo, atenção: deve lembrar-se que somente você o pode fazer. Assim sendo, todos os livros de desenvolvimento pessoal e de auto-ajuda, todas as cassetes audio e vídeo do mundo criadas para aumentar a inspiração, todos os seminários sobre motivação que frequenta e todas as palavras de encorajamento que recebe de amigos nada poderão fazer por si se *não se comprometer* a fazer com que aconteça.

Se fizer o que sempre fez, terá o que sempre teve. Se não tiver sucesso, ou se a sua vida não estiver onde quer que esteja, então, pode ter a certeza de que nada vai mudar até tomar a decisão *de a fazer* mudar – é tão simples quanto isto.

Esta é a má notícia. A boa notícia é que tem a capacidade de mudar a sua vida no dia em que quiser. Não deve pensar que é um velho cão que não pode aprender novos truques, nem como alguém habituado a velhos comportamentos que será impossível mudar. Nunca é tarde demais para mudar a sua vida. Realmente não interessa a sua idade. Assim, comece por esquecer essa desculpa.

Quer conquistar o sucesso e quer realmente atingir os seus objectivos pessoais – Muito bem, vamos a isso.

> **Quando acredita que consegue, começa a ver as oportunidades surgirem à sua volta.**

Antes de começar a mudar o mundo, aprenda, primeiro, a mudar-se a si próprio. A mudança é algo difícil de atingir. Não é por coincidência que falamos de hábitos a serem "quebrados", porque quebrar um hábito é muitas vezes um processo doloroso e todos temos uma tendência natural para resistir à dor. Mesmo assim, por muito difícil que seja, os hábitos *podem*, efectivamente, ser quebrados e é quando quebramos os hábitos que nos impedem de progredir, que começamos a acreditar no sucesso.

Decida persistir até conseguir realizar o seu objectivo. Diz-se – e sei-o por experiência – que, numa maratona, o último quilómetro é o mais

Vencedores natos

longo. É evidente que só o descobre depois de ter percorrido os primeiros 41.195 metros. Contudo, tem de estar ciente de que é capaz de alcançar muito mais do que actualmente acredita poder alcançar. Para fazer este programa funcionar, deve libertar-se da auto-imagem que restringe o seu crescimento pessoal. Veja-se como tendo nascido predestinado para vencer. Compreenda que todas as mudanças começam por uma mudança de atitude e de mentalidade. Seja qual for a sua história pessoal, para conseguir ultrapassar essas convicções inibidoras, basta querer.

Seja o que for que consiga visualizar plenamente e acreditar em absoluto, então, é porque o pode alcançar e isto é um facto, não uma opinião. É algo que exige um planeamento adequado, persistência e uma confiança inabalável. Quando tiver isso tudo, irá alcançar o seu objectivo.

"Hoje é o primeiro dia do resto das nossas vidas." Embora esta seja uma "frase feita", é verdade. Pode igualmente dizer que ontem foi o último dia da sua vida antiga. O que aconteceu antes moldou a pessoa que é. Se não gosta dessa pessoa, decida hoje que vai mudar. Não pense no que pode correr mal. Se precisar de mais encorajamento, pense neste exemplo.

No primeiro ano de negócio, a Coca-Cola apenas vendeu 400 garrafas. O senhor Gillette, o homem que criou as lâminas de barbear descartáveis, foi inicialmente ridicularizado por muitas empresas, que afirmavam que o projecto estava condenado ao fracasso. No seu primeiro ano de actividade a Gillette vendeu apenas 57 lâminas. Aos 27 anos, David Hartman, um jovem norte-americano que cegara com oito anos de idade, tornou-se o primeiro cego a completar o curso de medicina. Beethoven estava completamente surdo quando compôs a famosa Nona Sinfonia. O inventor dos blocos de *Post-it* persistiu na ideia depois de a campanha de marketing ter sido um fracasso total e de os investidores terem perdido a confiança no produto. Há milhões de exemplos semelhantes.

Lá diz o ditado que "o sucesso surge depois do seu último fracasso". Nenhuma destas pessoas sabia quando seria o último fracasso, mas todas se mantiveram perseverantes. Todo o sucesso tem o seu preço; para alguns aparece facilmente, para outros, exige uma grande dose de esforço. Todavia, os denominadores comuns são a convicção total, a dedicação e a persistência. Assim sendo, com essa ideia em mente, considere agora a criação e o desenvolvimento do seu futuro sucesso. Se o quer realmente, irá construí-lo.

12 | Novos começos

A SUA EMPRESA

Há um professor numa universidade norte-americana que diz o seguinte a todos os novos alunos no primeiro dia de aulas: "Se se pudesse comprar pelo que julga valer e vender-se pelo que *sabe* que vale, seria milionário."

Demasiadas pessoas subestimam-se, tendo uma fraca opinião das suas capacidades e do seu potencial. Contudo, se não nos valorizarmos, quem o fará? No mundo dos negócios, as empresas que atraem investidores são avaliadas pelo seu potencial, não apenas pelos activos financeiros. Da mesma forma, devia avaliar-se pelo seu potencial. Pense em termos daquilo que pode alcançar e não em função do que já fez. Ficará surpreendido.

Pense em si como uma empresa, ou como um bom investimento para o futuro! Vamos chamar a esta empresa *a Sua Empresa*. É uma empresa progressiva ou adversa aos riscos? Quais são os seus recursos e qual é a sua moral? Como é que esta vai crescer um dia para se tornar a *sua Empresa Internacional?*

Nas grandes empresas existem vários departamentos com diferentes funções – investigação, marketing, vendas, distribuição, fabrico, finanças, recursos humanos, etc. Todos trabalham para o sucesso da organização de que fazem parte, complementando-se uns aos outros e trabalhando em harmonia. Caso isto não aconteça, surgirão problemas. Cada departamento pode operar independentemente, mas, se não estiverem todos centrados no mesmo objectivo, as dificuldades irão surgir.

Tal como as organizações são constituídas por departamentos, também nós o somos: temos características distintas dentro de nós, que nos tornam a pessoa que somos e que, tal como os departamentos de uma empresa, devem trabalhar em harmonia. Ninguém é maior do que o seu departamento e nenhum departamento é maior do que a empresa. Da mesma forma, nenhum aspecto da nossa vida é mais importante do que os outros. Há um ditado no desporto que diz que uma equipa campeã pode bater uma equipa de campeões em qualquer altura.

Para ser verdadeiramente feliz e bem sucedido, precisa de funcionar tão eficazmente como uma empresa bem gerida. Assim, substitua os departamentos pelos aspectos individuais da sua vida que precisam de estar a funcionar plenamente. Identifiquei sete: *individualidade, saúde, atitude, relações, espírito, carreira e riqueza.* Analise cada um deles mais em

Vencedores natos

pormenor, mas, primeiro, faça um relatório sobre o estado da *Sua Empresa*. Como está a funcionar?

Qual é a resposta? Está só "bem"? Caso assim seja, penso que não é suficiente. Merece estar a funcionar melhor do que bem. Não nascemos para ficar apenas "bem" – nascemos para ser os melhores.

Como está o seu gráfico da vida de hoje?

Se a *Sua Empresa* está apenas "bem", então ninguém quererá investir nela. Quero que a *Sua Empresa* esteja a funcionar muito bem. Quero apoiar um vencedor. Se o gráfico de vida indica que os principais aspectos da sua vida estão apenas bem ou pior do que isso, então, precisa de colocar em acção o seu plano de vida e operar a um nível que irá garantir sucesso.

OS SEUS SETE ASPECTOS

Quando comecei a criar planos de desenvolvimento pessoal, identifiquei sete aspectos da minha vida que considerei que precisavam de estar a funcionar a um nível acima de "bem" e isto se queria manter o rumo. Pode identificar na sua vida aspectos que são importantes para si, mas que eu não incluí na lista. Pode incluir o que quiser no seu gráfico. Contudo, julgo que estes sete são essenciais e aconselho-o a não negligenciar nenhum deles.

O eixo inferior do seu gráfico contém os seus sete princípios e o eixo do lado esquerdo tem a escala. Vejamos a escala por um momento. A meio escrevi "bem"; uma linha abaixo, "podia ser pior"; duas linhas abaixo, "mau"; e no fim, "nem queiras saber". Uma linha acima de "bem" escrevi "bastante bem"; duas linhas acima, "bestial"; três linhas, "fantástico"; e, no topo da escala, "sensacional".

Pode-se dizer que esta é uma escala um tanto ou quanto subjectiva. Será verdade. Sugiro que as suas escalas sejam sempre subjectivas – não se limitando a incluir numeração de um a dez, pois ficaria demasiado precisa. Cada um de nós deve criar a escala que entender, desde que esta reflicta a forma como encaramos as coisas. Se "fantástico" for o nosso topo, devemos funcionar ao nível de "fantástico" durante o resto da nossa vida. É o que devemos desejar – e o que merecemos!

12 | Novos começos

Analisemos, então, esses sete princípios.

Individualidade

Como se sente em relação a si próprio? Como se sente em relação ao seu futuro? Sente-se confiante para enfrentar qualquer desafio? Como está a sua auto-imagem – sente-se confortável com ela? Gosta dela? Gosta de quem é? Tem orgulho em si próprio? Existem aspectos do seu comportamento dos quais se envergonha? Como é o seu aspecto? Quando olha para o espelho de manhã, gosta do que vê?

Depois de uma festa que acabou bastante tarde, acordei na manhã seguinte e apanhei o meu reflexo no espelho. Olhei uma segunda vez, olhei novamente, depois disse calmamente:"Pai!" Finalmente compreendi que estava a envelhecer e que já não tinha a cara de jovem que imaginava. Durante uns tempos, andei um pouco deprimido, mas, com o tempo, percebi que não tinha com o que me preocupar. Era apenas parte do processo da vida.

Como se sente em relação ao envelhecimento? Está a envelhecer bem ou isso é algo com que não lida bem? Gosta da sua própria companhia? A que distância é que está do "fantástico"?

Saúde

Por saúde refiro-me tanto ao nosso bem-estar mental, como físico. Anda a cuidar de si? Surpreende-se com a forma como alguns tratam os seus corpos? A forma como recorrem à comida e a bebida e outras substâncias, sem pensar nas consequências? E na sua capacidade para negligenciar qualquer ideia de exercício?

Gosto de nos ver ao domingo a lavar os carros, a verificar o óleo e a bateria e a certificar de que tudo está a funcionar bem. Fazemos tudo isto porque conseguimos dar um valor ao carro que vale uma quantia fixa de dinheiro – adoramos mesmo aquele carro. Contudo, às vezes não damos nem metade do valor àquele peça de engenharia orgânica maravilhosamente sofisticada e complexa que está tão longe da nossa capacidade de duplicar – o corpo humano.

Trata do *seu* corpo? Porque não o faz? A sua saúde devia ser uma prioridade. Quem está em boa forma física lida muito melhor com o *stress* do que quem não está. Marque uma consulta com o seu médico para

Vencedores natos

realizar um exame e, depois, crie um programa de bem-estar para ficar em forma.

Deve ter uma alimentação cuidada. Lá diz o ditado que "somos o que comemos". Há muita informação disponível sobre nutrição em livrarias e bibliotecas: que comidas combinar, o que constitui uma boa dieta alimentar quer em geral, quer especificamente – com muitas proteínas, pobre em gordura etc. Devemos estar cientes de que os nossos corpos estão perfeitamente adaptados aos alimentos disponíveis na natureza. Gosto de um hamburguer e batatas fritas de vez em quando, tanto como qualquer outra pessoa – mas tudo com moderação! Não abuse do seu corpo, enchendo-o de porcarias.

Anda a fazer *algum* tipo de exercício? O pouco que puder praticar terá um impacto positivo na sua vida. Estudos sobre homens de 70 anos que começaram a fazer um simples treino para perder peso revelaram uma diminuição na tensão arterial e um aumento da tonificação muscular. Nunca se é demasiado velho para fazer exercício. Mesmo que isso signifique apenas passear mais cinco minutos ou subir as escadas em vez de apanhar o elevador, faça-o.

Uma parte muito importante da sua saúde é a descontracção – o tratamento do *stress*. Toda a gente sente *stress* de tempos a tempos: a chave é saber como lidar com isso. Precisamos de aprender a descontrair de uma maneira natural, saudável, sem depender de tabaco, de álcool ou de quaisquer outras substâncias.

Quanto tempo dedica à descontracção física? Eu medito de manhã e à noite. Por vezes, faço-o durante apenas cinco minutos, outras durante vinte, mas o benefício para a minha vida é incalculável. Embora ainda sinta *stress*, não sofro os seus efeitos como sentia antes. Sim, há alturas em que tudo parece estar a acontecer ao mesmo tempo, mas consigo manter-me calmo, embora a minha mente possa estar a mil à hora. O meu corpo não segue a tendência, porque aprendi a mantê-lo descontraído. Irei partilhar o meu método consigo mais à frente neste livro.

Atitude

A sua atitude é positiva ou negativa? É optimista ou pessimista? Espera o pior e tem esperança do melhor?

12 | Novos começos

A sua atitude é a única coisa que pode mudar imediatamente. Claro que não irá alterar instantaneamente os seus antigos padrões de pensamento e de comportamento, mas irá descobrir que, ao controlar a sua atitude, pode modificar verdadeiramente a sua resposta às situações. Decida ter uma atitude positiva e não se sinta frustrado ou zangado com coisas que o incomodam. A sua atitude determina não só como vê o mundo mas, em última instância, como o mundo o vê a si. Tenha a atitude correcta e tudo o resto se tornará mais fácil. Não está à procura do "bem" – está a esforçar-se pelo "fantástico!"

Relações

Refiro-me a relações no sentido de todas as pessoas com quem interagimos – a nossa família e entes queridos, os nossos colegas de trabalho, amigos e sócios – até estranhos com quem contactamos ao longo do dia e que podemos nunca mais ver. Estabelecemos uma relação com todos com quem nos encontramos.

Como se relaciona com os outros e como reage ao comportamento deles? Adoro este antigo aforismo: "Julgue sempre alguém pela forma como trata uma pessoa que não tem nenhuma 'utilidade' para ela."

Qual é a sua relação com a equipa? Como encara a equipa, as pessoas que a compõem e o seu papel? Sente-se bem com ela? Permite que as relações se desenvolvam? Ou fecha a porta e mantém os outros à distância? Não quero com isto dizer que deva andar por aí a abraçar os outros e a dizer-lhes como são maravilhosos. Aconselho todos a verem o que acontece quando conhecem outras pessoas. Todos analisamos as primeiras impressões, mas, por vezes, interpretamo-las mal e mantemo-nos agarrados a essas primeiras impressões de uma forma demasiado rígida.

As relações mostram frequentemente padrões de comportamento. Qual é o seu? Como é nas relações mais próximas? Tem um padrão de relações difíceis com os chefes? As suas relações com a autoridade demonstram um padrão de conflito? Tem um padrão de relações íntimas disfuncionais?

Esforça-se por manter as relações familiares? Passa tempo com os membros da sua família, apoia-os e é apoiado por eles, ou o trabalho está a consumir-lhe todo o tempo? Está demasiado ocupado a tentar fazer

Vencedores natos

hoje para se preocupar com a sua família amanhã? O seu trabalho assume prioridade sobre a sua família?

Se tiver uma família, esta será a sua rocha de apoio. Se não tiver família chegada, os amigos mais próximos podem tornar-se o sistema de apoio que uma família seria. Ter uma família que nos aceita "incondicionalmente" é importante na vida de todos.

Já referi que, no final das nossas vidas, nos lembramos dos tempos em que estivemos mais envolvidos e fomos mais apreciados. Nada, para além da nossa família, nos deixa mais envolvidos ou nos dá mais valor, seja qual for a forma que tenha. Para alguns, o apoio poderá vir de uma comunidade religiosa, ou militar, bem como de uma outra organização, que lhes fornece o apoio necessário para viverem as suas vidas.

Como está a sua relação com a sua família?

Espírito

O nosso espírito é intemporal e eterno. É a essência do nosso ser; somos e sempre fomos parte do universo. Espero que isto faça sentido e não pareça um disparate esotérico. Pense no espírito como a capacidade para amar; se esta não for uma noção muito fácil de aceitar, pense nele apenas como a energia pessoal que existe, embora possa não ter consciência dela. O espírito liga-nos ao mundo visível e invisível – por exemplo, o amor que sentimos pela nossa família é tanto uma ligação espiritual, como emocional que transcende os sentimentos emocionais. É um amor puro, eterno e imutável.

A nossa sensação de espírito ajuda-nos a compreender o nosso verdadeiro eu e permite-nos encontrar o verdadeiro objectivo, que é fazer o que gostamos. Para os que têm uma crença espiritual ou religiosa, conhecem-no como a alma. Contudo, não interessa no que acreditamos, quem nós somos tem uma dimensão espiritual.

Tem boas intenções? É honesto, sincero, ou genuíno? Se segue uma via espiritual, faz exercícios espirituais, reza ou vai a serviços religiosos? Medita e reflecte no que, de facto, está a fazer com a sua vida? Doa tempo ou dinheiro para ajudar os menos afortunados? Questões como estas irão permitir-lhe descobrir onde está espiritualmente. Assim sendo, não interessa se somos cristãos, muçulmanos, budistas ou ateus: todos temos uma qualidade espiritual para com o nosso ser. Precisamos de nos conectar

12 | Novos começos

com ele, porque o sentido de espírito coloca numa perspectiva com significado muitos outros aspectos das nossas vidas.

Embarquei numa viagem espiritual de exploração e descobri a minha alma. Da mesma forma que os nossos corpos físicos respondem ao exercício, asssim o faz também o nosso espírito. Como os Beatles cantaram "O amor é tudo o que precisamos.... Amor é tudo o que precisamos." *(All you need is love... love is all you need)*.

Carreira

É importante que não nos sintamos definidos pelo trabalho que fazemos, mas grande parte das nossas vidas é determinada pela forma como ganhamos dinheiro para nos sustentarmos – as nossas carreiras. Escolheu a carreira que queria ou esta foi escolhida devido a circunstâncias sobre as quais sentia que não exercia qualquer tipo de controlo?

Tem um objectivo claro? Encaixa-se no futuro que vê para si próprio? Existem assuntos pendentes na sua actual carreira que lhe estão a provocar um conflito interior? Está motivado pela riqueza ou pela felicidade? A carreira que segue é realmente a que mais tem a ver consigo?

Se a sua carreira estiver simplesmente "bem", então, talvez seja altura de pensar em alterá-la.

Finalmente...

Riqueza

Já alguma vez pensou no que é que a riqueza realmente significa para si? Sabe o que é que o faria considerar-se rico? Para alguns, é ter o amor incondicional da família e dos amigos, ao longo das suas vidas. Para outros, é uma determinada quantia de dinheiro. Pela minha experiência pessoal, sei que *se cuidarmos dos primeiros seis aspectos desta lista, a riqueza cuidará de si própria.*

Por isso cuide de si, da sua saúde, da sua atitude, da sua relação, do seu espírito e da sua carreira – e a riqueza seguir-se-á.

Estes são os sete aspectos que precisa de ponderar quando estiver a fazer o seu plano de sucesso para o futuro. Acrescente todos os outros que considere importantes e que não constem da lista. Preencha esse quadro da vida, veja onde está actualmente e, depois, determine como quer que o quadro seja no futuro.

Vencedores natos

O SEU LIVRO

Criou a *Sua Empresa*. Agora tem de decidir em que ramo do negócio está inserido. O que é que a *Sua Empresa* representa? O que irá fazer? Quais são os seus objectivos para o futuro dessa empresa a curto e longo prazo?

Para tal, precisa de colocar os seus objectivos e planos por escrito num caderno, a que chamaremos livro da vida – que é aquilo que efectivamente é. Pode voltar atrás e acrescentar coisas aos objectivos e planos, conforme achar necessário, que irão representar a sua viagem dos objectivos, ou o seu projecto pessoal para o sucesso. Esta parte do procedimento é semelhante ao que pedi anteriormente para fazer, mas agora está a chegar aos pormenores. Não há melhor forma de reforçar o seu objectivo, a um nível subconsciente, do que colocá-lo por escrito. É muito importante que não siga um caminho mais curto, deixando este passo para trás.

Todos os negócios começam com um plano. Os planos identificam o que é que vamos fazer e de que forma o vamos fazer, fazem as previsões de rendimentos e despesas, trimestralmente e anualmente. Evidentemente que não existe um modelo único, nem há um projecto universal para um plano de negócios. O plano deverá ser delineado por si e será quem o compreenderá melhor. Pode desejar encher o seu livro da vida com gráficos ou talvez prefira simples anotações diárias. Não importa a forma – escolha a que mais se adequa.

A principal coisa a reter é que este livro é *seu*. A forma que assume é escolha sua. Irei agora salientar os principais passos que descobri serem úteis na criação do meu livro da vida.

Escolha uma página por estrear e escreva a sua lista de objectivos. Não se deve preocupar com a extensão da lista ou com o carácter fantasista dos objectivos. O importante é deixar o pensamento correr livremente, no que diz respeito aos objectivos de vida que deseja concretizar. Depois, olhe para a lista e divida-a em duas categorias: objectivos realistas – aqueles que realmente acredita que pode alcançar – e objectivos irrealistas – aqueles que sente (ou sabe) que estão para lá da sua capacidade física ou mental, ou que são completamente impossíveis.

A título de exemplo, se tivermos 55 anos, é irrealista almejar ganhar uma medalha de ouro nos Jogos Olímpicos numa prova de corrida. Se

244

12 | Novos começos

tivermos 16 anos, é pouco provável que o nosso desejo de nos tornarmos um cirurgião cardiovascular antes dos 20 se realize.

Agora pegue na sua lista de objectivos realistas e divida-a em três categorias: curto prazo (até um mês), médio prazo (até um ano) e longo prazo (a partir de 12 meses, a contar da data em que foram definidos). A seguir, pegue numa página separada para cada uma dessas categorias, defina esses objectivos. Pode ter dois ou 20 objectivos em concorrência – isso é consigo.

Depois de ter escrito cada página, acrescente em cada uma a data em que, idealmente, gostaria de alcançar o seu objectivo. Agora, comece a rever tudo o que antecede essa data, de maneira a determinar as fases que vai precisar de atravessar. A título de exemplo, se o seu objectivo de médio prazo for reduzir a sua tensão arterial e a sua dependência dos medicamentos e se desejar fazê-lo num período de seis meses, porque fases irá precisar de passar?

Em primeiro lugar, precisa de estudar métodos de redução da tensão arterial, através de uma alimentação saudável e de regimes de exercício. Descobrir se existe alguma clínica ou associação de apoio na sua área de residência que possa ajudá-lo e encorajá-lo. Decida quais são as alterações que terá de fazer no seu regime alimentar e, depois, antes de começar, fale com o seu médico e conte-lhe a sua intenção de reduzir gradualmente a medicação de forma que, no prazo de seis meses, já consiga controlar a sua tensão arterial naturalmente. Irá descobrir que os outros o ajudarão e o incentivarão com frequência.

Na mesma folha de papel, identifique os problemas que pensa encontrar enquanto estiver a tentar alcançar o seu objectivo. Por exemplo, tem o hábito de desistir das coisas? Se sim, decida que não desistirá do seu objectivo. Assuma-o diariamente. Talvez sinta que não sabe o suficiente sobre a sua nova dieta para poder iniciá-la de forma confiante – então, uma vez mais, descubra a informação necessária e fale com alguém que lhe possa dar umas dicas. Identifique os seus problemas e não avance sem antes ter encontrado uma solução.

Por último, pense numa fotografia, numa imagem ou num lema com que possa identificar a concretização do seu objectivo. Pode ser uma fotografia sua com um ar mais saudável, colada numa folha de papel com a seguinte inscrição por baixo: "Tensão arterial baixa – o novo eu!" Pode

Vencedores natos

ser uma afirmação escrita, tal como "estou a ficar mais saudável a cada dia que passa nesta minha batalha por uma tensão arterial naturalmente mais baixa". Pode ser um mantra que repete para si: "Sinto-me óptimo com esta dieta para diminuir a tensão arterial!"

Consulte muito essa página. Poderá alterar o plano, as fases e, até, a data de concretização do objectivo. Contudo, a consulta dessa página irá ajudá-lo a concentrar o seu pensamento exactamente naquilo que está a tentar alcançar. Resumindo: identifique o objectivo, coloque por escrito o seu plano para o concretizar, identifique os problemas e as soluções e, depois, imagine-se a alcançar o objectivo – através de imagens visuais, afirmações pessoais, ou ambas.

O SEU FILME

Um dos factores fundamentais para a atitude mental fixa dos **Vencedores Natos** é que conseguem visualizar o sucesso antes de começarem a viagem. Conseguem visualizar claramente os seus objectivos. Antes de a nossa mente conseguir começar a trabalhar ao nível do subconsciente para nos ajudar a realizar os nossos objectivos, temos de ser capazes de os visualizar com a mesma clareza.

Gostaria agora de partilhar consigo o método do **Vencedor Nato** para uma eficaz descontracção e um eficaz planeamento de objectivos através da visualização.

Antes de conseguir visualizar, deve estar completa e perfeitamente descontraído. Guarde uns momentos todas as manhãs e todas as noites para o fazer. Se precisar de se levantar cedo, então, faça-o. Encontre uma sala sossegada e uma cadeira que não seja demasiado confortável – não quer adormecer! Sente-se verticalmente na cadeira, coloque as mãos no regaço e inspire pelo nariz muito profundamente enquanto conta até cinco. Em seguida, expire pela boca, devagar e suavemente, enquanto conta até cinco. Faça isto entre oito a dez vezes – não muito energicamente, senão pode sentir-se ligeiramente tonto no início – e, enquanto o faz, repita: "Estou a inspirar a calma e a expirar a irritação. Estou a inspirar energia e a expirar fadiga. Estou a inspirar descontracção e a expirar o *stress*". Faça de cada exercício respiratório uma relaxante e calmante mensagem para si próprio. Passado cerca de um minuto, comece por repetir, calmamen-

12 | Novos começos

te o seu pensamento: "Estou a descontrair, estou calmo". Deixe que a sua voz interior se torne cada vez mais distante até que desapareça por completo. Não preste atenção a quaisquer pensamentos que lhe possam invadir a mente; deixe-os irem embora. O seu cérebro, que não está habituado a uma tal inacção consciente, depois de inicialmente tentar distrai-lo, acabará por ficar calmo. No princípio, será difícil habituar-se, mas seja perseverante – acontecerá.

A finalidade de todas as técnicas de descontracção e meditação é descontrair o corpo e a mente. Inspirar e expirar de uma forma rítmica irá ajudá-lo a descontrair o seu corpo e a aliviar a sua mente. Tudo o que vale a pena, requer prática, mas o mais importante é começar.

Depois de três ou quatro minutos, quando estiver a sentir-se completamente calmo, visualize o seu lugar favorito no mundo. Pense num local que adore: pode ser uma praia nos trópicos, uma rua na sua terra natal, um lugar mágico das suas fantasias de infância – o que quer que seja que encaixe na descrição: "o meu local favorito em todo o mundo".

Onde quer que se situe esse local, visualize-o com a sua visão mental. Se não conseguir distingui-lo claramente, pense nisso e imagine os cheiros, os sons e os sentimentos a que o associa. Associe sentimentos de bem-estar a este local. Olhe à volta, reconheça as vistas que lhe são familiares e viva as sensações de felicidade e de descontracção que tudo lhe traz. O que vê? O que é que cheira? Está lá algum amigo a sorrir-lhe? Sinta o conforto e a segurança que este local lhe transmite. Sinta o bem-estar, a alegria e a emoção de ali estar.

Agora – e mesmo que esteja numa praia –imagine um par de portas duplas – que lhe dão passagem para o seu próprio cinema privado. Conceba uma entrada para a qual goste de olhar, porque essa será a entrada que "verá" sempre que praticar a visualização. Em seguida, transponha as portas duplas e entre na sala de estar. Olhe à sua volta e sinta que está num local familiar e seguro. Esteja nessa sala apenas por uns momentos, mas sinta-se livre para a encher com tudo o que deseja – uma lareira a crepitar, por exemplo, uma cadeira de braços, fotografias suas ou daqueles que ama, ou de amigos do passado e actuais. O importante é visualizar um cenário com fortes ligações pessoais que lhe active memórias emocionais.

Vencedores natos

A sua passagem pela sala de estar do cinema prepara-lhe a mente com as imagens mais positivas de descontracção e segurança. Em seguida, deve dirigir-se à entrada da sua sala privada de cinema para produzir e realizar o seu próprio filme. Assim, caminhe ao longo da sala, em direcção a outro par de portas duplas – que, misteriosamente e com a magia características dos filmes, se abrem de par em par à sua frente. Desça a ala central do seu cinema e escolha um lugar maravilhosamente confortável onde quiser.

Agora, a intensidade das luzes diminui, as cortinas separam-se e, no ecrã, aparecem as palavras: "Destaques Anteriores". No ecrã surge uma montagem dos momentos mágicos da sua vida, dos momentos repletos de memórias emocionais positivas e poderosas que irá adorar ver – e acompanhadas pela sua música favorita, se assim o quiser.

Estas memórias despoletarão na sua mente as emoções de sucessos passados. Pode ver-se a ser aplaudido depois de fazer um discurso na escola, a abrir o envelope que contém a confirmação de que foi aceite na Universidade, a viver o seu primeiro beijo, ou ver alguém dizer-lhe que o ama. Pode ver-se a si próprio a marcar um golo que dá a vitória à equipa de futebol onde costumava jogar ou a ganhar a gestão de uma conta-cliente. Seja o que for que estas imagem lhe façam recordar, serão momentos da sua vida em que se sentiu totalmente vivo. Totalmente bem sucedido. Totalmente feliz.

Está a sentir e a reconhecer as emoções associadas ao facto de ser um vencedor.

Em seguida, a sequência da montagem termina e surge no ecrã: "Agora em Exibição". Olhe para sua vida como ela é! Veja como realmente é, com as imperfeições e tudo o resto. Veja-se sentado no escritório, completamente entediado. Observe alguns aspectos da sua vida dos quais não gosta. Agora, pare o filme e deixe que essas imagens desapareçam. Pense numa imagem de um dos seus hábitos que menos aprecia – talvez roer as unhas – e deixe que se desvaneça de forma lenta e concreta. Visualize em pensamento esses hábitos, comportamentos e partes da sua vida que deseja mudar e observe-os desaparecerem mentalmente da sua vida. Está agora a programar claramente o seu subconsciente para alterar essas imagens e as coisas na sua vida de que não gosta, que quer que terminem e das quais se deseja libertar.

12 | Novos começos

Agora, as luzes parecem diminuir ainda mais de intensidade, a cortina afasta-se um pouco mais, o ecrã fica maior, a música intensifica-se e, então, surgem as seguintes palavras no ecrã: "Exibições Futuras". Agora vai ver-se a atingir os seus objectivos. Vê-se em forma e saudável, sentado atrás da secretária que sempre sonhou ocupar, fazendo o que quer que fosse pelo seu objectivo. Quando tiver visualizado claramente a cena, flutue acima do seu lugar. Está tudo bem – é o realizador, tem um orçamento ilimitado, pode fazer o que quiser, por isso, entre no cenário e torne-se parte dele. Sinta as roupas que está a usar, torne-se parte da cena que criou, viva o objectivo com que sempre sonhou e crie uma ligação emocional com a sensação que este sucesso lhe provoca.

Crie memórias emocionais deste acontecimento futuro, sinta-as plenamente e cheire as flores no jardim. Seja qual for o objectivo que tenha visualizado, torne-se parte do seu filme e passe de cena em cena como se estivesse a mexer num botão de controlo remoto. Quando terminar, volte ao seu lugar, veja as cortinas a fecharem-se, oiça a música a terminar e contemple as luzes a acenderem-se. Agora saia rapidamente da sala de cinema, passe pela sala de estar e regresse à sua praia ou àquele que elegeu como o seu local favorito. Então, comece calmamente a tomar consciência de tudo quanto o rodeia de momento, inspire e expire devagar, abra calmamente os olhos e regresse à consciencialização total.

Esta é a única oportunidade que tem na Terra com a empolgante aventura que se chama vida. Assim, por que não planeá-la e tentar vivê-la de uma forma tão enriquecedora e feliz quanto possível?

A criação dessa poderosa memória visual ajuda-o a criar o objectivo no qual a sua mente se concentrará. Regressar ao seu plano escrito irá ajudar a reafirmá-lo. Ao agir assim, estará a reforçar de forma poderosa a sua convicção em si próprio. Subconscientemente, isso terá um profundo efeito sobre a forma como se vê e sobre a sua forma de agir. Irá naturalmente cuidar da sua saúde, da sua família, da sua carreira e de tudo o resto, porque essas coisas irão *automática e inconscientemente* posicionar-se em direcção ao seu objectivo.

Alguns poderão gostar de pensar que este é um processo irracional ou até místico, mas, com efeito, é completamente lógico. *Pode* criar novos objectivos e visualizar novas experiências e, em simultâneo, descobrir a capacidade para se descontrair completamente. À medida que for fazendo

Vencedores natos

isso, cada vez com maior frequência, ficará apto a fazê-lo mais rapidamente. Não se deve preocupar se, no início, não conseguir ver imagens claras ou ouvir os sons que quer ouvir. Com a prática, a parte da sua memória visual que consegue criar os seus próprios filmes tornar-se-á plenamente funcional. Nessa altura, você é a estrela.

A SUA SEQUELA – ATÉ AO INFINITO E PARA ALÉM DISSO!

Regresse diariamente ao seu futuro visualizado. Irá com isso fortalecer a sua capacidade de concentração que irá ajudá-lo a decidir até que ponto o plano que segue está realmente a funcionar. Se não estiver, não deve alterar o seu objectivo – deve alterar o plano. É natural que passe por contrariedades, mas, enquanto que, no passado, poderá ter desistido ou visto estas contrariedades como a confirmação do fracasso inevitável, agora elas serão reduzidas à sua insignificância porque já teve aquele primeiro sabor do sucesso e já se começou a identificar com um vencedor.

No final das nossas vidas não lamentamos as coisas em que falhámos: lamentamos as coisas que desejámos e nunca tentámos.

Robin Sieger

Lembre-se sempre que esta é a *sua* vida. A *sua* vida é tão valiosa e tem tanto significado quanto a de qualquer outra pessoa que já tenha existido neste planeta. Assim, decida vivê-la em pleno. Viva-a de uma forma que inspire os outros. Transforme-a numa vida para a qual olhará com orgulho.

O dia de hoje nunca mais volta, por isso, aproveite-o. Não perca tempo a fazer coisas que não lhe fazem bem nenhum ou que o distanciem dos seus sonhos. Tenha em mente que mesmo os seus períodos de descontracção – especialmente os seus períodos de descontracção – são tempo bem passado. Apesar de haver quem possa pensar que estamos simplesmente para ali sentados, quando estiver no seu processo de visualização, saberá que é nesse momento que está a visitar o seu futuro.

12 | Novos começos

A sua vida irá trazer-lhe a alegria e o sucesso com que sonhou se a receber de braços abertos e se comprometer a vivê-la na sua plenitude – viver a vida que deseja e alcançar os objectivos com que sonhou. Uma coisa sei: o que quer que seja que invista na vida, esta irá devolver-lhe isso com juros.

Se pode sonhar, também pode tornar os seus sonhos realidade.

Walt Disney (1901-1966)

Sei que a vida não é fácil, que a estrada é comprida e que, por vezes, se transforma, inesperadamente, num traiçoeiro caminho montanhoso com curvas muito sinuosas. Contudo, quando finalmente chegar ao seu destino, não haverá dor, dificuldade ou contrariedade que lhe venha à memória. Apenas a satisfação de ter conseguido fazer aquilo que estabeleceu, com a certeza de que o espera uma vida cheia de sucessos futuros.

Não tenha pressa. Não se preocupe. Está aqui para uma curta visita, por isso, não se esqueça de parar e de cheirar as rosas.

Walter Hagen (1892-1969)

Volte a pegar neste livro e em outros que o informaram e inspiraram. Existe uma riqueza de informação para ir juntando e muitas pessoas que o podem ajudar. Não recue – questione-se! Não posso fazer de ninguém um vencedor – você já o é. O que tentei fazer foi afastar o fumo da insegurança e do receio que todos sentimos uma ou outra vez nas nossas vidas, e mostrar a estrada em frente que é o nosso futuro, se assim o quisermos.

Vencedores natos

Não posso desejar mais do que isto a ninguém: que sigam em frente para se tornarem os **Vencedores Natos** que são. É claro que deve gozar a viagem. Sei que o conseguirá: e também sei que quando acreditar que consegue agirá nesse sentido – a magia começa.

LEMBRE-SE

- Tudo começa com um sonho – por isso, sonhe em grande e atreva-se a falhar.
- Quando age – a magia acontece.
- Quando acredita profundamente que consegue – e actua nesse sentido – experimentará o sabor do sucesso.

13

Epílogo

13 | Epílogo

A CORRIDA DE ROB

Se alguma vez alguém for ao *pub Old Forge* em Inverie, na Escócia, irá encontrar uma placa na parede que comemora a "Corrida do Rob." Quem completar o desafio, ganha uma caneca de Guiness. É por minha conta.

Tudo começou em Banguecoque, em 25 de Agosto de 1986, quando uma criança magnífica chamada Sumitta nasceu. Sumitta nasceu cega e, devido a complicações durante o parto, sofreu danos cerebrais. Quando tinha cinco anos, os seus pais tiveram de a entregar a um orfanato Pattaya. O orfanato tinha começado por acaso, quando em 1970, uma criança abandonada foi deixada com o Padre Brennan, natural de Chicago, que depois da sua ordenação em 1960 foi trabalhar para a Tailândia. O orfanato é agora a casa de 800 crianças, com escolas para cegos e surdos, um centro de treino vocacional para jovens adultos com deficiência e uma casa para miúdos da rua.

Em 1992 vi um anúncio num jornal a pedir patrocinadores para as crianças do orfanato, por isso decidi dar a minha contribuição e recebi informações sobre a Sumitta. Passei a fazer uma transferência monetária mensal e durante algum tempo mantive essa doação. Sentia-me bem por fazer alguma coisa, mas não estava realmente a fazer nada, era caridade passiva. Em 1996 aproximava-se a data do meu 40.º aniversário e decidi que, para celebrar a ocasião, iria a pé da remota cabana do meu amigo Tom, em Strathconnan, no Norte da Escócia, até ao *pub* mais remoto no território británico, o *Old Forge* em Inverie, na península de Knoydart. A distância era de 117 quilómetros e pensei que seria um desafio adequado para a minha idade. Assim, planeei e treinei durante seis meses e também convidei alguns amigos para participarem naquilo que é agora simplesmente designado "a Caminhada". Mais tarde, decidi utilizar esta iniciativa como uma oportunidade para angariar dinheiro para a Sumitta da Tailândia.

Nasci e cresci em Glasgow, uma cidade industrial com um grande centro e uma reputação difícil. Quando era criança sempre quis conhecer as Terras Altas e caminhar pelos vales onde, há muito tempo, pelo que tinha ouvido, guerreiros orgulhosos tinham lutado até ao último homem, na busca da sua liberdade. Na altura, aqueles vales pareciam ser noutro país, muito longe do meu alcance; mas agora estava no ponto de partida de uma jornada com a qual sonhara quando era miúdo em Glasgow, 30 anos antes.

Vencedores natos

O grande dia chegou e partimos. O tempo estava péssimo, com a chuva e o vento a enfraquecerem a nossa energia. Quando, depois de 14 horas infernais, dois elementos do grupo começaram a mostrar sinais de hipotermia (eu era um deles), abandonámos a tentativa.

No ano seguinte fizemos uma nova tentativa, mas um dos companheiros partiu o tornozelo, e mais uma vez, a viagem foi abandonada. O dinheiro que tinha conseguido juntar para a Sumitta continuava numa conta bancária, mas ainda não tinha atingido o meu objectivo.

Decidi, com relutância, tentar outra vez mas ninguém estava disponível para ir comigo. Caminhar sozinho num terreno tão acidentado era aventureiro e irresponsável, por isso as coisas pareciam sombrias. Um pouco desconsolado, coloquei um mapa com a rota da caminhada na parede do meu escritório e nos quatro meses seguintes quase toda a gente que passava pelo escritório via o mapa e perguntava pela viagem, mas ninguém mostrava interesse em participar. Então, duas pessoas que não se conheciam antes viram o mapa durante visitas ao meu escritório, colocaram algumas questões e imediatamente se voluntariaram para ajudar.

Ambos tinham excelentes qualidades: o Steve era um antigo instrutor do exército australiano e o Nic um treinador australiano. Pedi ao Brett, um sul-africano que tinha um Land Rover, para ajudar como condutor de apoio. Todos estavam a trabalhar em Londres, mas nenhum deles se conhecia. À última hora, convidei o meu amigo Chris Rufford, um médico que costumava participar em expedições, para se juntar à equipa de apoio.

Os dias que antecederam a minha terceira tentativa produziram o pior clima do ano, principalmente na Escócia, e não mostravam sinais de melhorias. Um dia antes da nossa partida comecei a ficar gradualmente ansioso, com a lembrança dos fracassos anteriores a pesarem. Tinha tentado a caminhada duas vezes antes – de ambas as vezes as condições tinham sido brutais, de ambas as vezes fiquei fisicamente exausto pela distância e pelo tempo e de ambas as vezes tinha falhado. Tinha começado a acreditar que a caminhada era um objectivo irrealista. Especialmente agora, que tinha estabelecido o objectivo pessoal de a fazer em 48 horas.

Quando iniciámos a viagem até ao ponto de partida, estava vento e a chover muito. Depois, de uma forma quase inacreditável, a 15 quilómetros do início, foi como se alguém tivesse fechado a torneira – a chuva parou,

13 | Epílogo

as nuvens partiram e o sol começou a brilhar. Às 15:30 de sexta-feira, dia 12 de Junho de 1998, comecei a minha terceira tentativa da caminhada.

Steve e eu começámos a primeira secção e o Nic juntou-se a nós para uma caminhada nocturna – uma parte exigente da rota através de um terreno alagado e traiçoeiro. À 1:30 da manhã chegámos ao segundo ponto de encontro planeado, para descobrir que o veículo que transportava comida quente ainda não tinha chegado. Ficámos muito desapontados, porque a sopa quente tinha adquirido qualidades míticas nos últimos dez quilómetros. Andávamos sem parar há dez horas e tínhamos percorrido 42 quilómetros. Exaustos, deitámo-nos juntos no chão, numa tentativa de nos aquecermos. Passados cerca de dez minutos, o Steve disse: "Vamos" e partimos silenciosamente na escuridão para o próximo ponto de encontro, a 25 quilómetros. Seis horas depois, encontrámos o veículo de apoio, que não tinha sido capaz de nos encontrar no ponto de encontro anterior porque um portão fechado tinha bloqueado o caminho. O Steve e o Nick descansaram e rapidamente adormeceram. Sentei-me e olhei para os meus pés pela primeira vez. Não era uma visão agradável – quatro das unhas tinham caído.

Depois de um curto descanso, parti para os dez quilómetros da secção seguinte com o Chris, mas os meus pés doíam imenso e sentia-me exausto. Depois de 30 dolorosos minutos, disse-lhe que ia desistir. Todo o projecto tinha sido demasiado ambicioso; tinha dado o meu melhor, mas os meus pés estavam uma desgraça e estava a sofrer. Os meus caminhantes de apoio também estavam exaustos. O Chris apoiou a minha decisão e passado um pouco chegámos ao ponto de encontro seguinte, numa ponte, onde esperámos pelo veículo de apoio. Contudo, desta vez, a diferença era que quando este chegasse, eu entraria nele. Sentámo-nos na ponte, no sopé da secção seguinte da montanha, contemplando o caminho de 13 quilómetros que já não queria nem era capaz de subir. Além dos carros peculiares que passavam, o silêncio era completo. Olhei para os meus pés e sonhei com um banho quente e um longo sono.

Já tinha justificado completamente a minha decisão para mim próprio, mas, ao mesmo, tempo sentia-me desiludido. Tinha dado 100 por cento, mas não era suficiente. Decidi que libertaria da conta o dinheiro para a Sumitta e o enviaria para o orfanato e embora tivesse falhado, encontrei conforto no facto de ter tentado.

Vencedores natos

Mais uma vez, o veículo de apoio não chegou. Depois de 15 minutos de silêncio, o Chris olhou seriamente para mim e perguntou: "Vais atravessar aquela montanha, não vais?"

Consegui sussurrar um cansado e emocionado: "Sim, vou."

"Então, está bem", disse. "É melhor ligar-te os pés."

Tinha recordado as palavras do meu amigo durante uma sessão de treino no País de Gales: "Só falhamos quando desistimos."

Finalmente o veículo chegou, com o Nic e o Steve adormecidos na parte de trás. O Chris disse que estava demasiado cansado para fazer a subida comigo, mas o Brett, o condutor, anunciou que iria, embora só estivesse a usar sapatos de cidade. Atravessámos a secção e quatro horas mais tarde, 22 horas e meia e 56 quilómetros depois, chegámos a Kinloch Hourn, o local para passar a noite.

No dia seguinte, descansado, refrescado e com os pés novamente ligados, caminhei os 29 quilómetros finais com o Chris, o Nic e o Steve. Cheguei 46 horas e 22 minutos depois de ter deixado o ponto de partida. Tinha percorrido 117 quilómetros. Tinha conseguido. Caminhei para o *pub Old Forge* e pedi uma caneca de Guiness. O Chris pediu-me, então, que lhe explicasse porque tinha continuado, depois de ter inflexivelmente decidido desistir.

Disse-lhe que à medida que caminhávamos, pela noite dentro, o Nic e eu tínhamos descoberto que partilhávamos não só um filme que ambos tínhamos gostado – *Braveheart* –, mas também o sentimento da nossa cena favorita nesse filme. A cena é imediatamente antes da primeira batalha entre os escoceses e as forças inglesas, mais poderosas. William Wallace vai ter com alguns soldados escoceses que estavam a fugir. Pergunta-lhes porquê. "Porque se corremos, vivemos e, se ficarmos, podemos morrer", é a resposta.

Retorque-lhes Wallace: "Lutem e podem morrer, corram e irão viver – por algum tempo. E ao morrerem nas vossas camas daqui a muitos anos, estarão dispostos a trocar todos os dias a partir deste dia por esta oportunidade – oportunidade única – de voltar aqui e dizer aos nossos inimigos que podem tirar as nossas vidas, mas que nunca tirarão a nossa liberdade?"

Enquanto estava sentado naquela ponte, exausto e desanimado, tinha pensado nos estranhos, agora meus companheiros, que tinham visto o mapa na parede do meu escritório e tinham dado o seu tempo para apoiar

13 | Epílogo

o meu sonho, e tinha pensado na mudança milagrosa das condições climatéricas. Acima de tudo, pensara em Sumitta: prometera a mim próprio que iria angariar activamente dinheiro para ela.

Pensei então: o que daria eu, daqui a um ano, para voltar e ter novamente esta oportunidade? Tinha procurado razões para desistir e não razões para continuar. Lembrei-me que o vencedor é apenas alguém que se levanta mais uma vez do que cai. Sei que todos temos a capacidade para escavar um pouco mais fundo, para persistir um pouco mais e, no meu desconforto temporário, tinha procurado a opção mais fácil. Assim, enquanto pudesse pôr um pé à frente do outro, não iria desistir. Continuar já não era uma privação, era um privilégio.

No dia seguinte, menos de uma hora depois de ter saído de Knoydart, começaram a surgir nuvens e a tempestade que tinha cercado a maior parte da Escócia naquele fim-de-semana voltou. Não consegui deixar de pensar no clima antes e depois e acerca da verdade de algumas palavras escritas em 1951 por W.H. Murray, que participou na expedição de reconhecimento ao Monte Evereste com a expedição escocesa aos Himalaias. Eis o que ele escreveu:

Até que alguém se comprometa existe hesitação e a possibilidade de voltar atrás, com resultados pouco eficazes. Em relação a todos os actos de iniciativa (e criação) existe uma verdade elementar e se a ignorar está a destruir inúmeras ideias e excelentes planos: no momento em que alguém se compromete definitivamente consigo próprio, então, a Providência também entra em acção. Surge todo o tipo de coisas para ajudar alguém, que de outra forma nunca seria possível surgir. Depois de tomada essa decisão, dá-se todo um conjunto de acontecimentos a favor de alguém, ocorre todo o tipo de episódios imprevistos e aparecem encontros e material de assistência que ninguém poderia ter imaginado que pudessem surgir no seu caminho.

14

Anexo: o seu cérebro

O seu cérebro é o lugar
do pensamento, do desejo,
do poder, da vontade
e da crença. A natureza levou
240 milhões de anos
a aperfeiçoá-lo. Utilize-o!

**Não basta ter um espírito bom;
o importante é aplicá-lo bem.**

René Descartes (1596-1650)

O número total de sinapses no córtex cerebral corresponde a 50 biliões (sim, biliões).

Shepherd, G.M., 1998. *The Synaptic Organization of the Brain*, Oxford University Press Inc., EUA.

14 | Anexo: o seu cérebro

O SEU CÉREBRO

Todos os feitos, desde o mais grandioso ao mais humilde, começam por ganhar vida na imaginação de uma pessoa como uma ideia. Pensamos e sonhamos por imagens e esses sonhos e imagens apenas existem nas nossas mentes, por isso vale a pena estudar o grande tema que é aquela massa cinzenta. Na verdade, o cérebro é mais da cor bege, pelo que, para ser tecnicamente correcto, penso que deveremos chamar-lhe "aquela massa bege".

Já muito se escreveu sobre o cérebro, mas continua a ser a parte menos compreendida do nosso corpo. Os especialistas dizem-nos que utilizamos apenas cinco por cento do seu potencial e que o cérebro é mais poderoso do que o computador mais potente do mundo. O aspecto mais importante a reter acerca do cérebro é que a forma como pensamos rege tudo o que fazemos e, apesar de a herança genética poder ser responsável por 50 por cento do nosso processo mental, essa capacidade ainda nos deixa outros 50 por cento que podemos desenvolver e controlar.

Ponderemos sobre as imensas capacidades do cérebro. Pensemos em John Milton, com idade já avançada, a memorisar a sua obra *Paraíso Perdido*, ou em Mozart, que aos 13 anos compôs concertos, sonatas, sinfonias, uma opereta e uma ópera. Já todos ouvimos falar de pessoas com capacidades mentais extraordinárias para a matemática ou memorização, mas o mais curioso é que essas capacidades não se enquadram necessariamente com modelos convencionais de inteligência. Tomemos como exemplo o caso do autismo, que durante muitos anos foi um dos mistérios da medicina. Os autistas são classificados como socialmente disfuncionais e têm sérias dificuldades de aprendizagem, se bem que alguns deles sejam capazes dos mais extraordinários feitos ao nível da memorização e tenham extraordinárias qualidades musicais e de raciocínio matemático.

Sejamos claros – o nosso cérebro não é apenas o mais complexo órgão do nosso corpo, é o órgão mais desenvolvido do mundo. É matéria viva, tem capacidade para se auto-regenerar e consegue ir buscar cada memória que armazena para utilização futura durante toda a nossa vida. Nunca se desliga; nunca deixa de funcionar; é a origem de todas as nossas experiências, das nossas expectativas, das nossas crenças, da nossa intuição –

Vencedores natos

de nós mesmos. Assim, uma vez que o cérebro é a casa de todos os nossos pensamentos, sonhos e ambições, quanto mais preparados estivermos para perceber e desenvolver o processo racional, mais rapidamente conseguiremos aumentar a nossa eficiência e o nosso progresso na prossecução dos nossos objectivos.

Quando comparados com os primeiros estudos, os progressos registados desde os anos 60 na explicação da complexa neurofisiologia do cérebro têm sido fenomenais, mas quanto mais descobrimos, mais nos apercebemos que ainda estamos apenas a arranhar a superfície.

Contudo, existem algumas perspectivas fundamentais que podemos obter com a observação da estrutura, da função e dos processos racionais do cérebro e que irão colocar em perspectiva as técnicas do **Vencedor Nato** de condicionamento mental da abordagem pessoal ao sucesso. Sempre considerei que o cérebro é a maior criação da natureza – infelizmente, veio sem manual de instruções e quanto mais cedo nos apercebermos do seu potencial, melhor.

A SUA ESTRUTURA

A análise pormenorizada da estrutura do cérebro – a menos que estejamos a tirar o curso de neurocirurgia – é bastante entediante devido ao facto de a mais pequena parte deste órgão, tão complexo, estar cheia de nomes impronunciáveis. Por essa razão, tentarei denominá-los com a linguagem mais corrente possível.

Conforme podem observar no meu diagrama, o cérebro é composto por três partes: tronco encefálico, cerebelo e cérebro. Na perspectiva evolucionária, o tronco encefálico foi a primeira parte do cérebro a desenvolver-se – há cerca de 270 milhões de anos, mais dia, menos dia. Os primeiros animais terrestres eram répteis e por isso é que o tronco encefálico, esta primeira zona rudimentar, é conhecida por "cérebro reptiliano". Esta zona controla a informação proveniente das nossas sensações físicas, sendo também responsável pelas tarefas domésticas básicas dessa sua casa, tais como a respiração e a pulsação. Não requer qualquer tipo de raciocínio ou sensação e não possui centro emocional – o que explica o porquê de os lagartos conseguirem comer as suas próprias crias e não servirem para animais de estimação afeiçoados.

14 | Anexo: o seu cérebro

Guia simples do Robin para o cérebro

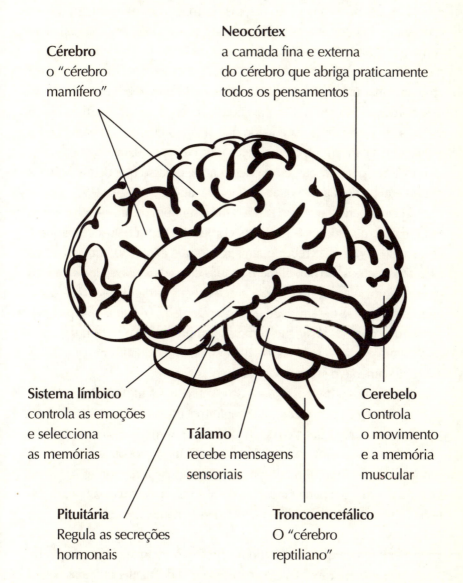

Cérebro
o "cérebro mamífero"

Neocórtex
a camada fina e externa do cérebro que abriga praticamente todos os pensamentos

Sistema límbico
controla as emoções e selecciona as memórias

Tálamo
recebe mensagens sensoriais

Cerebelo
Controla o movimento e a memória muscular

Pituitária
Regula as secreções hormonais

Troncoencefálico
O "cérebro reptiliano"

A seguir desenvolveu-se – cerca de 40 milhões de anos mais tarde – o cerebelo, que se assemelha a uma couve-flor envelhecida e se situa por detrás do tronco encefálico. A sua função é coordenar os movimentos musculares e desenvolver a memória muscular, o que nos permite descer uma rua sem qualquer pensamento consciente de equilíbrio ou de movimento dos nossos braços e pernas.

Vencedores natos

Os atletas profissionais trabalham para desenvolver uma forte memória muscular, de modo a que, no calor da competição, não tenham que se concentrar no controlo das suas acções – elas acontecem naturalmente. A memória muscular melhora ao longo da infância e os seus primeiros passos no desenvolvimento podem ser observados quando uma criança tenta apanhar uma bola. Inicialmente, os seus movimentos são bastante descoordenados, mas, pela repetição da acção, a criança permite que o processo se desenvolva, sucedendo que algumas crianças aprendem mais depressa e alcançam níveis mais elevados de capacidade do que outras. (Só pode ser por isso que eu consegui aquele passe que deu a vitória à minha equipa de râguebi quando tinha 12 anos).

A terceira parte – que tem cerca de 160 milhões de anos – é o cérebro e foi aí que, quando era estudante, comecei a ficar confuso. É também conhecido como o "cérebro mamífero" (o que explica porque é que os cães são afectuosos e não comem as suas crias) e é onde se localizam os pensamentos e as emoções. As características particulares do cérebro, da forma como se desenvolveu no *Homo Sapiens*, constitui uma parte vital daquilo que nos distingue como seres humanos e o resto deste capítulo tentará ajudar as pessoas a evitar a sua complexidade enquanto apreciam plenamente o seu extraordinário potencial.

Aquando dos primeiros estudos do cérebro, os cientistas pensavam que as suas diferentes partes continham informação diferente – uma área armazenava os conhecimentos de geografia, por exemplo, outra, as datas de aniversário dos amigos, e por aí em diante. Contudo, reconhece-se actualmente que cada memória e pensamento liga-se a diferentes áreas do cérebro e este aspecto da função cerebral é chamado "mapeamento múltiplo". O mapeamento múltiplo é muito importante, por duas razões:

1. Todo o cérebro é utilizado no processo racional e na criação de memória, é importante para o seu papel de manter as linhas de comunicação internas do cérebro (neurotransmissores) saudáveis e em funcionamento – isto é tão importante como manter as artérias desentupidas.
2. As memórias estão armazenadas em diferentes locais no cérebro, por isso, é praticamente impossível "destruir" completamente a memória.

14 | Anexo: o seu cérebro

Esta é uma boa notícia, mas, é evidente que o cérebro não controla apenas os pensamentos e as memórias. Também é responsável pela forma como nos sentimos.

UMA RÁPIDA VISITA GUIADA
AO NOSSO CENTRO EMOCIONAL

O sistema límbico começou a desenvolver-se há cerca de 150 milhões de anos e o seu desenvolvimento marcou a criação da cooperação social com as espécies animais. O sistema é constituído por cinco partes, que actuam colectivamente como uma espécie de quadro de distribuição entre a mente e o corpo. Conforme já se referiu, o desenvolvimento de uma abordagem ao futuro, a forma como nós nos vemos e sentimos é, inicialmente, pelo menos tão importante quanto aquilo que fazemos. Assim, peço indulgência para comigo enquanto percorro outra zona do tema relativo à estrutura cerebral. Isto dará uma ideia do porquê daquilo que pensamos ter um impacto directo na imagem que temos de nós mesmos e no nosso comportamento. Por outro lado, também nos dará o porquê de podermos mudar as nossas vidas se mudarmos a forma como pensamos.

Primeiro, façamos uma paragem no hipocampo, que é o centro da memória cerebral. Trata-se de um armazém temporário para as memórias de curta duração e algumas de maior duração, mas transmite a maioria das nossas memórias de curta duração para um local no nosso neocórtex (onde, claro, se transformam em memórias de longa duração). O hipocampo funciona, em grande medida, como o local onde guardamos os factos "emocionais" – informação apreendida, tais como disciplinas escolares com as quais não temos qualquer associação emocional. Só fica completamente desenvolvido quando se atinge a idade de dois anos e os investigadores acreditam que isso explica o porquê de não termos recordações dos primeiros anos da nossa infância. Curiosamente, o hipocampo é a primeira área a ser afectada quando uma pessoa desenvolve Alzheimer, uma doença que provoca perda da memória de curta duração – mas não de longa duração. (As memórias de longo prazo estão protegidas porque já estão armazenadas no neocórtex).

Em seguida, passemos pela amígdala, que processa as memórias emocionais. Funciona com a parte racional do cérebro para decidir qual a

Vencedores natos

intensidade de impacto emocional que cada memória transportará consigo – o nosso primeiro dia de escola, o nosso primeiro beijo, as notícias sobre uma tragédia nacional. Se (e decididamente não recomendaria isto) tivéssemos que remover cirurgicamente a nossa amígdala, ficaríamos sem qualquer resposta emocional, tal como o lagarto já mencionado. Contudo, é claro que isso não nos iria incomodar porque seríamos incapazes de ter quaisquer sentimentos em relação a isso.

Estreitamente ligado à amígdala está o hipotálamo que, ao transmitir uma determinada mensagem à glândula pituitária, despoleta a libertação de hormonas que dizem ao corpo como responder a diferentes situações. Por exemplo, quando nos encontramos numa situação que nos amedronta, é libertada adrenalina para o nosso fluxo sanguíneo, produzindo a resposta espontânea de *fight or flight* (luta ou fuga).

Depois temos o tálamo, sendo que parte da sua função é descodificar o constante fluxo de mensagens que provêm dos nossos órgãos sensoriais (com excepção do cheiro); e, por fim, a pituitária, um objecto do tamanho de uma ervilha que, através de controlo hormonal, diz às outras glândulas do nosso sistema hormonal aquilo que elas devem fazer.

Seria o primeiro a admitir que esta é uma explicação muito simplificada da estrutura do cérebro e da função emocional, mas, quando chega a altura de aplicá-la ao condicionamento mental e à função de desempenho, veremos que é uma ajuda para ficarmos com o quadro completo. É importante perceber que cada experiência cria uma memória com uma associação emocional. Se, por exemplo, as nossas memórias emocionais do fracasso forem fortes, quando enfrentamos um novo desafio, as memórias recairão sobre as nossas sensações físicas associadas. Com efeito, todos os futuros desafios despoletarão uma sensação emocional semelhante, por isso, aquilo que precisamos de fazer é encontrar técnicas para mudar este padrão negativo de resposta e substitui-lo por imagens positivas de sucesso futuro.

PENSAMENTO CONSCIENTE

O pensamento consciente é o estado de consciencialização mental do aqui e agora. A leitura de um livro é um acto consciente. Estamos completamente conscientes desse acto e controlamo-lo totalmente. O pensamen-

14 | Anexo: o seu cérebro

to consciente tem a ver com consciencialização e escolha. É esta capacidade para avaliar a informação e tomar decisões recorrendo às memórias armazenadas e experiência existente que nos torna uma espécie única.

Todavia, a mente consciente, com todo o seu poder extraordinário, é, na realidade, capaz de apenas um raciocínio de cada vez, tal como um rádio só pode ser sintonizado numa estação emissora de cada vez. A título de exemplo, alguma vez teve uma conversa com alguém enquanto tentava, simultaneamente, escutar outra? É praticamente impossível. Ou imagine-se a fazer malabarismo com três bolas, tentando controlar – de forma consciente – cada bola individualmente. Não é possível, porque a nossa mente consciente não consegue processar esse volume de informação ao mesmo tempo.

Contudo, se bem que – para evitar que sejamos sobrecarregados com uma avalancha de dados sensoriais – possamos apenas ter consciência de um pensamento de cada vez, a mente consciente dá-nos total controlo sobre as nossas acções. Consequentemente, temos o poder consciente de determinar como nos sentimos e reagimos perante determinadas situações. Vou dar um exemplo:

Estamos à espera de um autocarro, quando passa um automóvel por cima de uma poça junto ao local onde nos encontramos, salpicando água para os nossos sapatos. Num reflexo físico, damos um salto para trás. Depois, a nossa reacção já é consciente – melhor dizendo, permitimo-nos a nós próprios sentir-nos frustrados, zangados, ou seja o que for. Por outro lado, se quiséssemos, poderíamos igualmente optar por analisar o facto de estarmos ensopados em água como uma obra do acaso, desejar não ter os pés molhados e decidir que não deixaríamos que isso estragasse o nosso dia ou mexesse com a nossa serenidade de espírito. A questão é que nós escolhemos, conscientemente, a nossa reacção a uma determinada situação, mas essa escolha resulta muitas vezes apenas do hábito. A nossa mente consciente pode mudar-nos os hábitos – se assim o escolhermos.

Pensemos na nossa mente consciente como um ecrã de computador: apenas podemos processar uma imagem de apresentação, enquanto – simultaneamente – correm muitos programas. As nossas mentes conscientes controlam aquilo que pensamos sobre isso e a forma como o fazemos.

Esta capacidade de conscientemente controlar o nosso processo racional é um ingrediente essencial para a criação de sucesso. Se começarmos

Vencedores natos

a concentrar-nos nos aspectos positivos, a relativizar as contrariedades e a não insistir nos fracassos, começaremos a agir de acordo com uma auto-imagem saudável e positiva. Somente nós somos capazes, se assim o escolhermos, de mudar a forma como nos vemos e à nossa carreira. A nossa mente consciente é o maior activo de que dispomos no momento de nos ajudar a alterar padrões de comportamento e a forma como nos sentimos com nós próprios, ajudando-nos também a programar o nosso subconsciente para criar sucesso futuro.

O facto de aquilo que pensamos ser o que criamos tem uma grande importância para alcançar o sucesso. Os vencedores, seja em que área for, não insistem nos aspectos negativos nem se mantém a pensar no fracasso; evitam conscientemente essas armadilhas.

> **Porque se não controlarmos a nossa mente, será a nossa mente que nos controlará a nós, repetindo os erros e padrões do passado e perpetuando, ou mesmo, criando o futuro de que tanto desejamos fugir. Assim, a primeira lição é que tudo está nas nossas mãos – e podemos fazê-lo.**

O SUBCONSCIENTE

O nosso subconsciente colecciona e confere todas as experiências que os sentidos recolhem ao longo da nossa vida, armazenando-a para utilização futura. Conhecemos aqueles momentos de ouro em que dizemos "eureka!" quando a solução para um problema ou uma brilhante perspectiva criativa chega até nós. Ou subitamente recordamo-nos do nome de um antigo professor da escola ou pegamos num jogo de palavras cruzadas que nos deixou desnorteados uma hora antes e descobrimos que já conseguimos solucionar as pistas restantes. Estes são exemplos perfeitos do subconsciente a fazer o que faz de melhor. Assim que a nossa mente consciente nos tiver transmitido o problema, nunca mais deixa de pensar nas palavras cruzadas ou de tentar lembrar-se do nome do professor no meio das nossas memórias de longo prazo, até finalmente conseguir aquilo que procurava.

Veja um simples exemplo do subconsciente em funcionamento. Já alguma vez entrou numa loja quando andava às compras, à procura de

14 | Anexo: o seu cérebro

um par de sapatos, e descobriu que, no meio de centenas de pares em exposição, há um que de repente lhe salta à vista? Porque é que isto acontece? A explicação é que o seu subconsciente passou em revista todos os sapatos, comparou-os com a informação que tinha armazenada sobre as suas preferências, memórias e associações e, então, ao enviar a mensagem para a sua mente consciente, numa fracção de segundo, automaticamente chamou a sua atenção para um determinado par.

Se tivesse de explicar a razão de os seus olhos terem inicialmente recaído sobre aquele par específico, poderia muito bem falar de uma "sensação" que tem dificuldade em expor. Certamente que não se tratou de uma decisão – isso compete ao pensamento consciente. Quando a assistente de loja lhe começa a mostrar outros pares de sapatos semelhantes, pode começar a pôr conscientemente de lado a escolha que fez intuitivamente. O que certamente descobrirá é que qualquer decisão consciente que tome relativamente aos sapatos, será muito menos rápida do que a que tomou ao nível do subconsciente. Porquê? Porque, contrariamente ao subconsciente, a mente consciente apenas pode fazer uma coisa de cada vez.

Quando lemos sobre a capacidade do cérebro para levar a cabo milhões de acções em simultâneo, temos a tendência de pensar: "Impossível!" Isto porque só conseguimos ter consciência de uma coisa de cada vez. Analisemos a forma como, a um nível básico, o cérebro gere os nossos corpos – normalmente através de formas de que nem nos apercebemos. Cada função do nosso corpo é continuamente regulada; cada um dos milhões de receptores em torno do corpo – relacionados com calor, dor, pressão, equilíbrio, etc. – está constantemente a transmitir *feedback* para o cérebro, fornecendo-lhe ininterruptamente um relatório de estado. Consoante a informação que o cérebro recebe, este vai instruindo o corpo a responder conforme as circunstâncias. Por exemplo, quando ficamos com muito calor, o cérebro responde, dizendo ao corpo para começar a suar. Tentemos, neste exacto momento e de forma consciente, dizer ao nosso corpo para começar a transpirar – é impossível (a menos que sejamos um faquir). Eu sei que não consigo, mas o cérebro desenvolveu-se para fazer isso automaticamente, a par com um milhão de outras funções, e ainda continua a funcionar a apenas cinco por cento da sua capacidade potencial! Conforme a hipnose demonstra, o subconsciente pode ser

Vencedores natos

programado para nos reduzir o ritmo cardíaco, diminuir-nos a temperatura e até anestesiar partes do corpo. Estas extraordinárias capacidades, que resultam do facto de se condicionar activamente o subconsciente, destacam – pelo menos a nível físico – o incrível potencial que todos temos para alcançar seja para aquilo que for que programámos as nossas mentes. A técnica da visualização criativa abordada no capítulo 12, exemplifica como nós programamos activamente o nosso subconsciente.

Uma manhã, em Setembro de 1985, acordei numa posição bastante invulgar – uma posição em que nunca tinha estado e na qual nunca tinha acordado. Estava deitado de barriga para baixo, com o meu antebraço esquerdo ao longo da nuca, os dedos da minha mão esquerda tocavam ao de leve o lado direito do pescoço, 10 centímetros abaixo da minha orelha. Não era uma posição particularmente confortável, mas antes de eu tomar consciência de qualquer desconforto, senti sob os meus dedos a presença de uma protuberância do tamanho de uma ervilha no meu pescoço. Nos 20 segundos que se seguiram, apalpei-o sob diferentes ângulos e questionei-me sobre o porquê de não ter reparado naquilo antes. Quando fui à casa-de-banho e olhei ao espelho, não consegui ver sinais do inchaço; no entanto, quando virava a minha cabeça para a esquerda, notava-se a formação de uma pequena protuberância por debaixo da pele.

Não sou, nem nunca fui, um hipocondríaco, mas sabia que aquele caroço era mau sinal. Com efeito, acreditei convictamente que era cancerígeno e o meu primeiro pensamento foi de que se tratava da doença de Hodgkin (um cancro no sistema linfático), visto que um amigo chegado tinha falecido com essa mesma enfermidade três meses antes. Marquei consulta com o meu médico de família, que me disse que eu tinha uma protuberância gordurosa chamada lipoma. Mais tarde, pedi a três amigos – todos eles médicos, incluindo o meu cunhado – para analisarem a protuberância: atendendo a que não tinha quaisquer outros sintomas óbvios, todos deduziram que era algum antigo nódulo linfático inflamado de que não me tinha apercebido antes. Por essa altura, eu já tinha um sintoma – fadiga extrema – e, depois, uma análise ao sangue revelou uma elevada taxa de sedimentação de eritrocitos, que embora não se trata de uma análise específica, indicou que algo estava errado. Assim, a minha irmã, que é enfermeira-chefe, conseguiu-me uma consulta para um cirurgião no Christie Hospital, em Manchester.

14 | Anexo: o seu cérebro

O cirurgião examinou-me e afirmou que era impossível dizer que tipo de protuberância era e que a única forma de o descobrir seria através da sua remoção. Assim, uma semana depois fui ao hospital e foi-me removida a protuberância. Regressei a Londres, onde tive que esperar cinco dias pelos resultados. No dia anterior à viagem de regresso a Manchester, deixei de estar ansioso e senti pela primeira vez que talvez eu apenas tivesse estado a fazer um grande filme; a análise ao sangue poderia estar relacionada com uma centena de causas possíveis, a exaustão poderia dever-se às longas horas de trabalho.

Naquela noite, fui jantar a casa da minha irmã – o marido fizera-me a primeira análise ao sangue. Quando me dirigi à cozinha, dei com ele ao telefone, com uma expressão carregada e a minha irmã de pé ao seu lado. "Penso que ele deveria saber", ouvi-o dizer, e foi então que me viu. Virando-se para mim, disse: "Os resultados já chegaram".

Recordo-me de olhar para ele e dizer: "Não são bons".

"Não", respondeu ele. "Tens a doença de Hodgkin".

Por que razão tinha acordado naquela posição há algumas semanas atrás e reparado numa protuberância que poderia ter demorado mais seis a oito semanas até se tornar evidente? Por que razão continuei a procurar opiniões médicas até que a minha família, frustrada com a minha persistência, decidiu tratar do assunto de uma vez por todas? Por que razão tinha sentido, desde o primeiro momento, que tinha a doença de Hodgkin? Seguramente que não foi por ter um amigo que morreu disso. A incidência do linfoma de Hodgkin é de uma pessoa em cada 35 mil, por isso era óbvio que as hipóteses de dois amigos terem essa mesma doença era astronomicamente remota.

Acreditei nessa altura – e agora compreendo – que o meu corpo estava totalmente consciente de que alguma coisa não estava a funcionar como deveria. Acredito que o meu subconsciente chamou a minha atenção para a doença – fez-me ouvir a voz silenciosa que vem de dentro e a que chamamos intuição. Tive a sorte de ter médicos na família e como amigos: mesmo assim, foi a minha convicção que me fez persistir, depois de inúmeros "não te preocupes". Sabia que não era uma pessoa naturalmente preocupada com assuntos de saúde, por isso, prestei total atenção à minha intuição ou subconsciente.

Vencedores natos

Prestar atenção ao que o subconsciente nos diz é de grande importância em todos os aspectos da vida – desde escolher sapatos até vencer a doença. Por acréscimo, compreendo agora que é o nosso mais poderoso aliado ao ajudar-nos, como seres individuais, a tornarmo-nos vencedores. A primeira vez que fui confrontado com estas ideias, rejeitei-as, considerando-as absurdas. Sei agora, e por experiência própria, que são a componente-chave para uma vida bem sucedida.

QUE COMPUTADOR ESPECTACULAR!

Se bem que o cérebro humano seja frequentemente comparado a um computador, não há dúvida de que essa comparação simplifica demasiado a fenomenal sofisticação do cérebro e exalta a versatilidade do computador. Acontece que o cérebro não é somente capaz de um armazenamento e acesso à memória mais vastos do que o computador mais potente do mundo. Aquilo que considero mais extraordinário, conforme já tinha referido, é o facto de apenas utilizarmos cinco por cento do nosso cérebro – ou, para ser mais exacto, utilizamos todo o nosso cérebro mas apenas até cinco por cento da sua capacidade. Colocando este aspecto em perspectiva, o cérebro tem 100 mil milhões de neurónios capazes de proceder a 50 biliões de ligações (ou sinapses). As sinapses guardam os pensamentos, que se transformam em memórias, e se utilizarmos repetidamente o mesmo pensamento criamos uma memória forte. Por sua vez, as memórias informam os pensamentos. Por isso, simplificando, ao evocarmos memórias positivas criamos pensamentos positivos.

Todavia, aquele fornecimento inicial de 100 mil milhões de neurónios, capazes de 50 biliões de conexões diferentes, é apenas o começo. Nos últimos 15 anos, os cientistas descobriram que o número de sinapses aumenta 20 vezes no início da idade adulta, criando assim mil biliões de conexões. A natureza é, acima de tudo, económica: não produz excedentes para as qualidades requeridas, tendo-nos simplesmente dado uma capacidade praticamente infinita de aprender e criar.

Acredito que este instrumento extraordinário que é o cérebro, quando devidamente usado, está equipado com tudo o que é necessário para lidar com praticamente qualquer desafio que enfrentemos na vida, exceptuando certos estados de saúde. Consegue gerir centenas de milhares de

14 | Anexo: o seu cérebro

acções em simultâneo, nunca deixa de trabalhar, é a casa dos seus pensamentos, controla subconscientemente todos os seus processos corporais e é capaz de regeneração. Estudos recentes sobre o processo de envelhecimento revelaram que a função cerebral não se deteriora ao ritmo previamente pensado e nem a idade avançada diminui a capacidade do cérebro para aprender. Contudo, atendendo a que o cérebro é composto por carne e sangue, obter o melhor dele significa cuidar dele e usá-lo, porque quanto mais estimularmos o cérebro, mais o nosso desempenho melhora. Imaginemo-nos capazes de intensificar o desempenho do nosso cérebro à razão de um grau, para seis por cento da sua capacidade: ele funcionaria, assim, com uma eficiência 20 por cento superior à do cérebro médio. Isso seria uma vantagem, se é que a houvesse!

O nosso cérebro determina a nossa sensação de bem-estar, de confiança, de felicidade e de satisfação. Todos estes estados residem naquele complexo órgão, onde os neurotransmissores, tais como as endorfinas, mantêm e intensificam estas sensações, reduzindo-nos drasticamente a vulnerabilidade ao *stress* e a exposição à insegurança que possamos sentir em relação a nós próprios. Desta forma, daqui se deduz que, se formos capazes de melhorar o nosso raciocínio e a capacidade para usar o nosso cérebro, iremos desenvolver um cenário vencedor e uma abordagem positiva em relação aos objectivos, que – por sua vez – nos ajudarão a vencer.

Qual é a importância disto? É importante porque a grande diferença entre pessoas de sucesso e as restantes não está na forma como agem, mas na forma como pensam.

A programação facilita

Observámos de que forma o cérebro armazena toda a experiência para futura referência. Quando os primeiros homens descobriram o segredo de fazer fogo, uma vez que a sobrevivência dependia disso, esta capacidade foi rapidamente aprendida. O cérebro programou-se automaticamente para se recordar de que forma o fogo era feito e o mesmo acontece com outras competências vitais que tomamos como garantidas. A título de exemplo, pensemos naquelas vezes em que nos levantámos a meio da noite e tivemos de andar às escuras para acender a luz, cujo interruptor fica na parede em frente. Completamente às escuras, atravessamos o quarto e a nossa mão automaticamente alcança o sítio quase exacto onde

Vencedores natos

"imaginámos" que estava o interruptor. A explicação é que, das nossas experiências anteriores de acender ou apagar a luz no quarto, subconscientemente recordámo-nos do número de passos, da direcção do interruptor relativamente à cama e até do ângulo necessário do nosso braço.

Da mesma forma, quando conduzimos ao longo de uma estrada que nos é familiar, poderemos, por vezes, sentir que foi só meter a chave na ignição e quase logo em seguida já estávamos no local pretendido – sem qualquer consciência de termos pensado no processo de lá chegar. Isto deve-se aos processos de pensamento repetitivo que ocorrem ao nível do subconsciente – excepto, é claro, quando existe alguma espécie de perigo súbito. Nessa altura, devido à resposta da adrenalina, colocamos instantaneamente de lado o processo subconsciente e assumimos de novo o controlo total. O importante a reter é que podemos criar, no nosso subconsciente, o mesmo tipo de padrões que nos permitem conduzir uma estrada familiar de forma automática e descobrir às escuras o caminho até ao interruptor. É possível desenvolver e programar um hábito de pensamento positivo e orientado para o sucesso que funcione, subconscientemente, 24 horas por dia. A forma de o fazer não é através de técnicas misteriosas, mas sim simples, poderosas e condicionadoras da mente. Se o cérebro físico representa o *hardware* de um computador, então, a forma como pensamos (os padrões que fomos criando ao longo da vida) é o *software*: ou seja, pode ser recodificado. Ao mudarmos a nossa mentalidade, podemos desaprender aqueles hábitos e padrões negativos que criaram os mecanismos que, subconscientemente, levam a que falhemos de forma a reforçar a nossa auto-imagem negativa. Porque se pensarmos que vamos falhar, falhamos mesmo.

Manutenção

Muitos tomam a sua saúde como algo garantido. Abusam dos seus corpos, através de fracos regimes alimentares e falta de exercício, compondo a situação com o facto de beberem demais, fumarem e cederem a outras formas de abuso de substâncias. Contudo, o cérebro também é um órgão físico e a forma como pensamos só pode ser tão eficaz quanto a sua capacidade para funcionar o permite.

Até aos anos 90, acreditava-se que o cérebro, assim que estava formado, não tinha capacidade para produzir novas células. Reconhece-se agora que as células cerebrais estão em constante renovação, através das

14 | Anexo: o seu cérebro

suas ligações a outras células. Atendendo a que é através dessas ligações que o pensamento viaja, quanto mais ligações o cérebro estiver apto a formar, mais forte se torna o seu funcionamento. O tamanho do cérebro não é importante no que diz respeito à inteligência – não interessa se somos ou não o orgulhoso proprietário de um cérebro grande. O que conta é o número de ligações entre os neurónios e quanto mais saudável for o cérebro, maior a sua capacidade para que as células se renovem por si mesmas e criem novas ligações.

Para ajudar a maximizar o funcionamento do nosso cérebro para o resto da nossa vida, vigiemos de perto a nossa dieta alimentar. Existe um velho ditado que diz: "O que é bom para o coração, é bom para a cabeça" e que deve ser o nosso lema para conseguirmos um forte funcionamento cerebral. É importante para o cérebro que haja uma boa irrigação do sangue: o cérebro requer 25 por cento do sangue bombeado pelo coração. As células cerebrais, assim como todas as outras células, requerem oxigénio e energia. A única fonte de energia do cérebro é a glucose sanguínea e como o cérebro não consegue armazenar a sua própria energia, tem de contar com um fluxo regular de sangue oxigenado, rico em energia, para todas as suas zonas. Acontece que qualquer coisa que impeça a eficiência da irrigação cerebral tem um efeito directo na memória e na concentração. Isto não é teoria. É um facto.

Um fraco índice de açúcar no sangue, por exemplo, pode impedir o cérebro – bioquimicamente – de armazenar novas memórias. Sabe-se que um dos efeitos colaterais do *stress* é a maior necessidade de nutrientes. Contudo, as pessoas que se encontram sob *stress* contínuo são mais propensas a tentarem gerir o seu problema através do álcool, açúcar, nicotina ou cafeína, substâncias estas que não só danificam as células e diminuem a bioquímica cerebral, como também afectam a sua capacidade para lidar com êxito com o próprio *stress*, criando-se assim um padrão auto-destrutivo.

Com vista a maximizar o bem-estar do nosso cérebro, vale a pena seguir algumas orientações básicas – não sob a forma de uma dieta alimentar de seis semanas à qual pomos depois termo, mas sob a forma de uma mudança de estilo de vida, porque estamos a falar de nos providenciarmos a nós próprios um funcionamento cerebral óptimo para o resto da nossa vida. A intensidade com que desejamos que isso aconteça é uma decisão nossa, mas devemos manter-nos firme assim que tivermos

Vencedores natos

começado e ficaremos surpreendidos com as rápidas melhorias que iremos sentir.

As regras são simples. O sangue não circula tão livremente quando possui demasiada gordura, por isso, devemos escolher alimentos com baixo teor de gordura. Não devemos iniciar uma dieta alimentar que nos mate à fome; apenas devemos comer menos e mais frequentemente, optando por alimentos baixos em calorias, a não que que as calorias extra se queimem através de exercício. A dieta da fome constitui uma opção perigosa, porque reduz radicalmente os níveis de açúcar no sangue – e o único combustível do cérebro é a glicose. Assim, quando fazemos o corpo passar fome, corremos o sério risco de também o cérebro passar fome e, em casos extremos, isso pode provocar danos permanentes.

Façamos o nosso próprio *upgrade*

Não sou um especialista em funcionamento do cérebro e nunca realizei uma investigação científica. Mas assisti pessoalmente aos casos de muitos que melhoraram drasticamente os seus desempenhos ao alterarem a forma como se viam a eles próprios, à sua situação e – o que é muito importante – ao seu potencial.

A título de exemplo, muitas vezes, durante os cursos que dou, os participantes dizem-me que funcionam mais com o lado direito ou com o lado esquerdo do cérebro. Contudo, quem quiser saber mais pormenores sobre a anatomia do cérebro, para além daqueles que este livro oferece, descobrirá que existem realmente diferenças entre os cérebros de algumas pessoas – diferenças que explicam, por exemplo, o porquê de as mulheres terem tendência para ser mais intuitivas e os homens mais práticos, diferenças que sem dúvida encontram as suas raízes na evolução genética. É claro que, na minha opinião, algumas pessoas são naturalmente mais musicais, artísticas ou criativas do que outras. Todavia, e isso assume igual importância, creio que todos nós temos a capacidade de desenvolver as nossas competências musicais, artísticas e criativas.

O que nos impede é acreditarmos que não somos capazes. Todavia, se decidirmos rotular-nos a nós próprios como uma pessoa que funciona mais pela lógica (recorrendo mais ao lado esquerdo do cérebro) ou mais pela emoção (regida pelo lado direito do cérebro), estaremos a restringir a nossa capacidade para nos vermos de uma outra forma que não essa.

14 | Anexo: o seu cérebro

Para fazer jus à base fisiológica deste assunto, teria de entrar em mais pormenor do que o desejável, mas espero que este capítulo tenha dado alguma perspectiva sobre as razões e a forma como o cérebro funciona da maneira que funciona. Acrescentei este capítulo para fornecer uma explicação científica válida sobre o porquê de os sete princípios serem eficazes, mas recordemo-nos que o conhecimento não é poder, o conhecimento aplicado é que é o verdadeiro poder.

CONCLUSÃO: ESTÁ COM PROBLEMAS?

Se está a enfrentar dificuldades para alcançar os seu objectivos, tem aqui alguns pontos que o poderão ajudar:

1. Analise se está a retomar velhos hábitos, deixando assim que o velho hábito do fracasso domine o seu pensamento.
2. Pense positivamente. Ultrapasse a insegurança que tanto o importuna, através de pensamentos e linguagem positivos.
3. Recorde o propósito inerente aos seus objectivos.
4. Aceite o facto de que alguns dias serão mais desafiantes do que outros – não se deixe abater pelos fracassos – aprenda com eles e siga em frente.
5. Se precisar de redefinir o seu objectivo ou plano – então faça-o, e já.
6. Não evite os problemas – enfrente-os.
7. Se está com sentimentos de auto-comiseração ou de baixa auto-estima, afaste a sua concentração dos sentimentos negativos e descubra oportunidades de ajudar outros de uma forma positiva, através de ajuda prática ou por meio de um acto de bondade. Isso irá colocá-lo de novo no seu caminho.
8. Acredite em si – que conseguirá alcançar o que quer que seja que deseja. Repita esta crença diariamente.
9. Analise as suas atitudes – e certifique-se de que escolhe as positivas.
10. Continue a aprender todos os dias algo de novo que o ajude a vencer.
11. Ria-se.

Gostou deste livro? Oferecemos-lhe a oportunidade de comprar outros dos nossos títulos com 10% de desconto. O envio é gratuito (correio normal) para Portugal.

	Título	Autores	Preço
☐	**Sociedade Pós-Capitalista**	Peter F. Drucker	19 € +iva=19,95 €
☐	**Liderança Inteligente**	Alan Hooper e John Potter	19 € +iva=19,95 €
☐	**O que é a Gestão**	Joan Magretta	19 € +iva=19,95 €
☐	**A Agenda**	Michael Hammer	19 € +iva=19,95 €
☐	**O Mundo das Marcas**	Vários	20 € +iva=21,00 €
☐	**Vencer**	Jack e Suzy Welch	21 € +iva=22,05 €
☐	**Como Enriquecer na Bolsa** com Warren Buffett	Mary Buffett e David Clark	14 € +iva=14,70 €

Colecção Espírito de Negócios:

☐	**Gestão do Tempo**	Polly Bird	18 € +iva=18,90 €
☐	**O Poder do Pensamento Positivo nos Negócios**	Scott W. Ventrella	18 € +iva=18,90 €
☐	**A arte da Liderança Pessoal**	Randi B. Noyes	18 € +iva=18,90 €

Total	
10% desconto	
Custo Final	

Pode enviar o pagamento por cheque cruzado, ao cuidado de
Conjuntura Actual Editora, Lda – para a seguinte morada:
Caixa Postal 180
Rua Correia Teles, 28A
1350-100 Lisboa
Por favor inclua o nome completo, morada e número de contribuinte.

Os preços são adequados à data em que este livro foi editado e podem ser alterados.
Para mais informações visite o nosso site: **www.actualeditora.com**